卓越学术文库

职前英语教师科研实践成长叙事研究

ZHIQIAN YINGYU JIAOSHI KEYAN SHIJIAN CHENGZHANG XUSHI YANJIU

河南省高等学校哲学社会科学优秀著作资助项目

刘全花 著

郑州大学出版社

图书在版编目(CIP)数据

职前英语教师科研实践成长叙事研究/刘全花著. — 郑州：郑州大学出版社，2021.6

（卓越学术文库）

ISBN 978-7-5645-7516-8

Ⅰ.①职… Ⅱ.①刘… Ⅲ.①英语－教学研究 Ⅳ.①H319.3

中国版本图书馆 CIP 数据核字(2020)第 224218 号

职前英语教师科研实践成长叙事研究

策划编辑	孙保营	封面设计	苏永生
责任编辑	侯晓莉	版式设计	凌 青
责任校对	张 华	责任监制	凌 青　李瑞卿

出版发行	郑州大学出版社有限公司	地　　址	郑州市大学路40号(450052)
出 版 人	孙保营	网　　址	http://www.zzup.cn
经　　销	全国新华书店	发行电话	0371-66966070
印　　刷	河南文华印务有限公司		
开　　本	710 mm×1 010 mm　1 / 16		
印　　张	16.75	字　　数	278 千字
版　　次	2021 年 6 月第 1 版	印　　次	2021 年 6 月第 1 次印刷
书　　号	ISBN 978-7-5645-7516-8	定　　价	86.00 元

本书如有印装质量问题,请与本社联系调换。

前言

百年大计,教育为本,教育大计,教师为本。国务院2018年颁布的《关于全面深化新时代教师队伍建设改革的意见》指出,"大力振兴教师教育,不断提升教师专业素质能力""加大对师范学院的支持力度",说明了教师在国家发展中的重要作用。教师的教育科研实践能力是提升教师教育专业素养和综合能力的重要保障。2011年《教师教育课程标准(试行)》教育实践与体验目标项中"具有研究教育实践的经历和体验"是重要的目标支撑。也就是说,所有课程教师都必须具备一定的研究能力,英语教师的科研能力培养是教师教育内容的重要组成部分。2021年《教育部办公厅关于印发〈中学教育专业师范生教师职业能力标准(试行)〉等五个文件的通知》(教师厅〔2021〕2号)显示,《小学教育专业师范生教师职业能力标准(试行)》要求师范生学会"初步掌握教育科研的基本方法,能用以分析、研究小学教育教学实践问题,并尝试提出解决问题的思路与方法,具有撰写教育教学研究论文的基本能力"。《义务教育英语课程标准(2011年版)》强调英语教师要结合英语教育实践探索英语学习规律,"教师要运用教育学和心理学知识,根据儿童和青少年的认知发展特点和中国学生学习英语的环境,探索学生学习英语的客观规律"。培养职前英语教师的科研实践研究能力是英语教师教育者的重要责任和使命。目前虽然有一些英语教师教育科研的成果,但是专门针对职前英语教师科研实践能力培养的研究还很鲜见,运用质性研究方法进行职前英语教师科研实践的研究更是难以见到。本研究运用质性研究中的叙事研究方法研究职前英语教师科研实践的真切经历,使读者倾听职前英语教师内在的科研心声,感受她们基于教、学、研相结合的真切研究体验,感受她们是如何在"痛并快乐"的科研实践中体悟"纸上得来终觉浅,要知此事需躬行"的真谛。她们朴实、执着、强烈的教育热情激励着她们不断深入科研实践,不断克服困难,脚踏实地调查研究,求真务实做学问,将教育理想融入科研实践行动,"独上高楼""衣带渐宽""蓦然回首"的科研实践促进她们学、教、研能力的提升,同时铸就她们在做人做事中自觉提升教师力和教育力,使科研真正成为教学的助推器,育人的润滑剂。

  本研究工作从选题、收集资料、撰写分析到成书出版跨越四年时间。本书以丰富的第一手资料,灵活、开放的态度对五位职前英语教师(第二语言教师)的科研实践进行研究,对唤醒职前英语教师科研实践的自觉,提升其教育责任和使命感具有深刻意义。本书将理论与科研实践案例相融合,分析职前英语教师科研实践成长的特点和规律。

  该书由共有三大部分十章组成,第一部分(第一至三章)是本研究的基础。第一章主要介绍研究的缘起、目的、意义及结构安排;第二章涉及研究中的相关概念、相关研究成绩及存在的问题,并对理论依据进行讨论;第三章讨论研究方法、研究对象和研究设计。第二部分(第四至七章)主要是基于职前英语教师科研实践的真实体验进行分类叙事研究。第四章分析科研知识、科研实践、科研技术的实际体验;第五章梳理职前英语教师科研实践情感体验;第六章关注职前英语教师科研实践行动体验;第七章探讨职前英语教师科研实践成长的主要途径。第三部分(第八至十章)结合实例分析职前英语教师科研实践体验成长变化特点。第八章探究职前英语教师科研实践成长变化的规律;第九章讨论职前英语教师科研实践成长的特点;第十章讨论职前英语教师科研实践成长中的有益启示。本书的主要特点是选题视角新、研究方法新、语料新,语料真实、自然、生动等。在白然的叙述分析中展现职前英语教师在科研实践"痛并快乐着"的真实科研体验,反映职前英语教师坚定理想,脚踏实地科研实践中提升专业能力、科研能力、学术素养及综合素质。该书对外语教师发展和外语教师主动成长具有重要价值,对外语教师教育、外语教师科研实践有重要的理论参考和实践借鉴。

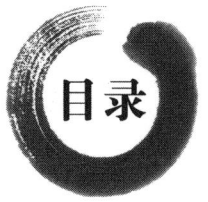

目录

1 概述 ·· 1
  1.1 研究缘起 ·· 1
  1.2 研究价值 ·· 4
  1.3 研究目的 ·· 5
  1.4 结构安排 ·· 6

2 职前英语教师研究现状 ··· 8
  2.1 相关概念梳理 ··· 8
  2.2 职前英语教师科研 ··· 10
  2.3 科研实践叙事的理论视角 ······································· 16

3 研究设计 ·· 25
  3.1 研究方法 ·· 25
  3.2 研究设计 ·· 34
  3.3 研究计划 ·· 41
  3.4 研究质量和研究伦理 ·· 44

4 职前英语教师科研实践经历：知识、方法与技术 ············· 46
  4.1 选题 ·· 47
  4.2 阅读整理文献 ··· 55
  4.3 调查设计 ··· 64
  4.4 数据分析 ··· 72

1

4.5　摘要撰写 ··· 78

5　职前英语教师科研实践经历：苦与乐 ······························ 81
　　5.1　研究之"苦" ··· 81
　　5.2　研究之"乐" ··· 94
　　5.3　科研之"思" ·· 104

6　职前英语教师科研实践经历：在行动中成长 ··················· 113
　　6.1　科研行动：在挣扎中成长 ······································ 113
　　6.2　科研行动：在身份变化中成长 ······························· 123
　　6.3　科研行动：在收获中成长 ······································ 131

7　职前英语教师科研实践成长途径 ···································· 139
　　7.1　导师指导 ··· 139
　　7.2　同伴支架 ··· 146
　　7.3　自我激励 ··· 151

8　职前英语教师科研实践成长变化 ···································· 154
　　8.1　认知的变化 ·· 154
　　8.2　情感的变化 ·· 160
　　8.3　行为的变化 ·· 163

9　职前英语教师科研实践成长特点 ···································· 173
　　9.1　目标（Aim） ·· 173
　　9.2　检查（Check） ·· 175
　　9.3　教师指导（Teach） ·· 176
　　9.4　兴趣（Interest） ··· 199
　　9.5　成就感（Victory） ·· 203
　　9.6　行动力（Action） ··· 206
　　9.7　共同体（Team） ··· 207
　　9.8　环境（Environment） ··· 213

10　研究启示 ··· 223
　　10.1　以研究为驱动的英语教师教育 ····························· 223
　　10.2　科研实践幸福力 ··· 232
　　10.3　花儿朵朵开 ··· 239

参考文献	247
附录1 研究日志撰写要求	252
附录2 职前英语教师科研叙事问卷	253
附录3 访谈提纲	255
附录4 学习、实习教学与研究体验经历叙事访谈提纲	256
后记	257

1 概述

1.1 研究缘起

《国家中长期教育改革和发展规划纲要(2010—2020)》中强调,百年大计,教育为本,教育大计,教师为本。这表明教师教育在国家教育发展中起着关键作用。研究是激活教师教育力量的重要途径。教师研究力是教育的关键力量。外语教师研究对外语教学改革进一步深化起着至关重要的作用(郑新民,2011;2014)。职前英语教师的研究能力直接影响和制约着未来的基础英语教育发展以及基础英语教育科研能力的提升。目前基于外语教师科研的相关研究聚焦于大学外语教师或高校外语教师科研为主题的成果逐年增长;基于小学英语教师为视角的研究没有稳定的趋势,时而上升,时而下降;基于职前英语教师为视角的研究也没有稳定的趋势。

笔者以"小学英语教师"为主题于2019年1月2日在中国知网中进行学术搜索,有6 636篇成果,根据可视化分析结果发现2001—2005年发展缓慢,2005—2015年相关研究呈现明显的上升趋势,2017年以来又有缓慢下降的趋势。研究主题聚焦在"小学英语"的位于第一(22.6%),聚焦"小学生"主题的研究位于第二(14.87%),位于第三是"英语教学"(9.15%)。专门聚焦"英语教师"的微乎其微(2.72%)。以"外语教师研究能力"为主题检索出2 711篇,排名前三位的研究是"外语教师"(34.43%),"外语教学"(12.11%),"外语教师专业发展"(5.69%)。第一项以"小学英语教师"为主题的搜索结果分布在小学英语、小学生、英语教学、中小学生、小学英语课堂教学、小学英语教学、小学英语课堂、学习英语、英语教师、英语学习、个性心理特征、课堂教学、小学英语教育、农村小学英语教师、教学方式、农村小学、班级授课制、小学英语课程、学习兴趣、教学中、小学英语教材、调查研究、教学方法、应用研究、有效性、英语课堂、教学策略、游戏教学、小学英语词汇教学、认识兴趣等方面,所占百分比由22.62%到0.70%不等。没有发现"小学英语教师研究能力"方面的成果。以"职前英语教师"为主题检索出546篇,由多到少的成果依次为职前英语教师、英语教师、职前教师、职前培养、英语师范生、教师专业发展、职前教育、教师信念、专业发展、英语教师发展、调查研究、小学英语、教师教育、师范生、课程设置、中学英语、外语教师、英语教学、师范院校、PCK、学科教学知识、教育实习、小学英语教师、教师成长、个案研究、英语教育、EFL、高等师范院校、美利坚合众国、北美洲。基于国内相关研究所占比例由位列第一的"职前英语教师"157篇(17.78%)到高等师范院校15篇(1.70%),美利坚合众国13篇(1.47%),北美洲13篇(1.47%)。笔者专门针对"职业前英语教师"趋势分析发现,最早相关文献出现在2005年(1篇),一直到2014年(25篇)处于缓慢上升趋势,2015年又下降至20篇,2016年急速增至35篇,2016年是文献数量最多的一年,之后两年呈下降趋势,2017年17篇,2018年10篇。由此可见,对职前英语教师的研究趋势不稳,时升时降。文献分析发现,研究者关注职前英语教师科研能力培养还是崭新的课题。以往基于"外语教师"为主题的研究主要聚焦于外语教师如何教、不同学段外语学习者如何学,却忽略了外语教师如何研究英语的教与学。培养学生外语学习能力是基于外语教师研究的基础上的。外语教师在上课前需要对外语教学进行一定的研究,即如何上好一节英语课,如何管理好英语学习课堂,如何激发学生的英语学习兴趣,如何在英语教学中培养学生的跨文化交际能力,等等。只有这样,才有可能上好英语课,才有可能通过英语课堂教学培养学生的语言综合运用能力,才有可能在英语课堂中落实国家培养人才的发展规划,才有可能落实英语课程标准要求,才有可能在英语课程落实立德树人的理念。

有研究者发现教师研究的重要性,如寻阳(2018)在《职前外语教师科研参与状况及影响机制调查研究——以学科教学(英语)专业学位研究生为例》中梳理了学者们认识到教师研究的重要性,"教师科研是教师为探讨教育问题和促进专业发展,依据课堂和教学环境而开展的系统性学术探究(Borg,2013;Anwaruddin & Pervin,2015)。教师科研不仅影响着教师的信念、知识、态度、技能和课堂实践,而且也影响着学生和教育机构的信念、知识和行为(Borg & Sanchez,2015)。尽管教师教育研究者一直致力于发现有效的方法来影响教师科研这一行为(Borg,2006;Gray,2013;文秋芳,2002),但是,国内外多数一线教师在科研问题上仍处于困惑和困境之中,科研与教学脱节(Borg,2013;夏纪梅,2009;寻阳等,2014;王艳,2018)"。近几年也有学者专门研究英语教师研究的科研现状的,如《高校外语教师的教育研究意识与能力调查研究》《高校在职研究生英语教师的学术能力发展——基于"外语教育理论与实践"课的研究》。王雪梅(2013)对1 306名英语专业硕士研究生的学术论文调查分析发现一半以上(54.4%)的研究生入校以来没有公开发表过论文;超过一半甚至绝大多数研究生的学期论文或学位论文存在写作深度不够(74.43%)、缺乏创新(70.6%)和材料不足(53.98%)等问题。《高校英语教师学术写作与发表的调查研究》(孟春国,陈莉萍,郑新民,2018)调查15个省市自治区60余所不同类型高校1 043名英语教师学术研究,发现高校英语教师"半数以上基本不撰写或发表论文",在不足半数发表论文的英语老师中"很少教师在高质量期刊发表论文","大多数(80.2%)在普通中文期刊发论文"。研究者(寻阳,2016)以职前英语教师(全日制英语教育硕士)为研究对象,运用问卷和访谈方式对国内某师范大学40名职前英语教师科研现状调查分析,发现从不或很少做科研的有33人,占总数的82.5%。《大学英语教师科研观的调查与分析》(陈桦,王海啸,2013)中发现大学英语教师的愿望中多出科研成果的占60%,搞好教学的占65%,大学英语教师认为业务提升中多出科研成果的占52%,多出教学成果的占42%,大学英语教师认为科研更重要的仅占3%,大学英语教师科研意识不明显,科研动力不强。大学英语教师认为教学更重要的占60%,大多数大学英语教师认为教学负担重(71%),论文难发表(67%)。目前针对英语教师科研情况的调查绝大多数都集中在大学或高校英语教师,这些研究者发现了大学英语教师科研的困境和不易,他们进行科研的动力并不强烈。如"这象牙塔太高了,我够不着"(高一虹等,2000)、"不少高校英语教师在科研中力不从心"(刘润清,戴曼纯,2004)、"高校英语教师科研之痛"(汪晓莉,韩江洪,2011)。这些成果无论是关注教师科研的重要性,还是聚焦英语教师科研现状研究,抑或探究职前英语教师科研研究现状的学者,均发现英语教师科研现状不尽如人意。大多数英语教师没有进行科研的愿望或主动性,这种现状直接影响到接受大学英语教师教育的职前英语教师的科研成长。

当前很少有关注职前英语教师(本科阶段)的科研实践(即学位论文撰写)行为,在已有研究中没有专门研究职前英语教师(本科阶段)的科研实践现状的。而本科阶段的职前英语教师科研基础直接影响着研究生及一线英语教师的研究动力和研究质量以及英语教育质量。教师参与研究是提升教学实践和促进专业发展的重要途径与应有要义(Borg,2010;2013),也是全面推进外语学科发展和学术交流的必由路径(孟春国等,2018)。职前英语教师科研实践是他们系统地掌握并内化本学科专业知识和科学研究方法的重要途径,也是为他们未来英语教育实践研究甚至为将来继续攻读硕士、博士阶段的学术研究奠定学术素养的重要环节。在培养职前英语教师的职业发展中,加强其英语教育研究能力培养是教师教育的重要内容,将对未来的基础英语教育者进行教学改革起到有益促进作用,将对职前英语教师未来实践中的教、学、研增添理论素养和实践力量,为基础教育教学改革以及英语教师培养起到非凡作用。因此,本研究对职前英语教师科研实践成长的关注具有深远意义。

1.2 研究价值

鉴于职前英语教师科研能力发展研究在当前的成果还不多,以叙事研究为驱动跟踪职前英语教师科研能力发展的研究成果还不曾见到。本研究以职前英语教师科研实践能力发展为视角的研究意义非凡。

本研究的理论意义体现在三个方面:第一,通过关注职前英语教师科研能力发展研究,为英语教师教育、英语教师研究以及英语教师自身专业成长提供理论指导;第二,根据第一手资料分析职前英语教师科研能力发展的过程及研究结果,发现为落实义务教育英语课程标准中提高英语教师能力尤其是研究能力提供理论参考,为更好地落实义务教育英语课程标准的内涵提供参考;第三,本研究可以丰富基础英语教育教学改革理论资源。

本研究的实践意义体现在三个方面:第一,有助于职前英语教师提高反思力,增强其研究自信,提升其研究实践能力,为英语教师职业发展奠定坚实的专业实践基础;第二,有助于英语教育者更好地了解并理解职前英语教师科研中真实的个人感受,倾听到他们发自内心的声音,为制订出更加合理有效的研究课程和研究指导、提高育人素质提供重要的实践参考;第三,帮助英语教育者认识到当前职前英语教师科研能力实践的必要性,以更广阔的视角关注职前英语教师科研实践能力培养研究,为培养职前职后英语教师科研实践能力和科研行动力发展提供具体的实践借鉴。

职前英语教师的研究状况对未来基础英语教育及高等英语教育研究有着重要的意义。研究职前英语教师的研究发展不仅能促进英语教师教育的发展,而且能提高英语教师的研究能力、育人能力。基于职前英语教师科研能力发展的研究具有崭新而深刻的意义,能为英语教师的科研实践提供理论支撑和实践思考,为教师教育发展政策的制定与管理,为国家对英语教师发展的全面调控提供启发。

1.3 研究目的

本研究旨在通过访谈、研究日志、研究观察、毕业论文过程性资料等多渠道搜集 5 位职前英语教师的研究实践成长过程及其影响因素的相关信息,探讨她们是如何实现从一名学生教师成长为合格的教师研究者的,她们的研究知识发生了什么样的变化,这种变化给她们的研究工作带来了什么影响?哪些因素起到了关键促进作用,哪些因素又限制了她们研究实践能力的发展?希望通过本研究尝试寻找职前英语教师研究实践中的内心体验,发现她们在研究实践中面临的具体问题,以及针对研究实践中所遇到问题而所取的解决办法。通过倾听她们的声音,了解她们的需求,给予她们急需的帮助,促使她们有效地发展,从而为建设一支"高素质、高成效的教师队伍"(张莲,吴一安,2007:34)提供力量,为促进职前英语教师教育研究指导实践提供借鉴。

这五位职前英语教师的研究能力是如何在正式的科研实践经历中成长起来的?我们研究中的问题主要聚焦在 why、how、what 三个方面。

职英语英语教师研究者为什么要做研究以及为什么要进行研究?

在科研实践成长中她们经历了哪些事件,这些科研实践经历给她们带来了什么样的变化,这些变化又给她们的英语研究实践能力带来了什么影响?职前英语教师科研实践中面临的主要挑战和问题是什么?她们科研实践能力提升的主要途径及发生的变化特点是什么?

根据研究目的和研究问题的需要,本研究以半结构访谈为主,依据研究者的研究观察、研究对象的研究日志、研究实践过程性材料、研究对象的研究档案袋(一般包含教师个人的教学研究理念、研究的问题重点、研究问题维度及研究目标、研究记录、研究日志、他人对自己研究的反馈、研究对象的研究初稿和修改稿、研究会议和讨论记录等),以及本研究者科研实践指导记录叙事问卷等搜集的相关数据。然后对所搜集的文本内容进行主题归类分析,最后根据分析归类的资料进行整理得出职前英语教师科研实践能力提升中的变化规律。

1.4 结构安排

本研究由十章组成。第一章为概述,该部分从该研究的价值和意义出发,指出本研究的理论价值和现实意义,并且说明本研究的主要目的,提出了本研究的问题,并对本研究的结构安排进行呈现。

第二章是对基于职前英语教师科研能力实践现状的分析。相关概念梳理及文献综述是本部分的主要内容。相关概念有研究、教育研究、英语教育研究、基础英语教育研究、英语教师研究、职前英语教师研究等。文献综述主要涉及以当前职前英语教师科研为视角的成果,包含其成绩以及存在的问题。

第三章是研究设计。这一部分涉及对质性研究方法和叙事研究方法的解释以及说明为什么要使用质性研究方法中的叙事研究法;再者是说明研究对象的选择、研究资料的收集方式、研究过程计划以及关于研究质量和研究伦理问题的探讨。

第四、五章主要展示职前英语教师科研实践中的真实行动体验。第四章主要讨论职前英语教师在研究中对于选题、研究方法以及研究结果的分析实践体验。第五章主要描述职前英语教师在科研实践体验(基于选题、文献综述、研究方法、研究分析等)中的心灵体验。

第六、七、八、九章是本研究中的主要结果讨论。每一部分包含一个主要结果。第六章关注的是职前英语教师在科研实践中面临的问题;第七章讨论职前英语教师科研实践成长的途径;第八章是关于职前英语教师科研实践中发生的变化(主要包括职前英语教师的英语研究情怀、角色变化、职业认同、研究动力及研究能力),以及职前英语教师的研究实践反思;第九章呈现职前英语教师科研实践成长的特点。

第十章主要是本研究的启示。本研究指导职前英语教师加强以科研为驱动的英语教育,关注她们科研实践中的幸福力,感受她们在科研实践中的收获和成果,跟踪她们职前科研实践成长对她们职后教学工作和生活的影响。领略这些心灵经验的科研实践在实际生活中的深远意义。

2 职前英语教师研究现状

2.1 相关概念梳理

2.1.1 教师研究者

教师研究(teacher research),指教师围绕自己的工作而开展的有系统、有目的、自我批判式的探究(Cochran-Smith & Lytle,1999),是对英语教学的本质、规律、方法、环境、效果、问题及其相关的人与事的探究,是从业者从实践中来回到实践中去的一门教育科学(夏纪梅,2012)。

英语教师进行研究的方法有两种:一种指教师阅读和利用科研成果,另一种指教师做科研来探讨和了解他们的教学实践(Borg,2013;Anwaruddin & Pervin,2015)。

"教师研究者"的基本内涵是指教师成为自己实践的探究者,同教师学习、教师学习共同体类似(陈琳,2016)。

这些对教师研究者的理解阐述包含了三个方面的关键信息,人(教师)的信息,事件(教育教学)的信息,教师发现教育教学中的问题并期待进行探究的信息。Stenhouse(1976)在《课程研究与开发导论》中指出"教师即研究者"。这说明研究是教师的职责,只要有参与教学,就离不开研究。

2.1.2 英语教育研究

王艳(2018)在《外语类高校青年英语教师教学学术能力发展探析》中借助美国卡内基教学促进会前主席博耶的观念说明英语教师(学术)研究能力的重要性,"美国卡内基教学促进会前主席博耶(Ernest L. Boyer)批判教学与科研严重偏离的问题,提出'教学学术'(Scholarship of Teaching)的概念。他用广义的'学术'取代'科研',提出探究的学术、整合的学术、应用的学术和教学的学术等四种类型,其中教学学术是在知识传播过程中形成的知识"。

教师教育研究是教师教育的一个组成部分。弄清楚教师教育的概念前,需要明白教学的概念。Freeman(1996)界定过三种意义的教学:行为主义的教学概念——教学即做事(teaching as doing);认知主义的教学概念——教学即思考和做事(teaching as thinking and doing);解释主义的教学概念——教学即理解(teaching as interpreting)。

本研究认为英语教育研究是以英语学科教育为前提对英语教学实践中的困惑或问题进行研究,以发现英语教育中的问题并提供有利于改进英语教育现状的策略或建议,促进英语教育教学改革的研究。

2.1.3 职前英语教师

目前学者对职前英语教师没有形成统一的定义,学界比较统一的观点是将其理解为还没有入职且正在接受英语教育教学能力培养的英语教师。这样一来,培养不同学段的职前英语教师就包含职前小学英语教师、职前中学英语教师(包含初中和高中),而这些接受英语教育教学培养的英语教师接受培养的学习形式又包含有专科阶段、本科阶段和研究生阶段。培养职前英语教师的学校类型,主要有师范院校和非师范院校两种。目前研究文献对职前英语教师所指有不同,如寻阳(2016)研究的是关于全日制学科教学(英语)专业学位研究生(即英语教育硕士)阶段的职前英语教师科研调查。张志江等(2016)研究优秀职前英语教师职业认同针对的是师范英语专业四年级的一名学生。本研究中将职前英语教师界定为本科阶段接受小学英语教育教学课程培养的职前英语教师,即职前小学英语教师。

2.2 职前英语教师科研

科研是英语教师专业发展的必经途径。科研指研究者能运用严密的科研方法系统性探究学术问题(Stenhouse,1975:142),而科研行为则指围绕科研而进行的一系列学术活动(Evan,2011:83)。外语教师科研行为的发展有助于其提高科研能力和促进自身专业的发展(Zheng & Davison,2008)(张云清等,2017),是保持其可持续性发展,追求职业价值和生命意义最大化的核心竞争力(张庆宗,2010:104)。

"国内对于外语教师科研的研究数量偏少",已有的少数成果"多限于描述性研究,无法体现外语教师对待科研的心理和行为变化","缺乏通过外语教师自身的科研叙事来探究科研经历与体验的质化研究"(张云清等,2017)。本研究主要关注的是职前英语教师英语教学研究能力发展。

2.2.1 职前英语教师研究的成绩

基于职前英语教师的研究多数集中在教师的教学观念、实践知识等方面。

《中美跨洋互动写作活动中职前英语教师的身份建构》主要是基于一项美国职前英语(ESL)教师写作活动,了解中美师生网上"跨界互动"活动,作者从话语、实践、社会活动三个方面建构自身的职业认同。该活动"要求职前ESL教师阅读、评论至少一篇广外学生的英语作文(与个人经历相关或是结局出人意料的记叙文),在课堂上分享、讨论"。本研究中没有涉及职前英语教师的研究者身份认同的探讨。《优秀职前英语教师职业认同建构的叙事探究》以Wenger的认同形成理论为基础,探讨一名优秀职前英语教师(师范英语专业四年级学生)职业认同的发展变化,如"微弱认同、真正认同、弱化认同、强烈认同、动摇认同到坚定认同"的过程。该研究者发现"职前英语教师教育的课程设置不应局限于教学法等方法论或语言技能训练,也应着重从职业价值观、角色价值观、职业归属感、职业行为倾向等维度提高职前英语教师的职业认同,促进他们的职业发展"。也就是说,职前英语教师培养课程中存在的问题是课程设计过于单一,局限于教学法或者语言技能(如听、说、读、写、译),缺乏职业观念方面的教育课程,不利于职前英语教师建构英语教师身份。教师身份本应包含研究者身份在内,然而这一研究没有涉及职前英语教师的研究者身份建构培养的内容探究。

寻阳《职前外语教师科研参与状况及影响机制调查研究——以学科教学(英语)专业学位研究生为例》指出当前关于"基础教育职前外语教师的研究仍较为匮乏",调查分析"我国职前外语教师参与科研的状况和影响因素",研究发现职前外语教师的"文献阅读量不足,以中文数据库和中文期刊为主;由于不知道研究什么、怎么研究,同时也因为外语语言知识不足,他们不敢涉足科研工作"。该研究同时发现,科研激励不现实、个人愿望不强烈以及同伴的负面影响是限制职前外语教师科研积极性的重要因素。

目前基于职前英语教师科研实践的研究确实不多。2019年9月5日,本研究者以"职前外语教师"为主题在知网"硕博士"一栏进行检索,共有35条结果。题目中含有"职前外语教师"字样的论文有8篇,均为硕士论文。近三年的论文有3篇,分别为《基于微格教学研课的职前英语教师教学能力发展个案研究》(2019)、《基于Rasch模型的职前英语教师英语写作能力的评价研究——以某211师范大学2016级英语专业师范生为例》(2019)、《基于微视频分析的职前英语教师实践性知识生成的个案研究》(2018)。另外几篇为《职前英语教师课堂互动话语研究》(2016)、《教育实习对职前英语教师信念的影响研究》(2016)、《职前英语教师专业知识建构的个案研究》(2012)、《职前英语教师专业知识建构的探究》(2011)。分析题目发现,这些文献主要围绕职前英语教师的教学能力和知识建构,进行实践性知识、课堂互动、教学信念等方面的探究,依然是没有科研实践视角的相关研究。

笔者认为已出版的《职前英语教师专业发展研究——教育研习视角》(2015)可能有职前英语教师科研或研究方面的内容,但就目录分析发现该著作是围绕教学实践能力发展的研究。该书是浙江省"十二五"重点建设教师培养基地项目"实践取向卓越初中教师培养研究与实践"研究成果,主要是运用问卷调查和访谈的方法进行研究,聚焦的是英语师范生实习阶段的

教学实践体验中的成长和变化。很遗憾的是,该研究没有专门涉及职前英语教师科研实践能力的培养和提升,也没有将教学实践与研究实践结合起来进行研究的专题内容,例如,如何引领职前英语教师将教学实践中的观察或教学见习实习实践中发现的问题,形成毕业论文研究课题,使实践提升为理论等的学术探究意识得到加强;自然自觉将教学工作和研究实践工作结合起来,将职前英语教师学习、教学和研究相结合(学、教、研)互相作用的功能体现出来。研究本身就是教师工作的一个组成部分,书中有言"职前英语教师的职业目标追求不是即时成为'研究型教师',而是指向未来的'研究型教师'"(2015:29),"研究型教师"不是一蹴而就的,因此更需要在平时的教学实践中培养其"研究型教师"的意识,锻炼其"研究型教师"的实践行为。

2.2.2 职前英语教师科研中的问题

当前以职前英语教师为视角的研究比较分散,文献显示的有职前英语教师信念、职前英语教师身份建构、职前英语教师职业认同、职前教师跨文化意识、职前英语教师参与科研状况等。《职前英语教师在教育实习中教师信念发展之叙事探究》一文是基于英语语言观、英语教学观、英语学习观、师生角色观和英语教学专业观对一名职前英语教师进行叙事探究的。研究采用访谈、课堂观察、邮件来往及实习手册分析等方法,主要调查分析一名学科教学(英语)专业研究生实习期间的教学观、学习观、师生角色观以探究职前实习英语教师的教育信念的特征和来源是什么,发生了怎样的变化,是哪些因素影响了职前英语教师的信念变化。通过分析发现语言学习者的经验教训以及见习期间的经验影响着教师信念,教师信念中的变化主要表现为角色变化,更加关注教师本身的角色,职前英语教师的信念变化主要受到"师傅"及实习学校经验教师的影响。

《中美跨洋互动写作活动中职前英语教师的身份构建》一文中,作者探索了美国职前 ESL 教师如何通过一项以提高学生写作、促进师生了解为目的的中美师生网上"跨界互动"写作活动,从话语活动、实践活动、社会活动三个方面探析如何构建自身的职业身份。研究数据来源于三个方面,即职前英语教师的书面材料(如对学生作文的初始评语、活动心得、语言教育理念)、教师们的课堂讨论、双方网上互动留言信息。作者在研究中发现,"这次活动帮助职前教师向期望的教师身份迈进了一步"。

《优秀职前英语教师职业认同建构的叙事探究》中,作者以 Wenger 的认同形成理论作为研究依据,以叙事的方式,探究一名优秀职前英语教师在外国语学院、培训机构、支教和实习学校以及师生共同体不同教育教学环境中的教学经历,采用半开放式的访谈、课堂观察及其他的非正式交流,如微信、QQ、电话、电子邮件和教学日志等方式收集资料。通过分析资料发现,职前英语教师形成的职业认同发展经历着由微弱认同、真正认同、弱化认同、强烈认同、动摇认同到坚定认同的过程,体现出个体性、动态性、连续性及不稳定性的特点。《话语视角下高中职前英语教师身份认同的批判性人种志研究》一文是作者基于 3 名高中职前英语实习教师 10 个月的人种志研究。研究工具的选用主要有校园与课堂观察、日记、半结构式访谈以及办公室日常谈话。数据分析以批判话语分析为基本理论框架,结合巴赫金、福柯及哈贝马斯等人的理论对数据进行分析与阐释。研究发现,职前英语教师的实习生活中,至少有 5 种不同的话语:考试话语、技术话语、规训话语、中国传统文化话语及性别话语。研究还发现,高中职前英语教师以考试话语、分数及规约制度等理性工具制约着他们的教学生活,致使高中职前英语教师失去真实自我,表现出对"流浪者"身份的认同。《职前外语教师科研参与状况及影响机制调查研究——以学科教学(英语)专业学位研究生为例》中,作者以某师范大学的全日制英语教育硕士 40 人为研究对象(一年级研究生 30 人,二年级研究生 10 人),采用定性与定量相结合的方法,利用 SPSS19.0 分析职前英语教师科研参与情况,质化材料采用内容分析法,对英语教育科研观、阅读和利用科研的情况及影响因素进行分析。作者研究分析发现,职前英语教师文献阅读及参用文献无论是在数量上还是在质量上都不尽如人意,职前英语教师不知道要研究什么、没有掌握研究方法以及英语语言知识不足,职前英语教师缺乏研究动机、研究自信、研究激励,以及同伴正向影响等"致使她们不敢涉足科研工作"。

笔者发现当前关注职前英语教师科研的研究成果少,关注本科职前英语教师的研究更是鲜见,而职前英语教师的研究能力直接影响着其未来的教学能力和教学质量。2019 年 4 月 26 日笔者以"职前英语教师"为主题检索硕博论文,结果显示 2006 年至 2018 年共发表 193 篇硕博论文,其中 2016

年至2018年占96篇,这种情况说明聚焦"职前英语教师"的研究在近年来更受关注,近3年基于此主题的研究占过去13年研究总量的50%。在具体分类情况中,以"职前英语教师"为主题的硕博学位论文检索结果占据第一位,但只占总体的18.23%,排第二、三位的为"职前教育""调查研究"。表2.1是2006—2018年主题为"职前英语教师"的硕博论文可视化检索情况(部分)。

表2.1 2006—2018年主题为"职前英语教师"的硕博论文可视化检索情况(部分)

排序	分布情况	数量(百分比)
1	职前英语教师	66(18.23%)
2	职前教师	25(6.91%)
3	调查研究	21(5.80%)
4	教师信念	19(5.25%)
5	EFL	17(4.70%)
6	英语教师	16(4.42%)
7	教师专业发展	14(3.87%)
8	教师成长	13(3.59%)
9	PCK	12(3.31%)
9	专业发展	12(3.31%)
11	中学英语	11(3.04%)

表2.2是2006—2018年关键词为"职前英语教师"的硕博论文可视化检索情况(部分)。这里以"职前英语教师"为关键词的相关研究,与"教师教高课程"并列位于第二,排在第一的是"classroom"。根据文献结果可以发现,"职前英语教师"的研究成果不断增加,但是专门以本科"职前英语教师"的研究实践为视角的成果还不曾出现。

表2.2 2006—2018年关键词为"职前英语教师"的硕博论文可视化检索情况(部分)

排序	分布情况	数量
1	classroom	46
2	教师教育课程	34
2	职前英语教师	34
4	教育实习	26
5	teacher	25
6	问卷调查	24
7	professional	22
8	职前教师	21
9	学习过程	20
10	curriculum	18
11	教师信念	17
11	questionnaire	17
13	学科教学知识	16

我国对基础学段英语教师的研究能力要求越来越高,但是当前基于基础学段英语教师的研究现状难以令人满意。主要问题存在于内因和外因两个方面。内因上表现为:教师缺乏科研方法和科研能力(Borg,2009;寻阳,2018)、对科研的重要性认识不足(Borg,2006;寻阳,2018)、缺乏阅读兴趣和科研内驱力(Borg,2009;寻阳,2018)。外因方面表现为:时间不足(Borg,2006;胡萍萍、石坚林,2014;寻阳,2018)、缺乏相关支持(Borg,2006;寻阳,2018)等。目前研究者更多关注大学英语教师的科研状况,而对中小学和职前外语教师的研究仍然相对较少(Borg,2006;寻阳,2018),英语教师科研问题已成为英语教师教育的重要话题,对基础教育职前英语教师的研究仍较为匮乏,我国对基础教育阶段职前英语教师的实证研究则更为少见(寻阳,2018)。我国高校英语教师的教育研究状况尚不能令人满意,94.4%的高校英语教师表明自己开展科研的原因及对科研必要性的认识在于"晋升职称"或"单位有科研要求"(赵志勇,2007)。这不利于科研质量的提升。

教师教育研究者一直致力于发现有效的方法来影响教师科研这一行为

(Borg,2006;文秋芳,2002),中外多数一线教师在科研上不知所措,科研困惑以及科研与教学脱节现象存在(Borg,2013;夏纪梅,2009;寻阳等,2014;2018马艳,2016),这种状况直接影响着职前英语教师的研究热情、研究质量,甚至英语教育质量。

2019年9月5日笔者以"职前外语教师"为主题对硕博论文进行的检索发现,题目中含有"职前外语教师"的8篇文献均为硕士学位论文。从题目上分析这些成果,没有专门涉及研究职前英语教师的科研情况,更没有涉及职前小学英语教师的科研实践研究。英语教师教育研究领域当前面临的一个主要问题是忽视了职前英语教师研究科研能力培养研究。

2.3 科研实践叙事的理论视角

一般来说,质化研究是不需要以假设和理论为前提的。然而笔者发现,研究是和一定的理论相吻合的。在本研究过程中,社会文化理论、实践共同体和人本主义理论观点不断得到印证。任何研究都会和一定的理论产生连接。只是质化研究不过于强调理论,而是让研究对象内在的心声自然流露,从他们内在的思想及外在行为描述中,使读者自然产生共鸣,认同其经历,反思自身,启发读者深思,产生积极变化和成长。如王敬的博士论文《觉解之境——五位小学专家型教师专业成长叙事研究》(2018:35)中所言,尽管质化研究不要求相关假设和理论,但在选题和前期准备时发现,自己的选题本身是有一定的理论假设的。古海波的博士论文《高校外语教师科研情感叙事案例研究》,题目中的"叙事案例研究"描述表明其主要是采用叙事方法进行的研究,认为叙事研究具有"蕴含的诠释主义、人文主义价值观和开放的研究方法"等优点,该作者力图在自己研究的各个阶段融入叙事理念。如数据搜集阶段使用的叙事问卷、访谈,以及教师日记等;数据整理阶段对教师的情感故事进行精简或浓缩等,以及数据分析阶段采用主题分析法等;在呈现结果阶段作者也使用了叙事理念,如教师的人生故事以及将故事作为研究发现进行解析。可以说,这是一篇自始至终的叙事探究型博士论文。之所以作者在其研究题目中加上"案例研究",是因为其选择的研究对象及其领域符合案例研究的定义范畴,作者引用的案例研究的定义是"对单个的事例、现象或社会单元作深度的、整体的描述与分析"(Merriam,1998)的一种质性研究方法。案例研究呈现特定性、描写性和启示性。依据对案例研究的理解,我们发现,叙事探究基本上都属于案例研究,因为叙事探究符合案例研究的特定性、描写性和启发性的特征。该论文指出,"教师情感理论视角决定教师情感理论方法,也决定教师情感研究的内容与形式",该作者在其研究中使用的理论有个体心理视角的心理学理论、社会文化理论、后结构理论及生态动态系统理论。我们在观察、搜集资料以及指导职前英语教师的科研实践活动时,脑海中不断出现社会文化理论、共同体理论及人本主义理论思想,并能感受到其产生的作用。金琳的博士论文《学习共同体中教师研究者成长案例研究》采用的也是质性研究方法,主要运用访谈、观察、故事及案例素材等搜集数据资料,用聚类分析和主题分析进行数据整理。该作者运用三个相关理论进行质性研究过程中的阐释分析,这三个理论是社会认知主义理论、教师学习相关理论及学习共同体相关理论。

近几年在质性研究中,越来越多的作者在目录中明确了设计理论基础,如古海波(2018)、金琳(2016);尽管在博士论文目录中没有明确提出理论依据,但在正文中提出借用相关理论进行研究,如王敬(2018)、陆晓红(2012)。陆晓红在博士论文《教师专业发展叙事研究——以美国外语/ESL教师为例》中,明确使用适应理论,如在呈现两则研究对象J先生自己描述的学习故事,之后作者直接跟上理论,"Giles & Smiths(1979)在其提出的适应理论(Accommodation Theory)指出,学习者对第二语言的态度直接决定了第二语言习得的成败"。然后,作者列举了适应理论中五条关于学习动机对学习者态度有所影响的控制因素,接下来作者运用适应理论中的观点从两个方面分析阐释J先生在美国教授学生学习英语的态度情况。这种在质性研究中使用理论阐释的例子表明质性或质化研究不要求理论,也不是与理论绝缘。其实理论一直存在。所谓理论即论理,论万事万物何以如此之理。理有不同的论法,可以是逻辑推演的,即我们习惯上所说的分析;也可以是通过事件本身的发展变化来展示的,即叙事。这两种论理的方式不同,功能和目的却一样。以叙述而论,何以叙事,如何叙事,其实本身就已经隐含了叙述者对叙述对象进行组织、分析和表达的诉求,这些诉求总是受到特定理论"后台"的操控,这个"后台",在海登·怀特那里叫作"隐喻",在更为前卫的后现代"叙事学家那里,则等同于组织和解释叙述对象的角度、立场和方法"(吴毅,2007)。叙事研究是有理论支持也有理论发现的。质的研究中"理论"至少包含三个方面内容,"前人的理论,研究者自己的理论,资料中呈现的理论"(陈向明,2000:343),即包含本领域被公认的理论、研究者在本研究中的观点以及对资料分析后所得的意义解释。研究是为了解决问题,而不是为了建构理论,如费孝通所言"我们的理论不在道破宇宙之秘,只是帮你多看见一些有用的事实"(陈向明,2000:344)。质的研究倾向使用扎根理论,扎根理论的倡导者认为,"研究者在进行理论建构时可以使用前人的理论或者自己原有的理论,但是必须与本研究所搜集的原始资料及其理论相匹配"(陈向明,2000:354)。在撰写质的研究报告时,"我们也可以使用前人的理论,对自己的研究或理论假设进行补充或对照"。在质的研究报告中使用前人的理论有几种方式,"1)将结果放在前面的文献综述部分进行介绍,指出这些理论将为后面的结果分析提供一定的理论指导;2)将理论放在研究结果之后,与前面的研究结果进行对照;3)将理论与研究结果融合为一体,在对原始资料进行分析时有机地运用这些理论"(陈向明,2000:373)。"建立理论,按其本质而言,就是意指对资料的诠释;因为,资料必须被概念化,而且概念间要彼此相关才能构成一个对现实世界的理论性说明(这个现实世界虽然实际上是不可知的,但总是可以被解释的)。这样形成的理论构成(theoretical foumulation),不但可以解释现实世界,而且可以用来指导行动"(Anselm Strauss & Juliet Corbin,2004:24)。个案研究、案例研究和叙事研究都属于质性研究的范围,尽管质性研究不过分强调在研究中有理论假设,但也不拒绝理论。"只有当前人的理论已经进入了研究者的思考框架,研究者才能娴熟地、不露痕迹地引用它们。"作为研究者,我们必须"在研究报告中表明自己的研究所依存的理论基础"(陈向明,2004:377,378)。因此,进行质性研究,研究者没有必要刻意回避理论或阻止理论的参与。质性研究中的理论不是事先就有的,而是在研究过程与资料对话中逐渐呈现出来的。本研究者从资料分析中发现,社会文化理论、实践共同体理论以及人

本主义理论与本研究中的原始资料匹配度比较高。

2.3.1 Vygotsky的社会文化理论

俄国心理学家Vygotsky认为,人的心理发展的源泉与决定因素是在历史过程中不断发展的文化,而"文化"是人的社会活动和社会生活的产物,因此对人类心理发展的研究必须以人类历史和文化的发展研究为基本原则,因此他提出了"心理发展的文化历史理论",又叫"社会文化理论"(Vygotsky,1978;Lantolf,2006)。社会文化理论中有两个重要假设,"中介理论"(mediation)和"最近发展区"(zone of proximal development,ZPD)。其实,在英语研究中学者青睐使用中介理论。孙秀银(2009)在"A Case Study of Instructional Language as a Mediational Tool"中指出:"A number of foreign researchers have conducted different studies under a certain context, in which teachers or other significant people mediate in learners'language learning process, especially child's language development (see Hasan 2002;Lant olf 2000;Mercer 1995;etc.). The main target of their observation was face-to-face interaction."可见中介语理论在英语教育研究中有着重要的影响。

社会文化理论也是建构主义理论的重要思想来源,社会文化理论强调学习发展是在一定的社会文化影响中进行的。基于职前英语教师的研究发展,实践活动是研究发展的重要组成基础。研究能力和研究智慧的发展不仅是在个体自身的实践活动中建构起来的,还要通过与社会成员之间的相互作用中进行研究知识的建构和研究能力的发展。职前英语教师的教育研究意指他们在参加社会环境下的教育学习和教学实践前提下进行的教学研究,他们的研究成果是在社会化活动过程中形成的,其成果又服务于社会。作为社会文化建构主义的代表人物维果斯基提出的核心概念"最近发展区",在此研究中可以理解为一个人独立达到的研究水平与和他人(如导师、同伴)合作达到的水平是有区别的。职前英语教师很难完全独立完成初次的正规科研实践任务,他们需要他人的协助、指导和同伴等的支持。大多数(本科生)职前英语教师撰写毕业论文是他们首次参加正规的科研实践,一般都是在导师指导下完成的。导师需要了解他们的实际情况,进行有针对性的科研实践引领,以促进其有效提升科研能力。最近发展区(ZPD)理论应

用于本研究具有实践性的指导意义。Lantolf 在 2000 年曾对这一概念做了进一步的诠释,他认为最近发展区是一种象征,是对中介工具的恰当性和内化作用的观察与理解。基于职前英语教师科研能力发展,中介工具既涉及研究者本人的文献阅读、研究设计、研究日志,也涉及研究者导师的指导方案、指导过程以及研究者同伴之间的相互交流、相互沟通,还涉及研究教学实践的教学反思以及与实习学校教师基于自身研究交流的信息,等等。这些中介工具有助于职前英语教师研究者本人在研究过程中不断监控自己的研究情况,反思自己的不足。研究者根据社会文化理论与中介工具互动,基于研究目标适当调整研究行为,使研究处于动态的、发展的过程中。中介工具使职前英语教师将外在的社会活动(研究实践)影响转向内在的认知情感的变化,如通过阅读、导师指导、研究日志、同伴交流等研究实践共同体,职前英语教师不断感受内在与外在的发展区的互动,通过自身的不断思考和调控建构意义,促进研究的有效进展,提高研究实践能力,产生研究成果,服务社会。指导教师引领职前英语教师在科研实践中充分使用中介工具才能很好地以中介工具为驱动力,有力推动职前英语教师科研实践向前发展。

社会文化理论已经应用于语言教师发展研究中,Johnson(2006)指出语言教师发展研究的"社会化转向"为语言教师发展拓宽了研究视角。当前的教师发展研究非常注重通过教师自发行为来提高教学素养、改善教学效果(高雪松等,2018)。随着语言教师教育与发展领域的社会文化转向,社会文化理论成为开展教师研究的有力工具(Johnson,2006,2009;张凤娟,杨鲁新,2016;张凤娟,占菊,2017)。从研究方法的选择来说,社会文化理论视阈下的研究者"更推崇质性研究方法,常见数据收集方法有日志/日记、个人叙事、个案历时研究法","日志/日记中自然流露的对不同社会语境中的态度和情感也可以作为研究社会和个体变量的证据"(徐锦芬,雷鹏飞,2016)。本研究用社会文化理论阐释解读职前英语教师为什么进行研究,如何进行研究实践,采取什么行动策略解决研究中的问题。

2.3.2 实践共同体理论

最早提出"共同体"(community)概念的是德国社会学家 Tonnies。学者 Boyer(1995)深化了学习共同体的内涵,认为学习共同体要有师生间的互动,教师在这一过程中应当发挥组织和监管作用,Shulman & Shulman(2004:257)提出学习共同体是"一种新型的教师学习模式"(郑新民,2018)。

Wenger 的实践共同体理论在不同领域被经常引用,在教育研究领域也被广泛引用。Wenger 从人类学角度对学习进行了全新的阐释。Wenger 提出参与即是学习的观点,"参与"不仅是参加到某些活动中,而是主动参与社会实践并且从中构建与这些实践共同体相关的身份。学习中可以使学习者获得知识、提高实践能力,更使学习者"本身"成长和变化。Wenger 提出了成员归属共同体的三种模式:直接参与(Engagement)、想象参与(Imagination)和结盟参与(Alignment)。直接参与、想象参与及结盟参与共同促进学习者在实践共同体中自然成长,获得相关的知识经验并利用这些知识经验进行实践应用的能力提升。其中结盟参与主要是指学习者主动协调各种未来展望和行动之间的关系而与更宏观的事业结盟(Wenger,1998)。Louis et al.(1996)和 Newmann & Associates(1996)提出教师专业学习共同体应具备 5 个特征:1)共享的规范和价值;2)反思性对话;3)去个人化的实践(即共同体内的教师以公开的方式从事她们的教育实践,兼具建议者、专家和学习者的角色,既为同事提供支持,也从同事那里获得帮助,共同分享实践经验);4)对学生学习的集体关注(即教师的对话和活动以促进学生的学习和发展为中心);5)教师合作(转引自郭燕,徐锦芬,2016)。实践共同体中的"成员在身份、价值观、信念及目标等方面表现出共性(Irwin & Hramiak 2010;Ramage 2010);成员在共同体中相互沟通,交换观点,了解和解决问题,共建知识(Watkins 2005)"(胡志雯等,2018)。

Wenger 指出所谓"实践共同体"是指我们经常参与的、为了共同目的而形成的各种团体,然而它不仅仅是一个单纯的团体,长时间的相互交流还让这个团体的成员逐渐拥有一系列的共同性。

国内对英语教师学习共同体实证研究主要涉及学习共同体对教师专业成长、教师教学技能和教师写作经历的影响作用(如文秋芳,任庆梅,2011;郭燕,徐锦芬,2016),也有探讨基于期刊学术论文写作的研究(如郑新民,阮晓蕾,2018)。

基于本研究中的职前英语教师科研实践是在导师指导学习中进行的。职前英语教师与研究小组是有共同科研实践目标的团队,在实践中她们在

导师指导下对研究不同发展阶段给予想象和期待,本研究科研论文小组①的主要共同特征是:同一个学术论文指导老师、在大学是同一个班的学生、共同研究小学英语教学现象、研究时间长度相同、研究时间节奏基本相同、有统一的学术论文撰写要求、共同开始共同结束、同一时间(同一天)答辩。这样自然组成的科研实践共同体更有利于职前英语教师交流、分享科研实践经验,互相支持互相帮助,论文检查,提出问题、分析问题及解决问题。具体情况见表2.3。

表2.3 职前英语教师科研实践共同体实践行为

类型	示例
共享科研知识	分析问卷的时候也很头疼,翻了许多文献,也是想了好久,都不知道如何下手。跟同组的同学讨论交流,受了启发,才慢慢有了头绪。(D老师,2019年6月4日) 整个论文的写作过程,都要感谢老师的细心指导,老师每次都指导挺多人,但还是认真地对待我们每一个人。其实,我觉得有时老师做事的态度是很值得我们学习的。(T老师,2019年6月4日) 回顾整个历程,我们同组的同学真的很认真,寒假实习也互相联系交流问题,老师在工作之余也不忘给我们面谈指导问题。(U老师,2019年6月1日)
情感激励	这半年一边上课,一边写论文,一边准备招教。我体会到了前所未有的忙。有时候在撑不下去的时候,就想偷个懒,想放弃。幸好有同学经常互相鼓励,互相加油。谢谢你们!最后,再次感谢I老师,对我们孜孜不倦地教诲和细心指导。(T老师,2019年6月4日)

---

① 学校分配的指导名单中自然形成研究小组,构成科研实践共同体。

续表2.3

类型	示例
技术提升	昨天老师指导论文了……研究方法上的问卷调查法,应具体标明在什么时间什么情况下发的问卷,以及谁回收,在写这些内容的时候必须实事求是。其中分析问卷时,图要排序,图的名称放在图下方。当然在分析问卷的时候要根据自己的目的,找不足或者是凸显成就,具体问题具体分析。(Y老师,2019年3月15日) 给同学们指导问卷发放技术,数据分析技术以及图标建立技术要求,她们很认真,看到她们紧缩的眉头舒展开了,我的心里也舒服很多。在实践执行中她们进步很大,提升很快。(I老师)

2.3.3 人本主义理论

人本主义学习理论的基本观点为本研究提供了理论依据。20世纪五六十年代是人本主义兴起的阶段,之后人本主义理论的观点迅速得到发展,人本主义理论的主要代表人物是美国心理学家马斯洛及罗杰斯。人本主义理论又被称为心理学的第三思潮,对教育教学改革产生了深刻影响,人本主义心理学关注人的尊严,教育者心中有人,重视人的观点、思想、意愿和发展,关注人自我成长及自我实现等。人本主义重视把学习者视为活动的主体;教育者需要尊重学习者本人以及学习者的学习体验和内在愿望,教育者引领学习者提升自信,提高自我反思力和自我教育能力,自我激发自身智慧,不断成长。在教育中主动构建和谐的互动关系及良好氛围助力学习者更好地成长。在科研实践中,职前英语教师作为学生需要主动接受导师的指导,作为研究者需要主动学习研究体验,主动实践科研行为,导师在引领职前英语教师学习研究实践中践行立德树人育人使命,协助职前英语教师形成正确的世界观、人生观和价值观正是人本主义的主要内涵,在指导职前英语教师科研实践中,使职前英语教师不断发现自己的科研潜能,充分发挥自己的科研能力。

人本主义学习理论强调自主性、全面性、渗透性,即学习者主动发起的、全面而有个性的发展,对学习认知及实践领域带来影响,同时对学习者情感、态度、言语行为产生影响。职前英语教师需要体现研究的主动性,如积极主动的研究行为;全过程全方面的科研实践及有创造性的研究体验,如选题、文献搜集、文献梳理、研究方法的选定、研究设计、研究分析等均全面实践,在全方位积极主动的研究实践过程中,职前英语教师的情感、态度、价值观等均能发生变化。

人本主义理论强调学习者在学习中的体验和参与,参与体验及感受学习的重要性。依照人本主义理论观,教师是作为自然过程中人格成长的协助者、促进者、帮助者出现的。

人本主义教育观相信学习者能够自由地选择学习,人本主义强调自我潜能的不断发展与释放是自我实现的过程。教师在职前英语教师科研实践中必须关注"人"的发展,促进其成为"自我实现者",并关注"情感"和"态度"的力量。教师在指导中用心去倾听,进行设身处地的体验,与实践学习者达到共情性(empathy)理解,更好地了解他们的需求并协助他们积极地探索成长,提供良好的科研条件(如资料支持、方法指导、行动引领),营造良好的科研心理氛围(如鼓励、共鸣、理解、支持与帮助等)。

3 研究设计

3.1 研究方法

本研究以质的研究中教育叙事研究法为主,辅以观察法及访谈法等。教育叙事研究是英语教师通过对有意义的研究实践故事叙说来描绘教育行为,进行意义建构并使研究活动获得有价值的解释性理解。教师研究实践性知识是动态发展的,这些研究实践知识和研究实践能力是具有情境性的,研究实践在积累中进行更新。本研究通过聚焦职前英语教师科研实践中的关键事件及具体情境信息,深入挖掘探究职前英语教师研究实践能力提升的构成及过程。

文献法。收集与职前英语教师科研实践能力提升相关的研究文献成果,厘清研究的主要问题与内容,进行针对性归纳分析,为研究工作奠定基础。

观察法。研究期间,本研究者深入到研究对象的英语教育研究生活中,在教授她们课程过程中,观察其科研中的情境和行为,观察其对小学英语教学研究主题的语言反应和行动实践,观察其英语教育研究动机、研究态度以及研究设计和研究实践行为。例如,小学英语专业课程中的"Teaching Skill

Show"(英语微课秀),在短暂的英语教学技能展示中,观察分析发现她们教学理念、教学设计以及教学活动。

访谈法。口头访谈和纸质访谈相结合。

实物收集法。通过访问,收集到大量实物,包括研究对象的教学技能展示、研究过程性资料、研究日志、研究设计等,为本研究积累丰富的第一手资料。

3.1.1 "质的研究方法"和叙事研究

质的研究的特点主要体现在:强调结果的"真实性";注重研究者和被研究者之间的主体间性的"视阈融合"性,强调对研究对象"阐释性理解";强调研究对知识建构和社会发展的重要作用。

质性研究有很多具体的研究方法,如叙事研究、案例研究、人种志研究、行动研究(陈向明,2000)。本研究在资料收集、整理分析以及研究结果呈现上体现出叙事研究的特点。本研究也属于案例研究(case study)或个案研究。案例研究主要是"对单个的事例、现象或社会单元作深度的、整体的描述与分析(Merriam,1998)"的一种质性研究方法(转引自古海波,2016)。叙事性研究是以故事为手段,通过对过去发生的事件、现在的影响以及未来的期待的描述来建构教育生活的意义的研究方式(张晨昱、和学新,2004)。本研究中5位职前英语教师以研究日志为驱动展现她们科研实践的真实过程,对她们建构有意义的科研实践以及对教师教育者建构科研实践指导具有深刻的意义。

社会科学研究领域存在着"量化研究"(quantitative study)和"质性研究"(quanlitative study)不同的研究范式。以实证主义认识论为基础的量化研究倾向于认为客观实在是稳定的、可观察和测量的。量化研究强调用观察和测量到的实际数据进行研究,要求研究者保持客观、中立的态度。质性研究者认为事物总是发展变化的,生活事件也是动态、发展变化的,依据"所谓"稳定、测量的数据难以解释和说明变化多端现实世界的真相。质性研究是"以研究者本人作为研究工具,在自然情境下采用多种方法收集资料对社会现象进行整体性探究,使用归纳法分析资料和形成理论,通过与研究对象互动对其行为和意义建构获得解释性理解的一种活动"(陈向明,2000:12)。

与量化研究不同的是,质性研究以研究者本人为研究工具,也就是研究者本人要参与其中;质性研究搜集资料的方式是"在自然情境下采用多种方法收集资料";质性研究方式是"使用归纳法分析资料","对社会现象进行整体性探究",即对资料进行归纳后解释性探究。质化研究也强调研究者的理论视角。Anselm Strauss 和 Juliet Corbin(2004)在著作《质性研究概论》第 2 页中指出"研究者的理论视角来源于两个方面,一是来自他的学术修养、社会经验;另一方面源于研究过程"。质性研究中的理论抽样原则是"靠研究者仔细认真分析田野资料而获得的线索与灵感"。叙事学、人类学、现象学也使用质化方法搜集和分析资料。在解释分析资料程序中,研究者得以发展理论或获得新发现、呈现发现结果。

质性研究的特点与长处在于具有强烈的人文关怀和平民意识,在自然情境下对个人的生活世界以及社会组织的日常运作进行探究,提倡研究者对研究情境的参与,直面事实,与研究对象共情,对他们的生活故事和意义建构做出解释性理解,对事物的复杂性和过程性进行长期、深入和细致的考察(陈向明,2003)。

质性研究中的叙事研究越来越受到研究者的青睐。《韦斯特辞典》中把"叙事"解释为"讲故事或类似讲故事之类的事件或行为用来描述前后连续发生的系列性事件"。叙事(narrative)和生活故事(life story)的概念在当前教育研究中使用的频率越来越高。艾米娅·利布里奇、里弗卡·里沃-玛沙奇、塔玛·奇尔波在《叙事研究:阅读、分析和诠释》(2008)中说明研究者对"叙事"和"叙事研究"的定义梳理不太常见,并说明多数学者对"叙事"在个人生活和社会生活中的重要性。如在书中第 2 页,"尽管质的研究者们在自由地运用着叙事(narrative)和叙事研究(narrative research)术语,但是对这些术语的定义却非常罕见"。书中第 8 页指出,"在心理学和社会学前言,布鲁纳(Bruner,1991,1996),费希尔-罗森塔尔(Fisher-Rosentha,1995)、格根 Gergen,(1994)、格根夫妇(Gergen & Gergen,1986)、郝曼森、赖克斯、哈里和肯普(hermans,Rijks,Harry & kempen,1993),麦克亚当斯(McAdams,1993),波尔金霍恩(Polking-Horne,1991)和罗森塔尔(Rosenthal,1997)等人都倡导,无论在内容层面还是形式层面,个人叙事都是个人的自我认同……故事就是个人的自我认同,并在生活中不断被创造、倾诉、修正和重述。通过我

们所说的故事,我们了解或发现自己,并向他人展示自己"。叙事研究是通过对个体的真实故事进行阐释性解读,对其故事进行描述,重新建构、再次建构以展现其具有深刻教育意义的内涵。叙事研究对于个人的实践生活和社会发展有着非常重要的意义。叙事研究以研究对象的生命故事为内容,把叙述、倾听、反思作为主要形式。叙述方式主要有口头叙述和书写叙述。教师的叙事"可以对教师行为做出阐释(Raddon,2011:29),可以展示教师生命中真实、独特、有意义的经历(Barkthuizen,2011:395)"(转引自张云清等,2017)。正是"叙事研究表明了故事在塑造个体与群体的历史方面是有能量的"(范梅南,2003)。

教师叙事研究是教师真实生活状况的研究。华东师范大学丁刚教授是我国最早译介和践行教育叙事的学者。叙事研究的工具是研究者自己,具体方法是被访者口述、自传、书信、日记、研究者现场观察、访谈等(陈向明,2000,2003)。这些方法究其本质是一种对话方式,与自我的或与他人的。对话过程即反思过程,是认同、扬弃,从而达到内心世界变化的过程,其深刻性、丰富性和对人的主观世界和内心情感的震撼是数学公式难以企及的(吴一安等,2007:42)。叙事研究就是教师(即研究者)以叙事或讲故事的方式对教育教学事件进行描述、分析、论证和反思的研究方法,其目的是从发生在自己身边的有研究意义和研究价值的教育教学事件中发掘隐藏其中的教育思想、教育理论和教育信念,从而解释、发现或揭示教育的本质和规律(郑金洲,2004)。叙事研究与量化实验研究目的不同,却与其他质性研究方法有相同之处,即都"不是要形成可以推广到他人身上的方法或理论"(陈向明,2000),而是关注作为个体的人的故事以及该故事对人的影响意义及社会价值。"质的研究的效度指的是一种关系,即研究结果与研究其他部分(包括研究者、研究的问题、目的、对象、方法和情境)之间的一致性"(陈向明,2001:242-243)。

20世纪80年代"叙事研究"被引进教育研究领域。加拿大学者马克斯·范梅南提出"教师从事实践性研究最好的方法就是说出和不断地说出一个真实的故事",职前英语教师的研究生活故事正是实践研究成长的重要反应。研究实践是职前英语教师专业成长的重要组成部分。在叙事研究方面,加拿大学者康纳利和克莱丁宁的成就最为显著,1990年康纳利和克莱丁宁发表的《经验的故事和叙事研究》一文标志着教育叙事研究的正式诞生。美国教育家艾斯纳(Eisner)在评价康纳利所著第一本有关叙事探究的著作《教师作为课程的规划者:经验的叙事》时说:"教师讲述的故事以及她们对其工作生活的解读,都在告诉我们教师专业生活领域中正在发生的一切。而这种经验的叙述比任何一种标准化测量都更能深刻地揭示教师作为专业人员的生活。"(转引自郑勉,2017)康纳利和克莱丁宁将叙事研究这种方法应用于教育研究中,特别是被用来研究教师实践知识受到重视,叙事探究是对研究现场的教育故事进行生动的呈现,并且研究者和参与者共同建构和理解故事背后的教育意义(吴琼,2018)。叙事研究的重点不在于以叙事的形式来研究,而在于对叙事进行研究,通过分析语言或叙事挖掘背后的意义关系。

叙事研究属于个案研究也是案例研究。个案研究的目的并不在于为"实证化研究积累量的类型学的样本",而在于"为理解社会的多样性和复杂性提供案例"(吴毅,2007)。个案式或案例式的叙事研究不用"量化标准""代表性""普遍性"进行衡量其研究结果。

叙事探究是抓住人类经验的故事性特征进行研究,并用故事的形式呈现经验探究意义的一种方式(Clandinin & Connelly,2000)。其呈现和理解外语教师经验的有效性已经得到越来越多的实证检验(Barkhuizen,2011)。

以往倾向于追求科学化研究范式不断受到学者的质疑,教育研究已逐渐走向由传统的实证主义转向基于真实现象的描写和解释范式。21世纪以来,我国教育叙事研究成果不断增加。2019年1月31日笔者以"叙事研究"为主题进行搜索,结果发现近三年来(2016年,2017年,2018年)稳定保持在3000多条成果,而10年前(2006年,2007年,2008年)均在1000多条,学者对"叙事研究"方法的青睐程度有增无减。王鉴、杨鑫(2009)在《近十年来我国教育叙事研究评析》中将国内学者对教育研究叙事的界定进行梳理分析,主要观点见表3.1。

表3.1 国内研究者对教育叙事研究的界定梳理表

序号	观点
1	教育叙事表达人们在教育生活实践中所获得的教育经验、体验、知识和意义的有效方式
2	所谓教育叙事就是以叙事、讲故事的方式表达作者对教育的解释和理解
3	教育叙事研究是研究者通过描述个体教育生活,搜集和讲述个体教育故事
4	所谓教育叙事研究是指在教育背景中包含任何类型叙事素材的分析研究
5	教育叙事研究是以故事为手段,通过对过去发生的事件、现在的影响以及未来的期待的描述来建构教育生活的意义的研究方法
6	教育叙事研究是以叙事的方式来描述人们的经验、行为和生活方式,通过所叙述的故事来探究经验、行为的意义,以及其蕴含的思想和哲理

由表3.1可知,研究者对教育叙事的理解是基于研究者、个案研究对象和真实的教育生活事件构成。实现教育叙事研究对研究者有很高的要求,研究者需要有敏锐的问题意识,首先,能发现有价值有意义的教育问题;其次,需要研究者选择典型的研究对象;再次,有研究对象生动、真实的教育故事的搜集;最后,研究者基于研究问题下对所搜集的研究对象的生动的个人教育故事进行分析,发现规律,产生理论和哲思。教育叙事研究体现的是以人为本,关注的是人的心灵体验和精神成长,描述解释的是研究对象的内心世界。从真实的人、真实的生活、真实的事、真实的描绘中呈现有意义的教育思想,发现相关理论,以使研究、研究对象和读者之间在文字的流动中感受共鸣。

有研究者对叙事研究的评价提出了自己观点。徐冰鸥(2005)在《叙事研究述要》中提出了叙事研究的五个评价标准,即明显性、似真性、反思性、验证性、可转移性。明显性是清晰、准确地描述可以观察到的现象;似真性是指研究者参与研究其中,身临其境,从经验中"真切"地看待世界及其意义建构;反思性是指研究者一直以一种反思的视角看待自己的研究;验证性是指研究者与研究对象互动所建构的意义,彼此共知共享;可转移性是指研究者与其他教师之间的经验交流与学习。尽管人们对这几个标准难以测量,但是至少为叙事研究者提供了参考的内容。

王鉴、杨鑫曾借助其他研究者(施铁如 2003 年的《"怎么都行":学校改革研究的后现代思考》、张济洲 2006 年的《论教育"叙事研究"的科学性:兼与许锡良同志商榷》、牛利华 2005 年的《教育叙事研究:科学反思与方法论革命》)的观点说明叙事研究的定位问题,"一方认为教育研究方法中心的科学主义取向,把'科学性'衡量一项研究的标准,往往是因为把'科学性'等同于'正确性''有效性',给学校改革研究带来了许多尴尬。学校开展教育研究主要是追求有效性,而不是发现规律性,教育叙事研究用自传法、个案法、访谈法、档案法等基本方法,通过反思、认同、获得意义,从而达到内心世界改变的过程。它的深刻性、情感的丰富性、对人的内心世界的强烈冲击性,是传统科学方法难以达到的。教育'科学化''客观化'的偏执,造成教育研究'见物不见人',人游离于教育研究的视野之外。而教育世界是灵魂碰撞,精神相遇的人文世界,情感的细腻、内心的体验、价值的生成是无法观察和测量的。教育叙事研究的魅力恰恰是为人类无法言说的内心世界提供一种体验的方式。教育研究应回归生活世界,从生活世界中发现教育的真相;用一种更自然的研究方式把握和关怀教育中的人;应关注具体现象和具体个人,探寻意义,寻求规律。如此,教育叙事研究才获得存在价值"。这些研究观点反映出研究者发现传统的研究方法中科学主义取向的局限性以及对其研究有效性的质疑,同时反映出叙事研究的必要性。对以往科学主义取向的研究有效性质疑源于把"科学性"等同于"正确性",而叙事研究的必要性源于其目的是从真实的内心世界、真实的生活中关怀人的精神体验以寻求意义,发现规律。教育研究最终关注的是人的变化和成长,无论哪种研究方法都不可能做到绝对的客观,即便是可观测的量化研究也是由人设计的量化测试题。教育学的研究和实践从科学意义上来说永远不可能是"客观的"(范梅南,2001:59)。"扎根理论"是质的研究中的一种常用且较有影响力的方法,即"在系统收集资料的基础上,寻找反映社会现象的核心概念,然后通过在这些概念之间建立联系而形成的理论"(陈向明,2000:327)。通过阅读分析数据资料,发现资料中的高频词,提炼其核心思想,确定核心概念,并进行有逻辑关系的归纳分类。

Nelson(2011)强调了叙事研究在语言教育(尤其是课堂教学)和教师专业发展中的必要性(转引自钱晓霞等,2014),科研实践是英语教师专业发展

的重要内容,通过教育叙事能理解职前英语教师专业发展中的真实情况,能发现他们成长的变化及遇到的实际问题。本研究中的主要叙事主体是研究对象,即职前英语教师,本研究者针对其叙事进行解读分析,职前英语教师是叙述者,叙述其研究实践体验,我们在本研究中理解叙事者经历的真实生活体验。通过倾听研究对象发自内心叙述小学英语教育科研实践经历,研究者能够了解职前英语教师科研实践的真实心理体验和实践成长的特点,发现职前英语教师科研实践成长的规律,发现其中的教育价值和社会意义,促进英语教师完善自我,实现自我的多元化发展和专业成长。

英语学界的叙事研究正在起步,专门有学者撰文研究国内高校英语教师叙事现状,通过梳理回顾发现在国内高校英语教师领域却显示"人微言轻"。因为一连串数据组成的量化结果很难深入教师的内心世界,很难探测教师的真实生活体验和经历,而教师教育发展是从教师个人真实、鲜活、生动、自然的教育实践生活才能探寻其成长规律,发现其中的价值和教育意义。夏纪梅(2009)指出,实证研究的不足,使多数教师陷于研究的困惑之中,本土教师研究和教师对自己的研究严重缺失,她强调教育叙事研究是教师研究的最佳范式。只有这样,教师才能体味教育研究的个人与社会意义,才能感受到"学习是快乐的,教学是享受的,研究也不是痛苦的"。

3.1.2 "感同身受"的研究体验

毕业论文的撰写是职前英语教师科研能力的实践检验,本研究者多年来一直从事指导职前英语教师毕业论文的工作,发现职前英语教师在研究中的困惑、苦乐、成长等真实的心理体验,这和本研究者最初接触研究的感受很相似。如果能将职前英语教师在研究过程中内心真实的体验用个案研究的方法呈现出来,不仅有助于提升职前英语教师科研能力,也有助于毕业论文导师指导职前英语教师进行毕业论文的撰写。职前英语教师是如何在导师指导下发展自己的研究能力,指导教师如何能更有效地指导职前英语教师的研究实践,本研究者对这样的问题充满兴趣,感受职前英语教师自然呈现在研究过程中的内心体验,分享他们心中基于研究的真实声音,是多么有意义的事情啊!基于此,本研究者在查阅学术期刊时发现与职前英语教师研究相关文献并不是很多,专门针对职前小学英语教师的文献更是鲜少,基于职前小学英语教师研究能力发展的相关文献更难见到。笔者发现基于职前英语教师的研究成果涉及的是身份建构、职业认同方面的,如《中美跨洋互动写作活动中职前英语教师的身份构建》《优秀职前英语教师职业认同建构的叙事探究》。《职前外语教师科研参与状况及影响机制调查研究——以学科教学(英语)专业学位研究生为例》一文,作者关注的研究对象是攻读学科教学(英语)学位研究生的职前英语教师,使用的主要是调查法和访谈相结合的混合研究方法。而小学英语教师的研究能力直接关系到基础英语教育的改革发展进程,也直接影响到小学英语学习者的学习效果以及小学英语教育质量的提高,教育研究是教育教学的活力,有研究意识和行为的英语教师进行的教学能真切体现基于学生发展的"教研共行、教助研、研促教"的教育理念。

无论是谁,若想了解教师、父母或者儿童的世界,就应该倾听他们在生存世界中各种事物的话语,懂得这个世界各种事物的含义(马克斯·范梅南,2003)。教师叙事对其专业成长意义深远。

在语言教师教育中,叙事主要发挥两方面作用:一是作为一种教学策略(storytelling as a pedagogical strategy),二是作为一种研究方法(narrative as a research method),而且两者时常交叉,其目的在于帮助语言教师对自己的教育经验进行反思、质疑和学习(Coulter et al. 2007)。基于叙事研究的术语学者使用还未统一,有使用"叙事研究"(narrative research),有使用"叙事探究"(narrative inquiry),有使用"叙事课题"(narrative study)的。据英国学者Benson及其合作者所做研究的统计(Benson et al. 2009),1997—2006年十大国际语言教学类学术期刊(如 *TESOL Quarterly*, *The Modern Language Journal*)刊发的研究论文中,22%(477篇)属于质性研究,如 *TESOL Quarterly* 一本期刊中这一比例就高达43%(78篇);就研究而言,大多以教学实践者为研究本体,以教育经验和现象为考察对象,以现场工作、田野考察、口述史、个人日志、访谈、书信、文献等为经验资源,以故事为载体,从中"理解和重构经验意义""促进个人和社会发展"(Clandinin & Connelly 2000:85)。Clandinin 和 Connelly(2000:40-42)认为,叙事研究的重要性是理解叙事者经历过的生活,而不是验证某一个理论。(转引自钱晓霞等,2014)

叙事研究有其他研究无法比拟的优点,"易于理解,接近日常生活与思维方式,可帮助读者在多个侧面和维度上,认识教育实践,使读者有亲近感,具有人文气息,更能吸引读者,能创造性地再现事件场景和过程,给读者带来一定的想像空间"(郑金洲,2004)。英语研究者开始由外在量化到内在叙事的研究转向表明英语教师教育发展的研究将会关注教师"人"的实践体验和以内心的情感感受为数据的真情实感。这样研究直面教育生活,面对生命故事,耐人寻味,激励成长,唤醒共鸣,引发思考,促进改变。

本研究者倾听职前英语教师科研心声,用真实的故事展现她们一年来的科研实践,感受她们的科研实践生活,为更多的职前英语教师成长及英语教师发展提供崭新的理论和实践支持。

3.2 研究设计

3.2.1 研究对象及研究问题

本研究采取质性研究的目的性抽样原则(Patton,1990:169),即抽取那些能够为本研究问题提供最大信息量的人或事。这种抽样与为追求推广性和科学性采取的随机抽样不同,旨在寻求某特定情境下的样本,探求"该样本是否可以比较完整地、相对准确地回答研究者的研究问题"(陈向明,2000:104)。质性研究者大都选择目的性抽样和方便性抽样,如博士论文《觉解之境——五位小学专家型小学教师专业成长叙事研究》作者选择的是在其负责的小学教师高端研究项目中的5位教师。陈向明的基于博士论文的著作《旅居者与外国人》的研究对象是她在美国读博士期间选择的9位在美国波士顿地区留学的中国留学生,因为当时作者也是在波士顿留学。其在自然选择过程中使用目的抽样旨在在于了解"一部分留学生的跨文化交际经历",其中8名男性,1名女性,"样本中的性别不平衡这一事实反映了一个客观现象即来美国留学的中国学生中男性多大于女性,特别是在自然科学领域"(陈向明,2004:39)。博士论文《高校外语教师科研情感叙事案例研究》作者根据目的性抽样选择12名D大学英语教师,其中6名是D大在职英语教师,6名是正在D大读博士的英语教师。硕士论文《初中新任英语教师实践性知识的叙事研究》选择一位新任初中英语教师为研究样本。质性研究选择的样本可以是一个也可以是几个。本研究根据目的性抽样选取师范院校职前英语教师作为研究参与者。她们是来自M师范学院小学教育专业英语方向的职前英语教师。选择的研究对象具有典型性和代表性特征：1)师范院校是具有培养职前教师发展的重要院校,在全国职前英语教师培养中具有一定的典型性。2)本研究中的5位参与者都是大四进行小学英语教师实践的英语教师,都正在撰写毕业论文。这是她们第一次正式的学术研究实践,这是正式的、严肃的、有趣的科研实践体验,她们很重视这次研究。

  本研究中的对象采用目的性抽样。基于本研究目的,选择本研究者指导的职前英语教师作为研究对象。根据本研究者的一次基于职前英语教师关于毕业论文写作现状的调查发现,这些教师的研究能力培养除了在大学期间学习的研究方法课程,毕业论文写作是她们最重要的研究实践,她们觉得在研究过程中"痛苦不断",不知道如何选好题,不知道如何选择研究方法。在研究过程中发现如果能基于她们的研究实践过程、内心的研究体验和感受进行质性研究,将不仅体现出研究意义,还能反映其真实性、自然性和生动性,更能体现出其研究者内心的真实声音。

  本研究的参与者均为M师范学院职前英语教师,她们是同一个班的学生,因为她们这一届小学教育只有一个班是英语方向的,而且本班学生全是女生,因此,笔者采取能提供的真实自然信息、充足丰富的信息量标准,最终选择出5位符合本研究目的的参与者。本研究中她们均处于大四学习时间,第一学期是在小学实习,第二学期回大学上课。她们都是职前英语教师,具有同质性,如同一个班,共同学习小学教育英语方向的内容,同一个论文指导教师,选择的论文题目①都是基于小学英语教育方面。在她们刚入大学时的课堂反馈中发现她们都喜欢英语(教育),她们在课堂中回应老师提出的

---

① 她们的专业是小学教育(英语方向),她们选择的研究选题都是小学英语教育方面的。在毕业论文选题时根据资源也可以选择其他小学学科方面的主题进行研究,她们班上其他同学有选小学语文学科等研究主题进行毕业论文科研实践研究的。

"Why do you choose English as you major"问题时,用"I want to be a good English teacher;I am interested in it;I like English best in my all subjects,It's interesting,I love it;I like to learn English."也可以反映出她们爱英语、爱英语教育的同质性特征。5位参与者都是本研究者的学生(曾教过她们大一上学期的英文课程),属于师生关系。在指导她们科研实践一学期后,本研究者又碰巧教授她们大四小学英语教学案例研究课程。师生之间自然接触和了解的机会自然增多,为本研究提供了更多有利的资源。她们对语音课的学习感受(见表3.2)奠定了研究者和她们之间的信任关系。

表3.2 英语语音课学习感受统计表

印象中的语音课是一门纠正学生发音的课,使大家的发音更趋于标准。而在学习之后,我发现语音课可以带来的不只是语音的纠正,更多的是对一些问题的思考。学习了语音课之后,发现有些东西是新的,甚至是让人不知所措。语音课不是让你说说就可以,你还需要听,要学会听,直到现在遇到单词、短语标重音,我仍然是凭着感觉走,而感觉是无依据的。语音课并不简单,是的,语音课是一门相对较难的课。 　　学习了语音课之后,发现了课堂不仅仅是传输理论知识的,它还是一个沟通心灵的平台。有人曾说,写字事小,而养性事大。我想一直走在学习这条路上,也无非让自己更透彻地明白如何为人,如何处事,学习能让生活更加容易。 　　语音课堂是生动的,I老师的教学方式是灵活而又严谨的,让我明白了教学不是一成不变的,它可以有很多美妙的模样。(S老师,2015年12月15日)
我喜欢语言,不仅仅羡慕别人可以用一张嘴巴说出好多种不同的语言,而且我享受这种学习的趣味,可能正是我的兴趣点所在吧。所以语音课也是我感兴趣的课程之一,加上幽默有方法的老师,让这些枯燥乏味的语音理论变得有趣多了!在学习的过程中,老师用风趣的语言,视频教学,留下可以自由发挥的作业,让我们充分发挥自主性,并感到很快乐,学得很开心。 　　学习当然是需要知与行相结合的,在了解了相关理论后再加以实践,语音课给我的感受相当明显,我认为这是一门趣味性、实践性很强的课程,很有用,对学习其他课程以及今后的交流处事上都是有帮助的,我认为语音课应认真学习,也需要认真学习。I think it's good.(U老师,2015年12月13日)

续表 3.2

Before I go to college, I just learn grammar. However, I change my opinion after I learn pronunciation. Now, I think the pronunciation is as important as the grammar, so I'll try my best to learn pronunciation. (D 老师,2015 年 12 月 14 日)
As we all known, it is important for us to learn English pronuncaiton. I couldn't read English text fluently, because I knew that my English speaking was bad. But since I learnt English pronunciation, I have known that English have some syllables, what's more, I gradually understand whether some words' pronunciation is light or not stressed. Of course, I find English reading also have rhythm. That sounds good. I can try to listen to English in English Pronunciation Class. Maybe it is good for me to learn in class. (Y 老师,2015 年 12 月 13 日)

注:表中内容是自然语料,是当时语音课快要结束之前,学生们写的语音课学习心得。

语音课给她们留下的印象是:锻炼发音,纠正发音;理论与实践相结合,方法多样,"灵活又严谨"、发挥学生的主体性、语言"风趣幽默"、方法能调动学生学习的主动性,使"枯燥乏味的语音理论变成有趣的实践体验";使学生改变了对语音学习的认识:"I change my opinion after I learn pronunciation, I think the pronunciation is as important as the grammar." "I can try to listen to English in English Pronunciation Class."在语音课上,研究者对研究对象产生的积极影响,无疑为本研究奠定了研究者和研究对象之间的信任关系。导师对研究者具有重要的影响:

> 感谢您——我挚爱的老师!与您初识是在专科阶段,那时您带我们英语,在您的每一次 90 分钟的英语授课中,我都会被您的气质折服,我懂得您不仅在传授我们知识,更在传授我们做人做事的道理。您做事严谨、一丝不苟,好学而又求知,自带积极向上的光环,使人不自觉地想向您靠拢。所以当看到您的名字在论文指导老师的名单中时,我义无反顾地就选择了您,我知道您是一位负责的教师,在您的指导下我不仅能把论文顺利写好,而且能从您的良言中获得很多人生感悟。……真心感谢您——我挚爱的老师,从您身上我学到了很多,真的是经师易遇,良师难求,望今后有机会

还能成为您的学生。

这是已经毕业的一位职前英语教师的内心声音。在质性研究中研究对象对研究者的信任度很重要。

本研究者是5位研究对象的毕业论文指导教师,同时又是她们大四第二学期的一门专业课程的授课老师。本研究中的5位职前英语教师均为女性,在教育领域中,女性教师所占比例高于男性,在英语教育领域尤其是小学英语教育中,女性教师所占比例更高。本研究者所带的小学教育专业英语方向的职前英语教师连续三届(英语班)全部是女性,无一名男性职前英语教师。这也说明女性比男性承担着小学教育阶段英语教育、英语教学、英语教育研究更多的责任。本研究者与研究对象自然接触的时间会更多,第二学期每周上一次专业课程"小学英语教学案例研究",上课之余本研究者经常安排时间进行毕业论文见面指导工作。这些自然条件使本研究具备自然性、便利性、针对性强特征,有利于本研究的开展,有利于观察和搜集研究数据。

教师研究力的提升离不开研究教师自己,可以说教师自身是重要的研究资源。正如郑金洲指出,"任何研究都需要以自己作为研究工具,研究者的研究态度、知识水平、能力结构等直接影响着研究的进行,教师研究也不例外。在教育教学研究中,教师除了选择研究方法、运用相关的技术手段外,还要把自己作为研究工具来实施研究"。研究者是用自己的观察和思考探究教育教学活动的诸多问题。值得注意的是,教师在研究中并不是将自己仅仅作为研究工具来使用的,非常重要的一个方面是,教师还必须研究其自身。要在研究中分析自己的教育理念,考察自己的教学行为,思考自己的努力方向,找寻自己的利弊得失,也就是说,自始至终要研究自己的变化、自己的知行、自己的成长。离开对自我的研究,而一味关注外在的对象和事物,教师的研究也就在很大程度上失去了意义。对中小学教师而言,必须把自己牵涉其中,使自己在研究中成长,在反思中发展。这比较符合职前英语教师(职前小学英语教师)的科研实践生活,她们在撰写研究日志时就是在研究自己的实践行为。职前英语教师科研者关注她们自己的研究行为、研究目标、研究中面临的困难挑战及解决策略,以及自己在研究中的成长。同时也启发本研究者在研究过程中不断关注自身的教育理念、研究理念以及与职前英语教师构建的学习共同体。基于研究者和研究对象之间有着天然的日常接触互动,本研究者经常反思自己,研究自己,提醒自己,全身心地投入研究中,双方之间自然容易达到"视域的融合",本研究者设身处地,进入她们的期待视野,深入体察领悟她们在科研实践成长过程中的经历和遭遇,和她们达成情感的共鸣。本研究者自然转换在"局外人"(教师、导师)和"局内人"(共同的研究者,设身处地的体验)两种角色之间,去体现和解释分析其研究经历。

3.2.2 资料搜集及分析

质性研究,研究者在进行资料分析前,需要将资料整理归类,使之成为在研究中可操作的文本。本研究者将收集到的资料进行整理,首先按日期和阶段进行标准划分,如对研究日志、毕业论文的过程性材料、研究叙事问卷进行搜集。

本研究主要采用研究日志、访谈及毕业论文过程性材料、研究叙事问卷进行资料搜集。本研究者采用"三角互证"的多渠道数据深入理解本研究中的现象。具体研究问题及数据搜集形式见表3.3。研究日志主要是指本研究中研究对象基于其研究的日志进行撰写(日志撰写主要要求见附录)。访谈及研究对象毕业论文过程性材料中的访谈是指本研究对象基于本研究目的,结合研究对象的研究情况进行的访谈,通过访谈可以与研究对象进行内在的心灵沟通,了解她们的思想观念。"访谈可以进入到受访者中心,了解她们的心理活动和思想观念"(陈向明,2000:170),本研究者拟定了初步的访谈提纲(见附录3)。毕业论文过程性材料包含研究对象论文的选题、开题报告、毕业论文初稿、毕业论文二稿、毕业论文三稿及定稿。研究叙事问卷是针对研究目的对研究对象进行的纸质问卷。叙事问卷的设计主要参考顾佩娅等在2013年设计教师专业发展环境叙事的科研部分,并结合本研究目的略加改变而成。叙事问卷不是五级量表设计而成,而是半开放式的填空,还有一道简答题样式的叙事问卷题,主要搜集职前英语教师对学校要求学术论文写作的看法、对研究的兴趣和体验、研究中遇到的问题和解决办法。

表3.3 研究问题及数据搜集情况

研究问题	资料搜集		
	研究对象的研究日志	访谈及研究对象的毕业论文过程性资料	研究叙事问卷
职前英语教师科研态度及动机	√	√	√
职前英语教师科研实践	√	√	√
职前英语教师克服研究中的困难	√	√	√
说明:案例素材也是本研究搜集的资料来源。如某大学本科毕业论文要求及政策;研究者本人与研究对象之间的非正式交流,诸如在课间、教师办公室研究对象与研究者本人的交流,研究对象与研究者本人的电话交流,邮件交流以及研究者本人的研究反思,等等。			

研究日志、教学日志及教师日志都属于教育日志。研究日志是表达教师研究成果的重要形式。对于职前英语教师来说,她们不是专业研究者,日志中展现的职前英语教师对研究事件的记录,将真实研究情境转化成文字,日志不是单纯地罗列研究事件,而是协助职前英语教师自身更多地了解自己的研究思想及研究行为。在日志中记录研究实践中所观察到、所学习到的以及反思中的研究问题或研究事件。这些研究日志是本研究者重要的参考资料,也是撰写研究日志的职前英语教师科研成长的重要资源和依据。

5位研究对象都是自己选择本研究者作为自己的论文指导教师的,本研究者对5位研究对象以及她们的班级整体情况感到满意,本研究者与研究对象之间的信任关系已经自然建立。在与研究对象的互动中,不刻意干涉她们的学习生活,也不过多干涉她们自己的研究进程,而是利用论文指导时间进行观察、了解情况并根据研究对象的研究日志进行资料搜集。在每周上课时进行观察,根据研究日志以及邮件和电话等途径获取真实自然的第一手资料。

为了收集数据,本研究者与5位研究对象进行访谈小学英语教育研究方面的内容,如研究兴趣、研究主题、研究方法、研究信心等。作为研究对象的毕业论文指导教师,本研究者2015年教授她们一学期的英语课程,论文指导期间和她们共同相处近一年的时间(2018年8月至2019年6月),2019年教授她们一学期的英语专业课程,观察、指导以及资料信息已经达到饱和。本书主要以研究对象10个月的研究日志中的研究经历、心里路程等资料进行分类、分析和归纳性阐释,以发现其科研实践中的共性规律。

整理资料和分析资料主要采用同步进行的方式,同时也有分开时间段进行。分开时间进行整理和分析是在研究过程中需要动态地进行分析整理,其实在研究中整理资料和分析资料一直在同时进行的。"在概念上,整理资料和分析资料似乎可以分开进行,我们可以分别对他们进行辨析,但是,在实际操作时,它们是一个同步进行的活动。"(陈向明,2000:270)本研究者先通读所有职前英语教师的研究日志,一边积累一边分析、结合非正式访谈及叙事访谈数据进行整理与分析。

3.3 研究计划

本研究过程计划包括研究前期准备、研究实施、研究数据整理及分析阶段。具体研究安排见表3.4。

表3.4 职前英语教师研究能力培养研究实施计划

阶段	具体研究安排	实施时间
前期准备	1.研究工具设计:观察研究现象,质性研究设计	2018年8月
	2.研究对象选择:遵照目的性抽样原则进行选择	2018年9月
	3.确认研究对象:遵照研究对象自愿参与原则,并对研究对象说明研究的目的和意义	2018年10月

续表3.4

阶段	具体研究安排	实施时间
中间实施	4.对职前英语教师基于英语研究进行座谈	2018年11月
	5.资料收集:访谈资料、研究日志、毕业论文	2018年11月—2019年2月
	6.深度访谈研究对象	2019年2月
后期资料汇总整理及分析	7.资料分类:将搜集的资料按研究目的进行分类	2019年2—3月
	8.将资料进行编码登录	2019年3—5月
	9.分析资料	

为了多渠道获取5位职前英语教师科研实践成长信息,使对研究对象在研究中的行动和结果的观察更好地支撑结果,研究观察将是对职前英语教师科研能力发展最直观的体现,研究观察维度包括研究动机、研究意识、研究态度、研究设计、研究方法应用、研究分析观察等。获取的信息类别包括研究方法类,研究技术类(问卷设计及发放、图表呈现、数据分析等),科研知识类(李克特量表、维度),科研感受类(研究困惑、研究喜悦等),这是职前英语教师重要的科研实践体验。

研究场所主要发生在研究对象和研究者所在的学校,在英语系办公室、学生教室、学校校园等。在办公室和学生教室(遇到办公室有老师办公或者老师午休,我们就会安排一个安静的学生教室)正式的研讨或指导,在学校校园属于非正式(不是有意安排的而是碰巧一起走在校园里,就像指导后同时从办公室出来经过校园等情况)指导交流相关科研情况。

本研究由5位研究对象组成学习研究共同体,这些研究者来自同一个班级,都在撰写毕业论文,比较适合建立学习共同体。本研究制订的共同体学习内容见表3.5。

表3.5 职前英语教师共同体研究活动

阶段	时间	内容	特征
第一阶段	2018年8月	1. 以论文小组为单位建立研究共同体 2. 说明研究的意义和价值	明确学习研究共同体的意义 研究责任
	2018年8—9月	集体讨论及个别指导相结合讨论研究选题要求及方法	确定选题 阅读文献
	2018年9—10月	1. 研究任务书 2. 开题报告 3. 开题报告要求 4. 收集资料	共同体成员互动研讨、阅读文献、自主完成任务
第二阶段	2018年11—12月	1. 研究设计 2. 研究方法 3. 收集数据	问卷调查设计指导 阅读文献及小组互动 形成初稿
	2019年1—2月	共同体交流,整理数据,分析数据	
	2019年3月	1. 论文结构 2. 结果讨论与分析 3. 语言及格式	自查互查,反思、发现问题,阅读文献、修改完成第二稿
	2019年4月	1. 中英文摘要 2. 论文整体	小组讨论发现新问题、进一步修改
第三阶段	2019年5月	1. 研究成果小组交流和研讨 2. 预答辩 3. 反思发现问题	继续修改论文 准备答辩

这是本研究搜集资料和观察的主要时间段。I 老师发现这样有计划的指导过程很有效,目标明确有利于研究者对职前英语教师进行阶段性的指导,有利于职前英语教师在不同阶段中以研究任务为驱动促进研究的顺利进行。表3.5 中共同体研究的活动计划在 I 导师现场负责指导下进行。这些首次接触研究的职前英语教师需要导师有计划有针对性地指导,这对其研究能力的成长具有重要作用。建立科研实践学习共同体旨在营造科研

氛围,增强职前英语教师对研究的责任感,拓宽学术视野,促进互相监督,互相促进作用。

针对研究中收集的数据资料,本研究者进行开放性编码。进行逐级编码,由一级的粗略编码,到二级的聚焦编码,对数据进行归属分类,发现类别与概念的关联,再到三级的核心编码。通过叙事分析故事中的关键因素,对其进行分析,依据相关理论如实践共同体学习理论、社会文化理论以及人本主义理论进行解释。

3.4 研究质量和研究伦理

质的研究将研究者作为研究的工具,强调研究者个人的独特性和唯一性(陈向明,2000:100)。研究质量涉及研究的效度问题,因此质性研究者主张用别的词语来代替效度,如可信度(credibility)、可靠性、确实性、一致性和准确性等(陈向明,2001)。本研究采用三角印证、反馈法及研究者反思法以增强研究的效度。质性研究的信度不是用量化数据来表达,而是通过读者在阅读质性研究成果时产生和作者研究共鸣和认同度来衡量的,读者与作者共鸣和认同度越高证明其信度越高,借鉴性和推广力度越强。

本研究中遵循质性研究中的规范,重视研究中的伦理问题。研究中采用研究伦理中的自愿公开原则、保密原则进行研究对象的选择,坚持在公正客观的前提下进行学术研究,使研究者和被研究者共同受益,并为更多的研究者提供可信的实证数据资料。

本研究选择研究对象首先是出于研究对象自愿原则。研究开始,本研究者征求了5位职前英语教师的意愿,获得她们的同意。本研究者在第一次面谈指导论文时,向5位研究对象说明以她们为研究对象进行职前英语教师的研究能力实践研究,征求她们的意见。5位研究者均表示愿意,其中一位在现场开心地提出在研究中使用名字的问题,问:"老师,可以用匿名吗?"本研究者回应:"可以,没问题,尊重你们的意见。"得到她们的同意后,就开始逐步进入研究,并为研究对象选择名字。基于质性研究中研究对象的名字选用,多数研究者选用化名,如《倾听来自高校青年英语教师的心声:一项质性研究》(2017)中有10个研究对象,与研究对象的关系是"熟悉的同学或朋友",研究对象分别被命名为多肉、仙人掌、梅花、杨树、垂柳、芥菜种、百合、荷花、雏菊、绿萝;《高校优秀外语教师专业成长叙事研究》(2019)的研究对象为2人,研究者将研究对象命名为G老师和S老师;《优秀高校英语教师专业成长的叙事研究——基于教师个人实践知识的探索》(2014)的研究对象为3人,将其分别命名为王梅老师、李丽老师、张明老师。化名原则因研究者不同而不同。也有研究者(经研究对象同意)直接使用研究对象的真实名字。

本研究遵守研究伦理原则,遵守尊重原则和保密原则。保密原则主要是在名字的使用上体现出尊重隐私,使用化名。在研究中均用化名。本研究中5位老师分别称为S老师、T老师、U老师、D老师和Y老师,5位老师的字母合起来正好是一个英语单词STUDY。之所以选择这几个字母,缘由主要是study的汉语意思是"学习、研究",也就是study既有学习之意也有研究之意。这两层意思正好吻合五位职前英语教师的实际情况,她们是初涉研究者,是学习着进行研究的。再者本研究者正在进行的研究和study中的"研究"之意吻合,选取这样的化名有真实之妙意,前进之动力,研究之深意。同时,本研究者给5位职前英语教师的科研实践指导(毕业论文指导)教师选取化名为I老师。这样导师和学生的化名合起来就构成一个完整的英语句子I study。其寓意更加深刻,本研究者认为这样的化名既有整体性,又有个体性,也体现出自主与合作的共处。本研究者想到这组化名时,总会不自觉地感受到自己的责任,提醒自己研究的使命和价值。

4 职前英语教师科研实践经历:知识、方法与技术

社会文化理论视阈中,教师能动性是研究职前英语教师科研学习和实践过程的一个主要因素。人类个体都是在特定的历史和社会环境中发挥能动性,通过做出"选择"(choice)和采取"行动"(action)来构建各自的生命历程(Elder et al,2003)。教师通过发挥能动性"选择"从事的活动,并以不同的投入程度来进行"行动"(高雪松等,2018)。学术论文写作不仅需要个人努力,还需要团队协作,团队协作可使研究者在学术写作和修改过程中得到更多有益反馈(Cargill & O'Connor,2006;转引自郑新民,2018)。

在研究中进行编码归类时,我们会使用"本土概念"以保留资料的"原汁原味""自然性"和"真实生动性","'本土概念'应该是被研究者经常使用的,用来表达他们自己看世界的方式";"是研究者本人或研究者所属文化群体不知道的概念,只为被研究者群体所占有"(陈向明,2000:285)。使用"本土概念"使研究者和阅读者获得身临其境的体验。

在本研究中职前英语教师体验科研实践行为使她们在知识、方法与技术方面不断进步和成长。这里主要从知识上的丰富积累如选题、文献阅读等,方法上的进步如问卷设计,以及技术上的成长如数据分析等方面,基于其内在的心路历程分析其成长变化,也就是回答 why 和 how 的问题。

4.1 选题

这一部分讨论的主要是回答第一个 why 的问题,即为什么要选择这个题目进行研究可以反映出职前英语教师的科研动机。

4.1.1 得到更多幸福感

之前在论文选题的时候,隐隐约约我就有一个想法,感觉我身边的一些人好像缺了一些与人友好相处的能力,有些人很容易受伤,别人的一句无心的话有可能被认为是一把匕首;还有人会比较人与人之间的付出,当其认为自己的付出与收获不成正比时,她就会想要结束一段关系,甚至有的人为了"省事"索性不交朋友。她们有一点共性就是不太懂得处理人际关系,不怎么会交朋友。深入了解后,我发现她们之前都是在某个阶段受过伤的,有的是被同学嘲笑过胖,有的是被朋友"背叛"过。虽说我们都会遇到各种各样的人际交往问题,但相较于我们而言,我认为她们面对更多的困扰。有时候我会想,如果她们在某个阶段得到更多更大的善意,学到自我缓解、自我调适的方法,也许她们会在人际交往这方面得到更高的分数,她们也会因此得到更多幸福感。所以选题的时候,我想的是如何改善小学生的校园人际关系。(S 老师,2018 年年 10 月 13 日)

英语作为一门基础性学科,是促进学生全面发展教育的重要组成部分。在英语学科教学中加入积极心理学的应用,不仅有助于提高教学质量,还有利于学生积极品质的培养。小学阶段正是儿童性格形成的关键时期,在此期间为学生引入积极心理学的培养,有益于学生形成坚韧、乐观的品格,同时能提升孩子们的幸福感。(S 老师,2018 年 11 月 19 日)

S 老师的选题基于平时的观察以及结合自己的专业和研究兴趣。S 老

师结合观察生活事件以及自己的假设——如果"面对更多的困扰",希望"学到自我缓解、自我调适的方法"。S老师最初的选题定位在"如何改善小学生的校园人际关系",而经导师指导后,选择了与所学专业相关又符合自己的意愿的《积极心理学在小学英语教学中的应用现状研究》。之后S老师通过研究发现选题的意义和价值。可以说S老师的选题主要由S老师本人经过观察他者"感觉我身边的一些人好像缺了一些与人友好相处的能力,有些人很容易受伤"以及与I老师共同协商讨论而定。这是在"他人调控""他物调控"以及"自我调控"的社会互动中确定论文选题。社会文化理论强调社会文化环境对个体发展的影响。维果茨基(1978:57)认为,高级心理机能的发展会经历三个阶段(他物调控、他人调控和自我调控),并先后出现两次——个体间(interpersonal)和个体内(intrapersonal),这个从外在层面的个体间到心理层面的个体内的转化即是内化。

　　S老师的选题是基于和I老师互动而成的,S老师选题的初衷是为了小学生"得到更多幸福感",更好地成长,可以说这是内在动机驱动而成。这里面也流露出S老师的幸福追求,一定程度上与幸福观教育有关。幸福观教育是指"以帮助人们树立科学合理的幸福观为目的,以实现幸福的和谐状态为评价标准,提高人们认知幸福、体验幸福、追求幸福和传递幸福的能力的教育过程"(柴素芳,2013:41),将个人幸福与社会幸福,物质幸福与精神幸福,创造幸福与享受幸福有机结合起来。

4.1.2　老师影响,明确方向

> 8月29日,见了指导老师I老师,老师提到选题涉及的范围过大,后来老师帮助我找了与之相关的研究生论文,当日权衡再三,结合自己的专业以及自己的意愿,我将题目定为"积极心理学在小学英语教学中的应用现状研究",希望能用自己的力量帮助小学生在提升幸福感的路上出一份力。(S老师,2018年10月13日)

> 经过上一次的面谈,我们都对自己的论文研究有了明确的方向,老师特别仔细、认真地为我们甄选了各自的主题。我的题目最终为"小学英语游戏教学现状调查研究",因为自身就不喜欢特别

呆板的课堂教学方式，所以结合自身专业，小学教育英语方向，想从课堂教学方式入手，我从其中的游戏教学与绘本教学最终确定为游戏教学法。我认为游戏是现代的一种趋势，无论是成年人还是儿童，它的覆盖面很广，所以实施起来应该会比较容易。（U老师，2019年10月12日）

U老师最终听从自己内在的声音选择了自己的研究题目。S老师和U老师选题过程中经历了题目不断聚焦的探讨，主要是经由指导教师的协助不断使选题缩小，选出合适的选题方向。I老师参与了他们的选题过程。参与者不仅包括物质环境，如纸质文献、视频文献等，物质环境和人文环境都是职前英语教师科研实践过程中社会互动的环境因素。选题是由"他人调控"和"自我调控"而产生的。经过"他人调控"和"自我调控"的互动，5位职前英语教师最终选出了具体、明确、可操作性强的研究选题。

  在切入正题前，老师最先强调的便是写论文必须具有责任感和使命感，作为一名研究者，更应有研究意识，这是非常有必要的。接下来便是论文的选题。我们四名学生之前已经准备好了自己的选题以及具体思路，轮流向老师表达了自己的想法。毕竟是初步的想法，有很多不成熟的地方，共同存在的问题便是选题过于大，不适合作为本科毕业生的论文选题。另外便是范围不够明确。（T老师，2018年10月13日）

本研究中的职前英语教师是初次进行研究选题，没有相关积累，因此在选题中都得到了I老师的协助，I老师为她们先讲明在做科研或者写论文要有"责任感"和"使命感"，导师关注职前英语教师科研实践作为"人"的积极变化和成长。人本主义理论强调学习者是一个具有自己的意识、情感、欲望以及各种能力的活生生的人，I老师尊重职前英语教师学习者，引导她们倾听自己内在的声音进行选题，导师只是起到协助和引领作用。I老师要求她们要为自己的研究负责，要为自己的生命负责。I老师还结合职前英语教师的专业特点以及选题原则指导她们自己做最后的决定。"我建议你们听自己内在的声音,在选题时考虑自己的兴趣,这个兴趣最好能成为自己今后的研究方向。另外要结合教育专业体现其研究价值和研究意义,比如,所选的研究题目除了自己有兴趣探究,这个题目对小学生在英语学习中的成长有哪些意义,对小学英语教育教学改革有什么意义,对小学英语教师进行英语教学有什么意义,对社会发展有什么贡献,等等。如果选择了自己喜欢感兴趣的题目,并对英语教育教学改革和社会发展有意义价值,知道自己要研究什么,为什么要研究这个,怎样进行研究,这个研究就有了意义性、针对性以及可操作性了。"其实,职前英语教师的科研实践出发点和归宿点是要落实到"人"的层面,导师引领这个"人"为自己的选择负责、为自己的行为负责,自然就会激发出职前英语教师的研究责任感和使命感,激发她们的科研潜力。使她们从自身的研究兴趣和研究需求出发,因此选题必须是由研究者自己真正想要解决问题的内在认知驱动而成的。

4.1.3 创新选题,不和别人重复

下午的时候老师说结合自己的研究选题意义、创新之处,我就有一种豁然开朗的感觉,关于板书的研究比较多,但是大多是关于小学数学、高中语文等方面的,结合具体的文献,然后说关于小学英语板书的研究比较少,结合文献说一下具体研究了什么,自己的研究研究了什么。这样既阐述了自己的研究的创新之处,也不至于和别人重复太多。(Y老师,2019年3月15日)

我原本选择了"养成良好学习习惯对小学生的影响"这一论题,但是不仅范围太大,而且我个人觉得这个论题并没有什么实际的意义,跟我的专业也没有任何联系,于是换成了与中英跨文化有关的论题。我很喜欢这个新的论题。看论文之前我一直以为跨文化无非就是中英文化的碰撞交流摩擦发展,但是看了论文后我发现这个论题要考虑的不仅仅是那些。虽说谈的都是跨文化,但是出发点以及涉及的知识层面是不一样的,有的立足于国家政策,有的则是从理论出发,我看到了不同的看法,并为自己的浅薄而感到羞愧,

心里不禁想着:果然要多读书啊。(D老师,2018年9月4日)

Y老师选题注重新意,避免"和别人重复太多",以及D老师的"要多读书"以使自己"看到了不同的看法"的体验均能说明在选题中职前英语教师的主动探索并未停止,是在"自我调控"下的阅读、思考与斟酌。D老师起初的选题"养成良好学习习惯对小学生的影响"与她的小学英语教育不够紧密结合,无法将大学所学的英语教育和进行的小学英语教学很好地结合起来。仅有自我调控是不够的,"他物调控""他人调控"和"自我调控"之间的互动在职前英语教师的科研实践中体现得尤为明显,而且职前英语教师进行文献阅读在选题中具有重要意义,也就是说不断与他物进行互动(阅读分析文献),协助自己选择适合的研究主题。选题需要经过大量的文献阅读和理论思考,结合自己的兴趣和专业方向来进行。

4.1.4 更换选题,重新再来

职前英语教师科研选题报到学校以后发现有些选题相同,学校建议有重复选题情况的职前英语教师重新选题,避免几个人做出同一个题目或者雷同题目的研究。

> 很多东西都要重新再来,虽说任务进度不快,但是心情还是有些沉重。因为自己能力有限,总是怕研究不好自己的题目……(由于题目上交后,基于游戏研究题目重复情况过多)近期将新换的题目"全身反应法在小学英语教学中的应用现状调查研究"的相关文献进行了搜索与研究,之前有些浅显的"游戏教学"改为现在有一些陌生的"全身反应法",信心不够,脑袋里的知识资料不够,所以就不断地搜索各种关键词,从发展背景、涉及人物、中国国外的研究现状等,都努力吃透。还好这个题目其实是跟之前的有一些联系的,只是名称不同,在专业名词上更专业一些,所以我也更需要多看这些专业上的文献进行比较思考。(U老师,2018年11月17日)

仔细研究了一篇硕士毕业论文,是上海师范大学的研究生向丽的硕士论文《基于思维导图的小学英语教学板书的设计研究》,觉得她的想法很独特,思路也很清晰。向丽在小学实习期间,通过旁听和亲自授课,深深体会到板书在课堂教学中的重要性,同时亦感觉到对板书设计的力不从心。一个偶然的机会,笔者在收集早材料时,接触到思维导图这一概念。于是便寻思着,是否能将思维导图与小学英语板书结合起来?通过前期的文献阅读,与优秀小学英语教师探讨和个人的思考分析,认为两者的结合具有一定的可行性,从而确立了"思维导图与小学英语教学板书设计"的研究主题。在该研究中,借助文献法、案例法、课堂观察法和经验总结法等研究方法,针对思维导图式板书的定义,应用优势,设计前提、原则和方法等问题进行了研究,最终得出如下结论:思维导图本质是种非线性笔记工具,这一本质决定了思维导图与板书设计的结合是完全可行的。同时,思维导图自身所具备的特点,在指导小学英语教学板书设计时,能保证板书的科学性,能保证板书符合课程标准的要求,有助于保证教学质量。

与传统板书相比,思维导图式板书在小学英语教学中具有概况性、生成性、可视性和艺术性的优点。在小学英语课堂教学中,思维导图式板书可以帮助学生厘清思路、构建知识网络和提供学习支架,有助于提高教学效率。思维导图式板书对小学英语教学具有深层影响,它有助于培养小学生对英语课程的良好情感态度,有助于培养小学生良好的英语学习策略,有助于提升小学生的思维能力和语言综合运用能力,符合英语课程标准的要求。受此启发,我又搜了一下小学英语板书的形式,如关键词式、简笔画式、联想式、提纲式、表格式、提问式等。我想多了解一些关于板书的知识。(Y老师,2018年11月19日)

U老师和Y老师都出现了和别人的研究题目雷同的情况,如果两个作者题目雷同,学校建议其中一个作者重新选定研究题目。U老师和Y老师自觉重新选题,这种行为避免另一个题目雷同的作者进行二次选题的纠结和困惑,U老师和Y老师敢于迎接挑战,有大局意识。尽管她们都进行了重新选题,但她们是积极、主动的,没有半点怨言。在接受需要重新换题的任务时,U老师和Y老师欣然理解和接纳这个现实,很快投入再次选题的实践中。她们经历了接受、面对、行动(查阅文献、对比、思考)这一过程。在再次选题题目时,她们"不断搜索各种关键词,从发展背景、涉及人物、中国国外的研究现状等,都努力吃透","又搜了一下小学英语板书的形式,如关键词式、简笔画式、联想式、提纲式、表格式、提问式等。我想多了解一些关于板书的知识"。她们在选题中不断进行对比分析,责任意识和行动力还是很强的,她们在自我实现的路上前进着,彰显着她们科研的内在驱动力的作用。

选题是研究中最重要的一个环节,也是开始研究的第一步。确认好选题(论文题目)后,就要进行下一步的研究工作,即文献回顾、提出问题、选择研究方法、进行研究设计、数据搜集整理、研究结果呈现。选题不宜过大,选题需要根据时代特征、国家英语教学现状、英语教育发展的特征、实践意义和理论意义、新颖性、个人的研究兴趣和能力等进行,文献回顾需要紧密结合自己的研究选题进行阅读和反思,在阅读分析中发现前人的研究成果中的成绩和不足,针对本研究领域存在的不足,提出自己的研究问题并设计研究方案。

刚开始时,职前英语教师作为研究者,研究问题意识不强、阅读量不足、研究目标不清、选题原则不明等影响其选题的顺利进行。问题意识不强直接影响研究者是否选出合适的研究题目,选题原则不明则表现为研究者不知道如何选题、围绕什么原则进行选题,所以只是根据自己的想法进行无清晰目的的选题,这样往往会使她们在研究选题中无从把握,选题的随意性太强,一会儿觉得这个选题好,一会儿又觉得那个选题对,要么是选题太大,无法操作,要么是选题模糊,研究目标指向不明。

为什么要选自己的研究题目?有内在的原因也有外在的原因。内在的原因是基于研究者内心的思考、平时的观察,发现自己的小学英语教育研究的兴趣和好奇。外在的原因是基于专业结合的需要以及小学英语教育的需要。职前英语教师在选题过程中普遍存在选题过大、过空的情况。题目过大导致研究难度增加,过空导致研究缺乏针对性。要做到选题适中需要研

究者从小处着手,大处着眼。研究者需要认识到"小题大做"的意义和价值。尤其是对于年轻初学研究者而言,题目"宜小不宜大"。I老师指导职前英语教师做研究时要体现其意义性、兴趣性、应用性及可操控性。意义性是指题目本身要有价值有重要性,符合教育发展的要求,符合当前时代发展的要求。兴趣性首先是研究者自身对选题有研究兴趣,有主动的研究愿望,其次也可以使读者对选题增加兴趣。应用性是指题目中呈现应用价值,研究成果能够在小学英语教育领域及相关领域得到推广和使用,为英语教育教学改革提供其应用价值。可操控性是指研究者在选题时就要考虑到根据当前的外在条件和自身情况对论文设计及研究过程有一定把握能力。

选题也要体现出"小清新"的特征,即选题宜"小",选题要"清楚",选题要"新颖"。就拿"小"来说,选题从小处着手,问题要从实际教育教现象中来,如有位小学老师发现小学低年级的孩子上课总爱做小动作。如何解决这个问题呢?他不是消极地从限制的角度去考虑,而是积极地研究怎样把爱动的年龄特点引向为教学服务。于是他选择了"小学低年级手势语研究"作为科研课题。正如郑金洲在《教育的思考与言说——一位教育学者的演讲录》第138页中所言:"研究问题的确定,倒是在一定程度上需要信奉英语中一句谚语:'Small is beautiful,小的就是美的。'这种小即美的选题思路,在当下教育科研中有着积极意义。"职前英语教师科研者进行研究的目的是改进当前小学英语教育教学问题,改进英语教育教学实践,解决小学英语教育实践中的问题。小处着手的选题实施起来更显针对性、具体性和可操作性。

从数据分析发现,职前英语教师在对基于小学英语教育研究选题的选择与确定时,均经历了自我寻找、导师指导、文献协助、同伴沟通等过程。这种因素影响吻合了社会文化理论中中介语理论,也体现出实践共同体理论的主要特征。5位职前英语教师通过在共同体中的学习和互动,逐步提高选题意识,提升责任意识、主动性和能动性,人本主义理论呈现其中,她们在选题中的主观能动性得到了发挥,选题过程中她们感受到获得他者指导和自我探索的幸福感和成就感。

接下来这一部分主要回答how的问题,即职前英语教师研究实践活动是如何进行的。回答how的问题主要包含文献阅读、研究设计及数据分析,其实严格来说也应该包括选题和数据收集,而在本研究中我们把选题部分归为 why 的问题了。限于篇幅,本研究中的此部分只呈现文献阅读、研究设计及数据分析。

4.2 阅读整理文献

4.2.1 写出论文的人都好厉害啊

　　看了几篇论文,第一次阅读论文时感觉能写出论文的人都好厉害啊——那么多页的文章,是需要一定的知识储备的。但是当我开始安静看论文时,发现了一些上次看没有发现的东西:首先论文的目录很重要,它很直观地写出了论文的大概内容,方便读者查阅,也方便自己检查。再者就是作者的问卷调查,有些设计问题的侧重点很微妙也很有趣,每次看作者们的问卷调查,我就会感叹:啊,原来还可以这么设计!除去问卷调查法,很多作者也运用了访谈法、课堂观察法等,从多种途径进行观察,得出了更翔实可信的结论。

　　就个人写作文的经验而言,多看文章是大有裨益的,虽然论文和作文不一样,但毕竟都是涉及文字及思路,方法应该是可以借鉴的。以前倒是看了一些 PDF 格式的文章,可能是篇幅问题,说作文较论文而言更简短有力。但是不妨再看一遍,看得多了自己的思路也就出来了。(D 老师,2019 年 2 月 23 日)

D 老师借助阅读文献和分析文献学习解决研究思路、研究方法中遇到的问题。D 老师在科研实践中重视研究论文,她觉得在"安静看论文时,发现了一些上次看没有发现的东西"。D 老师阅读文献时受到很多启发,有价值的发现不断出现,如问卷调查中"设计问题的侧重点很微妙也很有趣"。D

老师感到"多看文章是大有裨益的"。在研读文献时 D 老师的思考不仅可以使其研究思路清晰、发现研究方法,同时也在不断提高自身的分析能力。

我查了一下"文献综述"的定义,发现它并不是简单地将与研究目标相关的一些研究罗列在一起。而是需要通过分析、阅读、整理,提炼当前课题、问题,或研究专题的最新进展,学术见解或建议,做出综合性介绍和阐述的一种学术论文。综述是指就某一时间内,作者针对某一专题,对大量原始研究论文中的数据、资料和主要观点进行归纳整理,分析提炼而写出的论文。综述能反映出这一专题的历史背景、研究现状和发展趋势。(S 老师,2018 年 12 月 20 日)

I 老师今天讲了三个重点:第一,重视文献综述的写与改中语言的精确;第二,研究方法要写具体;第三,对数据结果的分析要言之有理,分析有据。关于文献综述,要在开篇点一下。写文献综述要有耐心,三五天甚至十来天,完成就算成功。对于引用的名字及观点要注意表述,如:张明(2001)研究发现/指出/提出/研究中体现……又如:目前国内关于积极心理学在小学英语教学中的研究多(少),比如××的……,具体讲了……,但是关于……的研究比较少,只有××的……,而我的研究是……做的,主要研究在……方面,表明自己的创新。这是一个过渡,由别人的研究过渡到自己的研究。(S 老师,2019 年 3 月 14 日)

S 老师刚开始是从百度上查阅自己需求的信息。在写文献综述时,S 老师先查阅了"文献综述"的定义。S 老师总结了 I 老师在指导时论文对撰写文献综述的要求。从写作态度、心理激励到写作技术等方面均有体现。他人调控、他物调控和自我调控的作用体现在文献阅读工作中,S 老师接受指导和阅读后发现文献综述"需要通过分析、阅读、整理、提炼当前课题、问题,或研究专题的最新进展,学术见解或建议,做出综合性介绍和阐述的一种学术论文"。这种显性的他人调控、他物调控及自我调控的互动,易于使学习者将所学习的内容逐渐内化,可以起到"润物细无声"的作用,文献是不同学者或作者的研究成果,与文献交流也就意味着与文献的作者进行无声交流、沟通、互动。职前英语教师主动、积极地阅读文献,调动自己的内在需求,自觉行动起来进行研究,并且在主动与社会互动中,建构新的认知,这些新知也会逐渐被内化为自己的理念。S老师还梳理总结了静下心来写文献综述方法的好处,"要有耐心,三五天甚至十来天,完成就算成功"。文献梳理或文献综述完成后,研究者会在研究过程中不断使用已有文献,发现文献的不足或价值。

> 还发现问卷的结果和自己的猜想不一样,自己猜想到的问题都没有出现,比如课本中中国传统文化知识的缺失,但翻看了一下人教版小学英语课本,看到课本中也有一些中国传统文化部分。瞬间觉得中国传统文化在小学英语教学中好像没有什么问题。但是学生掌握得并不是很好,或许仅仅是老师教学上的问题。论文大多是总结别人的观点,在参考文献部分反而不知道有什么内容了。整体修改过一遍,虽然总觉得有很多地方不完美,但又不知道具体哪些地方不行,再多看几篇,多看几遍文献或许会有点帮助吧。最近看了几篇英文文献,是没有中文看着那么轻松,但是认真看起来,明显感觉到这些文献的观点较全面一些,论据更充分一些。(Y老师,2019年3月12日)

Y老师在分析数据时遇到了棘手的问题,她通过自我主动分析情况,想通过阅读文献来帮助自己解决问题,分析小学英语教材文献时发现"中国传统文化在小学英语教学中好像没什么问题",但是自己发现学生掌握得并不好,Y老师开始阅读相关论文,发现"论文大多是总结别人的观点",Y老师觉得"再多看几篇文献"或许会给自己提供更有益的帮助,她"看了几篇英文文献",虽然英文文献读起来有难度,但是明显"感觉到这些文献的观点比较全面一些,论据更充分一些"。从研究开始到数据分析阶段,职前英语教师已经在文献阅读能力方面不断进步,从多种文献中获取自己需要的信息,而且Y老师对文献的书评技术已经显露出来,不像刚开始时,对文献处理不知

所措。在近8个月的研究实践行动中,Y老师在阅读文献时,很清楚地结合自己的研究问题去进行分析,对论文观点有自己的见解,提炼观点,分析观点。关注论点和论据的作用无疑会对自己的科研写作和数据分析提供有益的条件。阅读文献是职前英语教师科研实践中的日常行为,反复阅读文献也会带来新的发现和收获。

4.2.2 反复看别人写的论文

> 现在读了老师发的参考文献,从语文数学等方面板书的相关文献中也受到了一些启发。(T老师,2019年2月18日)

> 今天看了几篇论文,我进一步了解了跨文化教学的相关知识。研究方法大都有采用问卷调查法和文献研究法。(Y老师,2018年11月19日)

> 尽管看了很多别人写的论文,自己写的时候还是有点不知所措,不知该从何下手。于是我就反复看了几篇别人写的论文,借鉴别人的论文结构,就把自己的论文提纲列出来了。接着是要写论文的正文内容了,多看几篇论文文献,总结里面的观点,并且进行自己的思考。我发现中国传统文化在小学英语教学中存在的问题大都是小学英语教材中缺少中国传统文化相关内容,或者是教师未能在教学中讲解中国传统文化,致使学生不能很好地用英语表达中国传统文化。(Y老师,2019年2月19日)

Y老师在研究中遇到问题时,会不断阅读文献,积极寻找解决办法,并且"反复看了几篇别人写的论文,借鉴一下论文结构,就把自己的论文提纲列出来了"。通过反复阅读文献Y老师发现中国传统文化在小学英语教学中主要存在两个方面的问题:一是"小学英语教材中缺少中国传统文化相关内容";二是"教师未能在教学中讲解中国传统文化"。Y老师认为这样的问题影响到小学生用英语表达中国传统文化的学习。文献在科研实践中的作用不可忽视,可以说,离开了阅读和分析文献,研究就会缺乏一定的支撑和理据。正是通过阅读文献、分析文献,Y老师的研究不断往前推进。从社会文化理论的角度来看,Y老师利用外在的文献资源和内在的动力资源解决所面临的问题。在发现观点、写作方法、论文结构等方面Y老师都能从文献中获得启发和收获。职前英语教师利用文献成果助力自己的研究。

  看了三篇论文,比之前看更加用心,越看越觉得"哇!她们好厉害,能想这么多的东西"。而自己就好像是游戏中新手村里的小透明——但是小透明可以通过努力变得厉害起来,啊,勤学苦练。
  首先是王欣欣的论文,她的题目是"核心素养视域下小学生英语文化意识培养课例研究",可能是研究的主题并不一样,虽然都涉及跨文化这一领域,但是她更倾向于核心素养,所以参考意义并不大。接下来是朱丽君的论文,她的题目是"小学英语教学中培养学生跨文化交际能力初探",这篇论文更多的是侧重于跨文化在小学生教学日常中的实际应用,也就是跨文化交际能力的培养。她对问卷调查的分析比较细致,而且设计的每道题目背后都有含义,看到这里,想起来我在问卷调查的初期烦得头疼,这时候感觉都值了,她还涉及各年级阶段小学生应该掌握的知识目标,我觉得参考意义比较大。下一篇看的是代璐的《小学英语教学中跨文化交际意识的培养研究》,她的论文偏理论一些,她可以就一条理论写一个小节,现在的我是服气的。(D老师,2019年2月19日)

D老师通过阅读不同作者的文献,结合自己的研究主题进行分析,发现哪些文献值得参考,哪些文献参考意义不大,哪些文献有参考价值,哪些文献参考价值不大,对自己的研究有较大参考价值的,D老师深入阅读思考。在阅读文献中,D老师发现对问卷调查设计比较有价值的信息,"她对问卷调查的分析比较细致,而且设计的每道题目背后都有含义,看到这里,想起来我在问卷调查的初期烦得头疼",反复阅读文献后,D老师为让她头疼的问卷研究设计问题找到了出路,发现了亮点,阅读文献使D老师"感觉都值了",说明阅读文献的力量和作用。职前英语教师在阅读文献中与作者对话,与理论沟通、与实践共鸣中,分析能力、思辨能力、发现问题和解决问题的能力自然提升。文献就像职前英语教师科研实践中的支架,支持着她们提升科研自信。借助文献作为支架,经过自己的阅读分析获得收获和启发,将这些经历形成自己的叙事,之后再次阅读自己的叙事自然又成为新的支架支持自己不断向前。本研究者在阅读职前英语教师的日志时,发现利用自己的研究日志作为叙事支架能很好地帮助她们完成科研实践。日志中经常会先出现时间、地点、人物,再呈现叙事主题,对事件进展进行描述、评价或提出自己的看法(用于揭示事件要点),最后是结尾。研究日志体现出重构叙事的特点。基于文献阅读的叙事自然是不可或缺的一个部分。

> 我想我多研究研究那些文献吧,参考人家的写作思路再去查找资料。还有新尝试看的一篇全英论文。(U老师,2019年2月20日)

> 不知道这么写对不对,这么思考有没有问题。于是翻看文献,多看几本书,也找到了几条相关理论,不过也还是有幸福的:遇到了没听过的理论还是会让人精神振奋,也愿意花时间去理解。(U老师,2019年3月11日)

U老师在遇到"写"和"思"的困惑时,会"多看几本书,也找到了几条相关理论",有时也会阅读英文文献,在与文献对话中找到相关相关理论,多看文献的幸福感会自然升起。遇到新的理论时,U老师会"精神振奋""愿意花时间去理解"文献和研究。

职前英语教师借助阅读文献使她们加强思辨分析能力,发现研究规律,如D老师认为其阅读的论文都有目录,都有研究方法的设计。这对D老师的研究带来积极的影响和可操作性的启发。

职前英语教师在科研实践中发挥自主学习能力,不断自主学习科研知识,以应对新的科研实践任务和挑战。她们自觉"选择"执行科研任务,把"精力"(Wenger,1998:168)分配到自主学习与科研的具体实践中。就文献阅读一项来说,她们都能针对自己的研究目标进行自我约束,投入实践和精力研究文献,"再多看几篇,多看几遍文献或许会有点帮助吧","接着是要写论文的正文内容了,就多看几篇论文文献","不妨再看一遍,看得多了自己的思路也就出来了","于是翻看文献,多看几本书,也找到了几条相关理论"等语言流露出职前英语教师充分发挥主观能动性,"愿意花时间去理解",去"新尝试",在新的尝试体验中会发现问卷设计"很微妙也很有趣"、令人"服气""感觉都值了"的"幸福""精神振奋"的积极心理体验。职前英语教师能动性的发展有助于教师的科研实践成长及其专业发展,也能为其终身发展奠定基础。中小学教师专业发展标准及指导指出"教师应树立终身发展的观念"(文秋芳等,2017:67)。提高教师能动性或许能够为处于发展困境中的教师提供寻求自救的方向(陶丽等,2016),教师能动性对教师学习与成长至关重要(高雪松等,2018),教师主动愿望明显、目标引领、具体实践中发挥主观能动性。

4.2.3 结合教学研究情况看论文

职前英语教师的科研目标是与自己的小学教育专业及小学英语教学紧密联系的。导师在指导职前英语教师进行科研实践时就不断提醒她们要牢记自己的研究目标,结合小学教育的英语学科,结合小学英语课程标准(2011版),结合当前的教育情况进行思考、选题、文献阅读、梳理写作。

> 不知不觉一个月过去了,在这一个月中,我查找了一些关于板书的文献。开始的时候想去图书馆找一些关于板书的书籍,却没有找到,只能去知网上搜一些文章来读。仔细研究了一篇硕士论文,是上海师范大学研究生向丽的硕士论文《基于思维导图的小学英语教学板书的设计研究》,觉得她的想法很独特,思路也很清晰。向丽在小学实习期间,通过旁听和亲自授课,深深体会到板书在课堂教学中的重要性,同时亦感觉到对板书设计的力不从心。一个偶然的机会,笔者在收集早教材料时,接触到思维导图这一概念。于是便寻思着,是否能将思维导图与小学英语板书结合起来?通过前期的文献阅读,与优秀小学英语教师探讨和个人的思考分析,认为两者的结合具有一定的可行性,从而确立了"思维导图与小学英语教学板书设计"的研究主题。(Y老师,2018年11月19日)

大部分的参考文献都是关于高中或者初中的,也有一小部分关于小学语文和小学数学的,关于小学英语方面的研究比较少,所以我这个课题也是一个很值得研究的方向。(T老师,2019年1月7日)

Y老师阅读文献是为了更好地进行选题,而T老师阅读文献时发现自己研究选题的意义和价值。

Y老师研究的是小学英语板书方面的情况。阅读文献是为研究选题目标服务的。虽然研究才刚刚起步,Y老师在导师指导下进行"自我调控",有意识地选择与自己主题的相关的文献进行阅读,在图书馆找不到"关于板书的书籍",就去"知网上搜"相关的文献,发现一篇硕士论文,阅读文献时Y老师发现文献作者"在小学实习期间,通过旁听和亲自授课"感到板书的重要性,她觉得这样确定研究主题"想法很独特,思路也很清晰",很受启发,感觉到板书在小学英语教学中的"重要性"。Y老师受到自己早期收集资料时的一个"思维导图"概念的启发,并与优秀小学英语教师探讨沟通,加上自己个人的思考分析,觉得将二者结合起来进行研究具有可行性,源于此种情况,Y老师确定了当时的选题。Y老师与文献沟通、与自我互动、与研究目标结合进行思考和分析体验的过程,是真实自然的科研实践,这样的"有声思维"促进了科研实践的真正发生。这里Y老师与社会环境互动是在"自我调控"驱动下的阅读、旁听、授课、个人思考分析,加上"他物调控"(知网、文献)及"他人调控"(优秀小学英语教师)等多方因素的环境互动体验。这种带着小学英语教学现状的实际体验的文献阅读,是实现学习、教学与研究互为一体的实践行为。

今天看了曹丹的《中国传统节日在小学英语课堂中的教学研究》这篇论文,关于小学英语教学中渗透中国传统文化的意义,现在大部分中国年轻人心目中对"圣诞老人和圣诞节"感到比较亲切,而对于我们自己许多传统的东西,感觉到好像是已经落伍了。从某种意义上来讲,是强势文化浸染之后的态度。尤其是可怜了小学生,他们年幼无知,毫无分辨能力,思想、心灵全被浸透了,眼

中只有对"外国文化"的盲目崇拜。所以,在小学英语教学中,渗透中国传统文化刻不容缓。(T老师,2018年10月13日)

T老师在阅读时也一样直接关注到小学生的健康发展,她在阅读中发现当前年轻人重视西方文化如"圣诞节"而忽视"中国文化",这样的现状给小学生的发展带来不良影响。T老师在阅读文献中更新认知,加强思辨,结合社会和教育现状的阅读和思考发现"小学生,他们年幼无知,毫无分辨能力,思想、心灵全被浸透了,眼中只有对'外国文化'的盲目崇拜"的现象,"在小学英语教学中,渗透中国传统文化刻不容缓"。T老师的研究目标源于对教育对社会对小学生的思考。文献阅读对阅读者影响很大,在阅读中不仅仅会使读者改变认知,拓阔视野,提升责任。社会文化理论中将认知的发展与社会文化环境融为一体,重视思维的社会渊源在认知发展过程中的中介调控作用。T老师结合自己的研究主题选择文献阅读进行思考,是很好的科研积累和成长。I老师为这几个职前英语教师这样的进步感到很开心,因为在毕业论文指导开始时,她们选择的文献和自己的研究主题和研究目标联系不大,甚至有的毫不相干,这不仅浪费时间,也会导致无效阅读,因为科研阅读不同于平时的放松阅读或者随意阅读。发现这个问题后,I老师在指导中有意引领她们有目标地阅读,有思考地阅读,有反思地阅读,有沟通地阅读,在目标阅读中分析思考时牢记结合自己的研究目标(主题)、结合义务教育英语课程标准、结合基础英语教育现状等进行。在指导职前英语教师科研实践(学位毕业论文撰写)中,重视引领她们紧密结合研究目标和研究主题进行每一个过程十分重要,也十分有效,从这些职前英语教师阅读的行动中已经发现可喜的收获。阅读文献除了能有助于有效开展科研,在有效阅读行动中职前英语教师还能不断发现问题,增强科研动力。

4.2.4 发现一些新知识新思路

职前英语教师在阅读文献中会不断发现新知,提升思辨能力,积累相关认知和经验。

想通过阅读发现一些新的知识和一些新的思路。但是后来发现，阅读归阅读，写作归写作，有时候看了一些内容但还是写不出来东西，也是一件很正常的事。……有时参考别人的论文，并没有一种站在巨人的肩膀上的感觉，反而觉得是一种束缚。看到别人写得好的地方，会有想拿来用的想法。但是论文应该是在前人的基础上有所创新的，如果我没有什么新思路，我该怎么做呢？大概是继续寻找吧。(S 老师,2019 年 4 月 2 日)

文献阅读行为贯穿于科研论文写作的整个过程中。职前英语教师由选题开始阅读文献一直到最后的论文定稿，还在读文献，虽然不同时期阅读文献的目的不同，但是笔者发现职前英语教师阅读文献过程中期待"发现一些新的知识一些新的思路"，阅读文献并不是为了直接"拿来用"，而是协助让自己的论文"有所创新"。通过不同时期的文献阅读，S 老师对文献阅读的目的有了新的认知，更好地促进自己的研究。这说明职前英语教师在经过一段时间的科研实践后，将一些知识内化为自己的资源，阅读文献，超越文献，实现文献为自己研究服务的目标，使自己有新思路，使论文有创新。这不是简单地去照搬别的文献。她们的科研情感、科研行为不断发生变化。自主性、全面性、渗透性等学习者主动发起的行为在职前英语教师的科研实践行为不断重现。她们自觉调控意识，借助他人调控和他物调控，促进自身的科研能力提升。

4.3　调查设计

这一部分也是在回答 how 的问题。职前英语教师进行正规的科研实践，在她们的研究日志中，"调查设计"字样不断出现。调查设计是促进职前英语教师的科研实践成长的重要环节。职前英语教师亲自实践研究设计，对于初涉研究的本科生职前英语教师确实具有挑战性和创新性。

4.3.1 原来还可以这样设计

> 当我开始安静地看论文时,我发现了一些上次没有发现的东西:首先论文的目录很重要,它很直观地显示了论文的大概内容,方便读者查阅,也方便自己检查。再者就是作者的问卷调查,有些设计问题的侧重点很微妙也很有趣,每次看作者们的问卷调查,我就会感叹:啊,原来还可以这么设计!除去问卷调查法,很多作者也运用了访谈法、课堂观察法等,从多种途径进行观察,得出了更翔实可信的结论。(D老师,2018年11月10日)

在研究过程中,职前英语老师不断与社会环境互动,产生思想碰撞,获取灵感。D老师此时的文献阅读在于助力研究设计方面的先发现,如目录设计和问卷调查设计。D老师发现设计的论文目录直接反映出"论文的大概内容,方便读者查阅",同时发现作者问卷调查设计的一些特点,感受到"作者的问卷调查,有些设计问题的侧重点很微妙也很有趣",感叹"啊,原来还可以这么设计"。D老师还发现观察给研究带来的益处,"从多种途径进行观察,得出了更翔实可信的结论"。在与社会文化环境互动沟通的过程中,D老师的思维和认知得到进一步的激活,思辨能力也得到提升。学生学习者的角色以及研究者研究的角色意识和行为微妙融合使D老师发出感叹:"啊,原来还可以这么设计!"以往所输入的知识已内化并储存在自己的信息库中,为输出和应用提供条件。在这个自然互动的过程中有职前英语教师身份的融入,也就是说,教师即研究者的身份已初现端倪。寻阳、郑新民(2015)指出英语教师专业身份认同和处境身份认同处于较低水平,《国家中长期教育改革和发展规划纲要(2010—2020年)》规定教师职业价值观是我国考核、聘任和评价教师的首要内容。工作投入,体现其积极向上的职业价值观,专注的研究实践有利于促进职前英语教师身份认同。实践共同体中的"学习不仅令学习者获得知识、提高实践能力,更使学习者'本身'发生变化,获得'身份的转变'"(金琳,2016)。研究者身份的出现记录职前英语教师的科研付出和成长。

如果设计问卷时不为(被)调查者设身处地地考虑,就会出现(被)调查者由于客观条件限制而放弃填写问卷的情况,那么问卷填写的效率就会大大下降。问题的语言要尽量简单,问题的陈述要尽可能简短,问题要避免带有双重或多重含义,问题不能带有倾向性,不能用否定形式提问,不要直接询问敏感性问题。(Y老师,2018年12月14日)

Y老师对问卷设计中的注意事项进行梳理。Y老师将问卷设计指导中的一些关键信息有条理地叙述出来,在与自我进行文字对话的过程中内化信息,内心也在发生着微妙的变化,内化和吸收所输入的相关知识,即将外在的导师语言指导进行理解性的语言加工,逐渐内化为自己的科研资源。这是职前英语教师在积极接受他者调控的过程中自我成长的体验。他者调控及自我调控不断互动,不断协商信息,最后实现自我调控下的自觉自然的成长和变化。也就是说,职前英语教师在经由科研协助自己通往自我实现的路上,有一个共同体的支持。本科职前英语教师的研究设计一直是在他者(如导师)的引领以及他物(如文献)的影响下进行的。

4.3.2 问卷调查是重头戏

职前英语教师认识到研究设计的重要性。本研究中职前英语教师选取的主要研究方法都有问卷调查法。刚开始研究时,她们对问卷调查法不是太熟悉,对问卷调查设计知识更是不知其所以然,I老师说明了问卷调查的意义,并对她们进行了相关指导,如什么是问卷调查、为什么要设计问卷调查、如何设计问卷调查等,也给她们推荐了相关问卷调查文献进行学习和参考。她们认识到问卷调查的意义、作用,以及对于初学研究者的使用价值后,自觉沉下心来学习使用问卷调查并亲自设计。她们一边学习相关问卷设计知识,一边运用所学进行问卷设计实践体验。职前英语教师在日志中比较多地提到重现"问卷调查"的设计。

问卷调查是重头戏了,……问卷调查主要由两部分组成。第一部分是个人情况,比如性别、年龄、是否为独生子女,要写出来对参与者的感谢,并保证只用于个人研究且不会泄露参与者的信息。第二部分则是具体的问题,老师推荐我们使用李克特量表(五级),题量限制在12到20之间,并且要思考题目的维度,例如态度、行为、意识。(D老师,2018年12月13日)

D老师在不断内化所学内容,在日志中主要叙述了老师指导的相关内容,如问卷设计的组成部分、问卷设计的维度问题、问卷题项的数量,以及问卷设计量表的参照依据等。这虽然是D老师自主梳理的研究实践体验,即"自我调控"下的学习内化,但是此时的"自我调控"是在"他者调控"下的行为。I老师认为唤醒职前英语教师的研究意识、研究行为和研究实践力很重要,整个过程协助"让职前英语教师亲自去思考、去实践研究设计、去体验研究的真义,让她们做研究的主人,为自己的研究负责,在学中研,研中学,学研中成长,我会全程关注和引领她们"。按照最近发展区理论,学习研究者根据有一定挑战性的目标主动行动,努力前进,会提升其成就感和幸福感,也会提升其实际能力,使这种能力成为永久的资源。在这个过程中,会有辛苦,也会有收获和快乐。

老师带我们吃过烩面后,针对问卷调查对我们进行了一些指导,包括表头设计,最好使用五级量表,以及设计问题注意几个维度。还有一些细节问题,如发问卷的时候本人最好在场,问卷中问题设计注意措辞准确,等等。(S老师,2018年12月20日)

想想抠题的过程都觉得痛苦。做研究真不容易。"和导师面谈",我也是请假回来的,但是此刻我心里更着急的是在问卷上,我担心我的问卷发不下去,毕竟问题是问卷的核心项,而我的问题一直不过关。于是在她们走后,我和两个不着急回的小伙伴留在了办公室。(S老师,2019年1月7日)

问卷设计是科研实践中的"重头戏",对于新手科研实践者职前英语教师来说,设计问卷确实极具挑战性。遇到问题是"不可避免的",对于初次进行设计问卷的职前英语教师,感受到"只有出错了才能意识到"出错了,尽力设计也会"防不胜防"。但是S老师面对设计问卷中出现的问题,勇于面对问题、接受事实,积极采取行动,修改问题,"尽量使它变得很好"。在科研实践中职前英语教师主动学习体验和内在成长愿望体现在其遇到问题和挑战不言弃、不放弃,不气馁、不逃避,敢于直面问题和错误,积极行动解决问题。能发现错误或者问题,并能在纠正错误或解决问题中提升科研实力。

> 我的问卷调查已经重写了两次,这次基本上又删了半数的题,说心里话倒没有觉得多可惜,不好的题现在不删难道是要留着过年吗?(D老师,2019年1月7日)

职前英语教师在问卷设计中都遇到了困难。尽管研究设计的过程"痛苦","问卷调查已经重写了两次",但是并不影响她们对问卷调查设计的重视程度,也没有减少她们刻苦进行的热情,D老师果断删除半数题项,呈现大不了从头再来的设计勇气。完善和修改出更好的问卷设计,要不然"现在不删难道是要留着过年吗",真实、认真、乐观,勇往直前。

在I老师指导后,3名老师依然"留在办公室"等待I老师的指导。职前英语教师的自我调控及"他者调控",使她们在研究实践过程中获得力量和滋养。一些诸如问卷调查设计的研究技术是很有必要进行有计划的指导实践的。无论是"自我调控"还是"他者调控",都在一个科研实践共同体中,言语行为尽显共同体的科研实践特征。

> 除了针对这两次作业存在的问题,老师还指导了我们有关问卷方面的问题。一是关于问卷的抬头、标题、导语等,还有调查对象的情况。二是关于问题设置。李克特量表,我们最好采用五级量表,设计好问题设置的数量等。三是关于发放问卷的时间、完成问卷的时间,完成问卷后对问卷进行分析。四是问卷设计的维度,三四个维度比较好,可以从态度、行为等维度中选择适合自己的。

五是问卷设计中题项的措辞,一个选项一个词,不重复、不模糊。之前觉得问卷设计比较简单,听完老师讲的,感觉每一个问卷设计者都是不容易的,做一名研究者更不是件容易的事。每一个问题的设置,每一个细节的设置都需细细斟酌,合理有据。(T老师,2018年12月12日)

职前英语教师在问卷设计时经历了不少挫折,也收获了不少新知和智慧。她们的认知在发生着变化,如D老师的"做研究真不容易",T老师的"做一名研究者更不是件容易的事",共同说明了在科研实践过程中,身份的变化,如研究者身份逐渐呈现。这是她们刚开始进行研究时没有的,也是实践共同体中的身份变化和多元角色呈现的特点。Wenger(1998)讨论身份认同的几个特征有:①通过与实践共同体的,是个人与共同体互相影响的;②身份是在实践共同体中积极参与而获得的,之后继续经历和体验,逐渐转化成一个过程;③在参与的实践共同体中,获得新知的基础上,调整自我和表达自我的方式,即意义协商的过程;④身份具有多重性。这种"研究者"的凸显并没有掩盖她们的学习者身份、大学生身份、职前教师身份。对研究中问卷设计的重视促成了她们有意识地与自己进行针对性的沟通、对话,对问卷设计知识进行再学习、再认知、再熟悉。

这次学习了论文的调查问卷设计的相关内容,对问卷设计有了大致的了解。问卷要分部分,且在引言的地方要运用礼貌性用语。问卷的设计要采用不记名的方式,结尾表达谢意。在问卷内容上,可以包含被调查者的个人情况、父母情况、地域、年龄等。内容要与论文标题密切相关。比如李克特量表、五级量表,包含很不同意、不同意、不知道、同意、很同意,至少要有12个题项。在发放问卷时,一定要自己在场,记住发问卷的时间。问卷设计也要有维度,即态度、行为等。问卷调查设计中的问题要注意措辞,不重复,不模糊,且多以陈述句为主。(T老师,2018年12月12日)

职前英语教师在日志中不断强化学习问卷设计的学习,"这次学习了论文的调查问卷设计……""老师还指导了……""继续留在办公室……""老师推荐我们使用李克特量表……"等说明作为新手研究者,她们在问卷设计中不断重温学习内容,在内心不断聆听指导者的声音,尤其是在遇到新知或者新技术使用时更是如此。她们通过反思性对话和实践逐渐过渡到自我调控的层面。

4.3.3 要交代清楚

关于研究方法,要说清楚调查法的筛选标准是什么,发放问卷的时间、地点、人物,要有逻辑地交代清楚。(S 老师,2019 年 3 月 14 日)

研究方法要注意内容的翔实。(D 老师,2019 年 3 月 15 日)

职前英语教师对研究方法给予积极的关注。结合导师指导,针对自己的研究方法使用中的问题进行总结,首先发现自己研究方法如问卷设计中存在的主要问题(问卷的标题、导语、问题的设置、维度的设计、措辞要求等),针对问题进行,任何一个方面都需要说清楚。

研究方法上的问卷调查法,应具体标明在什么时间什么情况下发的问卷,以及谁回收,在写这些内容的时候必须实事求是。其中分析问卷时,图要排序,图的名称放在图下方。当然在分析问卷的时候要根据自己的目的,找不足或者是凸显成就,具体问题具体分析。(Y 老师,2019 年 3 月 15 日)

清楚地说明研究方法是调查研究研究中的一个要求。

我的研究方法比较笼统,问卷也描述得不清楚。其实之前老师强调过很多次细节,但是总是没记住。(T 老师,2019 年 3 月 15 日)

职前英语教师除了设计问卷,在自己的研究中还需要描述清楚问卷的设计过程。即如何设计的,有几个维度,为什么要这样设计,等等。将问卷设计或者研究方法说清楚是需要不断学习和实践的,并不是有想要说清楚的意识,就能将其落实到行动中。实践性操作过程是必经的考验,这也检验着职前英语教师在科研实际生活行动去接受考验,战胜挑战,实现目标。作为本科职前英语教师,学习问卷设计并进行调查研究具有挑战性。有的大学生是到了研究生阶段才跟导师学习问卷设计的。如中学英语教师苏燕"在研究生毕业论文的写作中,导师的指导使她学会了问卷的设计和发放"(熊苏春,2017)。如果能在本科职前英语教师毕业论文中学习研究方法如问卷调查法的使用,就会为今后的科研实践奠定基础,增强研究自信。

职前英语教师的科研实践知识"来源于教师在各种社会情境作为学生、教师教育专业学习者和教师的各种经历"(Johson,2006:239)。运用社会文化理论的中介、内化、最近发展区、能动性、支架、活动理论等核心概念解释职前英语教师的科研意识以及科研行为的多方面成长的复杂性,是理解职前英语教师科研实践成长的有效途径。社会文化理论中的"中介"和"内化"被分成三个阶段,即客体调控、他者调控和自我调节阶段。职前英语教师在科研实践入门的陌生阶段采用客体调节和他者调节,提高过渡阶段采用他者调节和自我调节,科研实践高级熟悉阶段采用三种调节。如"记得老师面谈时也提到过这一方法,一时之间是好奇且期待接下来的指导方向的","我们四名学生之前已经准备好了自己的选题以及具体思路,轮流向老师表达了自己的想法。毕竟是初步的想法,有很多不成熟的地方,共同存在的问题便是选题过于大,不适合作为本科毕业生的论文选题","今天发现,学校的硬性要求、老师的敦促是推进事情完成的有效途径。如果不是学校要求,我想大概不会有多少人愿意去完成论文写作这件事情",等等。"客体调控",他者调控的"老师面谈""轮流向老师表达了自己的想法""学校的要求""老师的敦促"是职前英语教师能顺利进行科研实践的重要保障。"他者调控"中"老师推荐我们使用李克特量表(五级)""和导师面谈除了针对这两次作业存在的问题,老师还指导了我们有关问卷方面的问题""从多种途径进行观察,得出了更翔实可信的结论""见面之后才知道面对面交流是非常有必要的,……与老师的谈话过后,就明确地知道自己的方向""老师也帮我们下载了一些文献,方便我们以后查阅。过程与方法是我们必须体验和掌握的。比如查阅文献时需要找权威的,比较新的;搜索时注意主题词;红字的是比较权威的期刊;等等。这些细节老师都有强调。我们现在也非常需要这种精细化的指导"等,结合自我调控"我也是请假回来的,……而我的问题一直不过关。于是在她们走后,我和两个不着急回的小伙伴留在了办公室"等内在声音,传递出他者调控和自我调节的互动中职前英语教师科研实践稳步成长,他者调控起到引领和指导作用,是将相关科研知识、方法和技能输入给职前英语教师。自我调控的作用主要为接受、思考、实践、内化,将新输入的知识、方法和技能进行吸收消化后,再作为知识、方法和技能成果输出出来,形成研究成果,为更大的科研实践共同体服务。

4.4 数据分析

4.4.1 自己全程参与

针对自己的论文,我认为最大的收获就是问卷的制作与分析。这个过程从问卷的题目、维度设置开始,主要参考文献中别人的问卷,结合自己的情况进行了整改。当形成了一份自己的问卷后,成就感满满。班级的问卷分发、数据统计和之后的分析,自己全程参与。经过努力将理论、案例、文献与问题进行分析,这是我认为在论文后期比较有成就的地方。(U老师,2019年5月14日)

数据分析是科研实践的重要环节。职前英语教师对于根据自己的研究目标,进行科研实践的印象深刻,源于自身亲自体验研究的全过程,在数据分析环节能有意识地将相关理论、研究中的案例、相关文献与自己的研究目标(问题)结合起来,展现了职前英语教师的科研愿望、科研实践及科研成果。她们能用理论指导科研实践,能用案例提供研究证据,能用相关文献进行科研成果对比分析,这为本科职前英语教师科研实践奠定重要条件。科研实践的全程参与成为职前英语教师提高科研能力的重要保证。实践出真知,亲自实践有助于提升职前英语教师的自主学习和自主发展能力,同时为她们的终身学习奠定一定的基础。

4.4.2　根据主题进行分析

  I 老师今天讲了三个重点:第一,在文献综述的写与改中要注重语言的精确;第二,研究方法要写具体;第三,对数据结果的分析要言之有理,分析有据。
  关于问卷分析,要有根据地下评断。I 老师建议我们每天都要翻查问卷,对问卷内容整理归类,分析找问题,每个数据分析的时候都要相应结合一个文献,分析说明一致及不一致的原因。(不一致的原因是研究对象不同还是地区不同?还是其他的方面?)结合此说明本研究是值得完善的。内容要根据主题进行分析,要始终与分析相联系,并且分析要具体。在表/图下可提出"根据调查结果数据分析发现(见表/图×)",始终要明白自己为什么要做这件事情。(S 老师,2019 年 3 月 14 日)

  S 老师在进行数据分析时,根据 I 老师的指导,依据自己的研究目的结合相关研究成果分析自己研究结果的一致性或不一致性。同时,她发现了自己研究中的不足。主题分析原则、具体分析原则以及意义原则等使 S 老师产生了共鸣,她在其科研实践中也尽力去应用这些分析原则。老师们对主题性分析(或者是目标性分析)印象深刻,情有独钟。

  文献综述部分,要将现状与主题相结合,一切都为论文题目服务,提到的人名后面要加上括号,写上出版年份,这里面的人名也要有出处;问卷部分,要将问卷分发的时间、人物、过程做简短说明,在后面的数据分析方面,除了分析百分比,还要记住为主题说

话,每一次的分析都一定要能够说回主题;……问题解析与解决措施方面要结合自己的问卷调查进行分析……(U老师,2019年3月15日)

有两篇文章都有提到板书在国内外的发展,有很多的相似之处。我不由得想起老师问我的问题,你是怎么写出来这一部分的?如果答辩时老师这样问,你是否能做出合理的回答?我从来都没有想过老师会问这样的问题。我在想我是怎么写出我的国内外研究的,是单纯地借鉴别人的研究历史,还是有自己的思考和重新组织?……老师说结合自己的研究选题(主题)意义、创新之处回答,我就有了一种豁然开朗的感觉。(T老师,2019年3月16日)

U老师牢记分析文献综述时要与主题相关,分析数据时,"还要记住为主题说话,每一次的分析都一定要能够说回主题",问题分析与解决措施都需要结合自己基于研究主题形成的调查问卷进行。T老师在不知如何应对他人的提问时,内心听到"结合自己的研究选题"的指导声音,豁然开朗。她在领悟中逐渐理解,并付诸实践。

问卷分析,我参考了一篇关于板书的研究生论文。分析是根据自己的问卷一题一题进行的,每题都有,话语也比较单一,就是选不同意的百分之几,同意的百分之几,然后每题得出一个结论。其实有的结论是在板书中做得比较好的方面,与我后面所写的板书中问题关联不大。我之前也有考虑过到底要不要删除这些问卷题目的分析,考虑到字数的原因,就没有删除。现在觉得一题一题地分析比较烦琐,而且有的题真的与主题并没有很大的烘托关系,可有可无。做一些删减是必要的。(T老师,2019年3月15日)

T老师采用一题一题分析的方法,借鉴了一篇相关的研究生论文。经过学习和反思,她发现一题一题分析有其弊端,显得烦琐,而且难免出现与主题不相关的内容,因此对"可有可无"的内容可以"做一些删减"。职前英语教师老师在科研实践行动中反思,会不断促进其科研能力的发展,比如在围绕主题进行梳理分析中思考将一些不相关的内容删减或调换,并且将一题一题的分析方式调适为主题分类方式,学会对问卷问题进行主题分类的方法和能力,研究者结合研究题目或研究主题有一定的归纳能力,科研实践经历是积累真知和智慧的必由之路。

职前英语教师在数据分析实践中,将所学内容将由输入性知识转化为输出性知识。

4.4.3 有理有据

数据分析阶段的研究考验研究者的综合能力。除了会将数据进行主题分类,还需要对主题进行分析和说明,提供支持主题观点的证据。

> ……同时要把握住主题,问题观点证明都不能偏离论文主题。问卷的分析要与主题相关,用理论知识结合分析,分析可少,但问题一定要具体,可把图表放到问题中。需要从数据中发现问题,问题要有数据支撑证明。(Y老师,2019年4月23日)

> 今天老师指导了论文,问卷分析要结合理论依据以及数据进行,问题说明要详细……论文数据要认真筛选计算,不能出现错误。要不断地研究分析问卷问题,以及解决建议,要有理有据。(Y老师,2019年4月28日)

Y老师在进行数据分析时牢记分析应有理有据的要求。理论依据可以来源于调查数据,也可以来源于相关理论。

> 在分析上下功夫,对存在的问题要注意措辞的使用,分析要与理论结合起来。(S老师,2019年4月28日)

加强对数据分析的要求,职前英语教师就会摆脱标题是标题,数据是数据,分析是分析,各自独立,互不关联的实践弊端,职前英语教师就能在分析

数据实践行动中提升能力。

……第三个是问题分析,就已经发现的三个问题结合数据分析一下,提出具体的建议。最后一个是图片的问题,可以参考一些板书图片,为自己的论文提供依据。另外一些细节问题,自己必须注意。一是不能说根据调查结果,要说根据图×或表×,指向明确。……(T 老师,2019 年 4 月 18 日)

第五是理论的应用,在分析和解决措施中没有用到。第六是问题分析中的表述,有的用几成,有的用百分之几,前后不一致。关于图表的放置,不能相隔太远,把问卷分析的图表放在分析的问题中。(T 老师,2019 年 4 月 28 日)

T 老师在反思中,对自己觉得重要的问题进行逐一梳理,结合实际进行分析。结合研究目标,参考一些图片,为自己的分析提供证据。T 老师在研究日志中表明,结合理论进行数据分析的重要性。为了使理论依据更加清晰明了,T 老师把分析的图片直接用在发现问题的部分。

初次进行研究工作的职前英语教师,其科研实践技能不像有研究经验的教师一样,科研实践知识或经历的缺乏给她们带来很多困难和挑战。要提升科研实践能力,不断学习和反思是有效的方法。她们在科研实践中不断学习,并对所学进行反思体悟。

问题解析与解决措施方面要结合自己的问卷调查进行分析,不能胡编乱造。(U 老师,2019 年 3 月 15 日)

我应该将自己所研究的涉及的每一个定义、概念、理论记熟,并能够理解其含义,将其恰当地运用到论文里。还要再参考别人的论文以及文献,再度寻找切实的问题进行分析。看几个教学视频和案例,将例子运用到分析中,加强论据。每一项内容都要回归主题,为研究主题说话,不说废话。同时,我也认识到多看多分析

真的很重要,自己的论文一定要清楚它的每一项内容。(U 老师,2019 年 4 月 17 日)

这几日,我需要再次审视问卷部分,仔细分析,并且针对文献、案例、理论基础进行分析,让论文中的每一个部分都有联系,而不是空架子。在分析上下功夫,对存在的问题要注意措辞的使用,分析要与理论结合起来。(U 老师,2019 年 4 月 28 日)

U 老师此刻已经将内化的科研认知有意识地融入科研实践中,在问卷分析部分,她清楚地记得需要文献支持,需要案例支持,需要理论支持,让论文的各个部分"都有联系,而不是空架子"。实践出真知,理论与实践相结合,提出的观点要依据"问卷调查"进行,不能"瞎编乱造"。

4.4.4 好好分析问卷

我在分析的时候是按照顺序,从第 1 题到第 12 题进行分析,然后没有考虑过,把好的和不好的分开说一下,这样条理可能会比较清晰。然后我觉得分析得不够透彻,分析的语言太单一了,就是把数据报一下,然后得出一个结论,没有引入什么。一般的话就是一个图、一段话,一个图、一段话,这个是非常不好的。应该有一句话作为引入,附上图,然后附上分析,这样的话可能会让别人一目了然,让评委老师和读者能够有一个更直接、更直观的认识。最后我准备把问卷分析好好修改一下。(T 老师,2019 年 5 月 16 日)

T 老师在分析数据时不断反思自己的研究技术,促进其科研实践能力的提升。这里 T 老师叙述了导师的指导带来的收获,比如问卷分析问题,没有进行分类,把研究调查中关于英语教师板书的优点和不足等分类进行,另外还需要在汇报调查结果的基础上和别人的研究成果进行比较,像 T 老师说叙述的"引入"他人研究结果进行对比,即汇报结果后,先"引入,附上图,然后附上分析"。

在行动中纠正和完善自己的研究。她们在学习、实践、反思、再实践的过程中增长了不少科研智慧。

4.5 摘要撰写

毕业论文的摘要是作者浓缩论文概要,简洁准确地论述论文的重要内容。摘要中不需要评论,也不需要解释。摘要是毕业论文的重要组成部分。

4.5.1 摘要要认真写

  结合老师所讲进行了论文问题的思考,主要有:英文摘要部分不认真,题目没修改,内容为搜索。(U 老师,2019 年 3 月 15 日)

  摘要要认真写,内容要完整,格式正确。(Y 老师,2019 年 4 月 28 日)

  摘要需要重新写。(D 老师,2019 年 5 月 15 日)

摘要是学术论文内容的重要概括。职前英语教师发现英语摘要的不认真书写会影响到科研质量。到了论文进程的中期以后,她们对摘要的重要性以及摘要撰写的要求越来越明白。

  经老师提醒,发现我的英文摘要题目没有改,还是模板上的题目。是我大意了,不够细心。(写到这里我去把英文摘要题目标题修改了,因为我怕我又忘了。)好记性不如烂笔头,人还是应当养成随时记录的习惯。想到老师说的,在床头放一支铅笔,两页纸,随时记录灵感。

关于摘要,分为四步:问题,方法,结果,结论。(S老师,2019年3月14日)

S老师意识到自己忘了改写英文摘要题目,及时地改正了过来。不但记在了研究日志中,并在写研究日志时,将英文的摘要题目进行了更正。S老师还提到她自己老师的一句话"在床头放一支铅笔,两页纸,随时记录灵感",使她更理解"好记性不如烂笔头,人还是应当养成随时记录的习惯"的内心声音。在研究实践中的任何阶段,职前英语教师都会在一定程度上受到他者的影响。现职前英语教师自我调控能力的提高是不经意间受到"他者调控"的影响和自我反思的作用而成的。作为重要的"他者调控"的教师,一言一行对职前英语教师的科研实践的影响是潜移默化的,是润物细无声的。关于摘要的撰写,S老师牢记四个步骤:问题、方法、结果和结论。S老师认识到摘要的重要作用,明白了摘要的撰写步骤,将这些认识落实到行动并用行动实践自己的认知。

4.5.2 删了摘要重新写

我那次的英文摘要,被批得有些惨,有点委屈,是因为明明也是认真翻译的为什么还是不行,但是傍晚溜圈时想到了问卷调查不也是我一次一次修改才最终确定的吗?每一次都比前一次懂更多的东西,有更新的看法,不断进步才是王道,这么一想也不觉得委屈了,删了英文摘要重新翻译就行了。(D老师,2019年5月7日)

修改中英文摘要,格式,通读全篇,互读论文。(U老师,2019年4月28日)

论文的每个部分都需要作者结合自己的研究主题不断进行反思、修改和推敲。论文撰写的每一步都不可能一步到位,每一次定稿,都需要反反复复地结合自己的研究目标和研究情况进行修改。一次一次删除,在修改中

D 老师"懂了更多东西"。

4.5.3 改呀改呀,由"不满意"到"挺满意"

摘要是门面,我很想把它写好,于是我就改呀改呀,从一开始的对"摘要""结语"不满意,到后来的挺满意,这个过程让我很有成就感。那几天,I 老师的一句话一直在我脑海里盘旋:"你们都埋没了自己的才华,做了很多工作文章中却没有体现出来。"我就想呀,我有才华吗?我不太清楚,但我是做了很多工作的,我要努力在摘要中把我的工作体现出来。我先是自己改,改了又将论文发给我的一个在读研究生的小伙伴,她按着自己的想法又改了改,我发现她的措辞严谨了许多。后来,我又参考借鉴了 I 老师书上的摘要部分的要求及案例。整个过程有点长,但是我对最后的成果还是相当满意的。(S 老师,2019 年 5 月 29 日)

她们没有撰写摘要的经历和经验,所以只有在行动中学习和锻炼撰写摘要。S 老师"改呀改呀","先是自己改",然后"让读研究生的小伙伴"改,"改了又改",S 老师发现小伙伴用的措辞"严谨了许多",S 老师依然没有停止修改摘要,继续参考"书上的摘要部分要求以及案例"修改摘要,努力在摘要中体现出自己的研究工作。尽管修改过程有点长,但是对摘要由开始的"不满意",到后来的"挺满意""很有成就感"。维果茨基(Vygotsky)的社会文化理论认为社会文化学习行为的发生是在一定的社会文化影响中进行的。职前英语教师在撰写摘要时基于自己的内在驱动力,借助"中介"的协助,最近发展区的发展得到了实现。缩小了实际发展水平和潜在发展水平之间的距离,完成了具有一定难度的任务。但有些任务个人是无法单独完成,个体在解决问题时借助他者的协助完成有挑战性的任务,并且在实现目标时个体不断进行自我调节,个体学习者在进行自我对话、请教他人、反思自我、调适行为实践中转化行为中的目标选择、自我控制行动以及自我调节能力的参与,使其认知和实践能力提升到更高的水平。正式学习和非正式学习相互促进,协同过程中发展科研能力。职前英语教师的科研实践一直是在学习中完成内化的。

5 职前英语教师科研实践经历:苦与乐

　　以人为本的理论强调人本身的主动性。教师教育中将教师培养为完整的人,重视教师心智、品格的发展,重视教师在专业发展中信念、态度及情感经验的积极变化。在教师教育中将教师研究生活纳入其中。职前英语教师在面临毕业、面临入职、面临步入社会等情境时,进行毕业论文设计和撰写工作,她们面临着多重任务,如研究实践(撰写学位论文)、实习、上课、考研、招教等学习和就业等。笔者发现职前英语的多元角色使她们在研究中遇到冲突和挑战,如学习、研究、生活就业压力等限制了自身的研究投入程度,在研究中,她们经历了构思、设计、写作的艰苦,经历了寻寻觅觅的困惑,经历了充满魅力又充满冒险和挑战的科研体验。

5.1 研究之"苦"

5.1.1 S老师:一度出现崩溃的时刻

5.1.1.1 无从下手

　　一个月过去了,在实习、英语六级、考研与论文四大军的引领

下,我度过了忙忙碌碌、寻寻觅觅的第一个月。在 A 小学带了两周的四年级英语课,后因其正式老师回来了,遂带一年级五个班的科学及二年级两个班的安全课。目前感觉自己又回到了困扰的阶段,对论文有种无从下手的感觉,有些盲目。(S 老师,2018 年 10 月 13 日)

科研刚刚开始的阶段,职前英语教师不知所措,这是新手研究者常有的体验。本科毕业论文的撰写质量直接影响到学生学士学位的获得,它和硕士、博士论文一样,都是具有"规范性"(formal)、"学术性"(scholarly)、"创新性"(original)等基本属性的学位论文。绝大多数的学生都没有学术论文写作的经历,或者说没有科研的感性认识,因而不知道如何具体一步一步地完成一篇毕业论文。(王崇义,2004)S 老师"有种无从下手的感觉"。"困惑"与"盲目"的感觉就是很好的证明。体验科研之苦难以避免。

5.1.1.2　心声悲苦,纠结、着急

我在大概两周前就开始考虑论文初稿的事情,但是一直动不了笔,不会写,不敢写,脑子里没思路。有好几次,我翻翻收集到的问卷,又放下了。

看着厚厚一沓调查问卷,我又心生悲苦,怎么整理? 翻了翻老师推荐的《外语教学问卷调查法》中的整理数据这一章,更加痛苦,看不懂。在这十九天里的写作中,有过纠结,有过欣喜,有过着急,也有过满意。(S 老师,2019 年 2 月 19 日)

S 老师的"苦中有乐"的真实科研实践令她"纠结",也令她"欣喜"。"提笔写作的时候总是觉着自己的知识储备不够",她发现"阅读归阅读,写作归写作,有时候看了一些东西还是写不出来东西",为了能提高写作效率,S 老师采取不带书,只带着电脑和本子一点点地写,进度虽然有点慢,但"还是一直向前走着,缓解了部分焦虑情绪"。科研实践中的纠结、痛苦和快乐的情绪体验,真实的挣扎使 S 老师"一直向前走着"。

5.1.1.3　脑子没思路

　　我对这份问卷有着一些疑惑,虽然是我自己设计的题项,但是我还是不知道我根据这些数据能具体分析出什么。
　　坐在教室里,脑子里的思绪万千。前天刚刚考完教师资格证,昨天晚上把第二稿的目录整理出来,今天开始往论文里填充内容。之前有关文献综述的部分想重新修改,重新完成,但是脑子里没有思路。或者说,是此刻我的心不在这里。(S老师,2019年2月28日)

就业与研究任务产生的矛盾冲突,使S老师无法专心于研究实践中,但是还必须完成研究任务,导致"脑子里没有思路",产生"心不在这里"的无助感和痛苦。她的无助感可能也来自多重任务的冲突,如考试教师资格证等需要大量的时间和精力投入,无法全心专注于论文研究工作。更重要的是科研知识储备不足,科研经历不足。因此,即使有数据,也不知道根据"数据能具体分析出什么",缺少实践性的分析技术,以至于没有思路导致不能立足当下做科研,就像她所言"心不在这里"。经过观察以及访谈发现,职前英语教师在大学学习中没有接受系统的问卷设计及问卷分析方面的针对性的课程指导,缺乏相关储备。基于毕业论文完成的科研要求研究者具备一定的研究能力,这对于职前英语教师来说是很高的要求,也是必经的磨炼。没有专门的科研训练,很难入门。

5.1.1.4　快绷不住了

　　今天中午见面前,在图书馆待了两个小时,对论文内容进行修改。修改到最后,脑子里只有一个念头,快绷不住了。这两天一度有这样的感受,感觉自己快绷不住了。在老师指导完以后,我感觉脑子又是很沉。感觉其他同学都是小问题修改,我需要修改的内容是个大问题。自己心里又没底,又一次觉得要绷不住了。……(S老师,2019年4月28日)

S老师觉得自己论文中的问题"是个大问题",对这个"大问题"的修改"心里没底",因此又"要绷不住了"。"快绷不住了"的心理体验反映出她对自己要求很高,希望自己做到最好,但是没有人是十全十美的,即便是在自己不断前进、不断向上进步的过程中,总是会遇到这样那样的问题,没有最好只有更好。科研中遇到情感体验和学习中的情感有所不同,要求研究者独立完成科研任务,她们时常面临痛苦。

5.1.1.5 感到痛苦

> 研究积极心理学的我在面对写作困境时也一度出现崩溃的时刻。在最后就要定稿的日子发现自己的内容分析还是存在很大的问题,感受到痛苦。认识到将理论转化成具体的实践不是一件容易的事情,虽然自己认为积极心理学理论有益于学生发展,但无法将其剖开展示给别人看。(S老师,2019年5月7日)

这是S老师在论文中经历痛苦挣扎的心理感受,找不到写论文的感觉,或者说不知道论文怎么写。S老师发现将"理论转化成具体的实践不是一件容易的事情"。理论知识和实践技能是完成科研的两大重要条件。

对于S老师来说,遇到个"不舒服"的情绪体验之苦。认知和情感对人的全面发展具有重要作用。研究者首先是人,然后才是学习者和研究者。在研究实践中,知识、情感和能力等方面互相促进发展。职前英语教师在研究中遇到不能实现期待中的目标时,产生负面的情绪体验,反映出其心理压力和研究困惑。

> 提笔写作的时候总是觉着自己的知识储备不够,对积极心理学不够了解,所以想通过阅读发现一些新的知识和一些新的思路。但是后来发现,阅读归阅读,写作归写作,有时候看了一些内容但是还是写不出来东西,……目前论文修改到分析问卷阶段,但是感觉有些进行不下去。着急的情绪又来了,不确定自己修改的方向对不对,所以需要老师的指导。(S老师,2019年4月2日)

S老师遇到的问题是相关知识积淀不足,"知识储备不够",理论知识不足,无法将输入和输出很好地结合起来。S老师在论文的起始阶段、初稿阶段以及论文写作进程中,经常感受到论文写作中遇到的问题,如"对论文有种无从下手""不敢写""不会写""没思路""阅读归阅读,写作归写作"。理想与现实的矛盾冲突,虽然心中有很高的期待,她不断看书、搜集整理资料,输入大脑的信息却无法有效输出,使她很头痛。

5.1.1.6 不会操作

> 翻了翻老师推荐的《外语教学问卷调查法》中的整理数据这一章,更加痛苦,看不懂。……只知道有一个SPSS的软件可以处理数据,但是完全不知道该怎么用。脑子里还有一个叫问卷星的软件可以处理数据,但是也不会操作。(S老师,2019年2月19日)

S老师在讨论与分析数据时遇到的操作技术问题,使其感到自己缺乏分析能力,"更加痛苦"。她缺少使用统计软件进行处理数据的能力,对于处理数据的软件只知其名,不知其(如何)使用。这些操作技术问题成为S老师科研实践的拦路虎。

5.1.2 T老师:那段时间比较痛苦

5.1.2.1 很迷茫,特别难

> 之前很迷茫,不确定自己的选题是否合适,不知道自己下一步该做什么。(T老师,2018年10月13日)

> 刚开始的时候,觉得特别艰难……太久没有自己写东西了,感觉语言表达能力和思考能力都有点欠缺。(T老师,2019年2月18日)

"迷茫"反映出初学研究的职前英语教师对科研的不了解,也反映出科研目标或计划不太清晰的状态。

5.1.2.2 一头雾水

> 之前觉得问卷设计比较简单,听完老师讲解之后,感觉每一个问卷设计者都是不容易的,做一名研究者更不是件容易的事。每一个问题的设置,每一个细节的设置都需细细斟酌,合理有据。(T老师,2018年12月12日)

T老师虽然感觉问卷设计"不容易",但是在I老师引领过程中,已经凸显其责任感和研究的使命感,T老师内心在期待着研究者的角色转换。这说明T老师在科研实践的前期已经提升自身的责任感。笔者发现T老师的自主意识和探究意识已经初现端倪,使她的研究和人格成长增添更多力量。在成长的路上,T老师感到了作为研究者的"不容易",自己在实践中也有"一头雾水"的感觉。

> 问卷发放完成后,便开始进入论文初稿的写作了。前期一头雾水,不知该从何入手。觉得上学期好像一直都是在做论文的准备工作:选题、找文献、完成开题报告、设计问卷、发放问卷等,突然之间就进入论文的写作了,觉得有点不适应。(T老师,2019年2月18日)

在科研实践之初,T老师选题的迷茫,初稿写作时不知如何下手,经过写作前不同阶段的精心准备,到了进入正式写作却"有点不适应"。"一头雾水""不知道该从何入手",这些实际的心理体验困扰着T老师,难以完成自己的科研任务,她即便是愿意进入写作,可是"没有什么话说"。

5.1.2.3 没有什么话说

> 不知不觉一个月过去了,在这一个月中,我查找了一些关于板书的文献。开始的时候想去图书馆找一些关于板书的书籍,却没有找到,只能去知网上搜一些文章来读。或许是刚刚考完教师资格证吧,总觉得之前的一个月天天待在自习室太过枯燥,所以刚考

完试的时候特别懒散,总想着放松一下,无心学习。(T老师,2018年11月19日)

最大的困难是在问卷分析的时候,觉得没有什么话说,翻来覆去地看别人的论文问卷分析,那段时间比较痛苦。(T老师,2019年5月7日)

T老师在反思自己的研究经历时,选题的"迷茫"、论文初稿"一头雾水"、"懒散、无心学习"以及"翻来覆去看论文",无话可说的"痛苦"历历在目。无论如何看论文,如何进行知识的输入,在遇到技术性的问题时还是无能为力。艰难的科研岁月储存在记忆中。

想想这段岁月,我经历了从最初的茫然无措,到慢慢地有了状态,再到拥有清晰的思路,整个过程是那么的曲折和艰难。(T老师,2019年6月4日)

论文的完成过程是一段艰难的岁月之旅。成长必经痛苦,痛苦是成长的催化剂。曲折艰难的经历成为生命中独特的成长体验。

5.1.3 U老师:感觉很难

5.1.3.1 问卷设计很难

在做调查问卷设计上,感觉也很有难度,因为是第一次,并且在全身反应法这样一个专业名词之上,不知道进行怎么样的问卷设计才能保证调查的完整,包括问卷的调查对象自己也一直拿捏不准,任课老师和学生感觉都是可以入手的。所以自己设计了几次都没有完全进行下去,感觉在问卷方面也是需要多参考多查阅的。(U老师,2018年11月19日)

翻起第一次见面的日志,2018年10月,到现在2019年5月,

论文的工作终于可以算作告一段落,这一过程,又痛苦又开心。(U老师,2019年6月11日)

U老师在科研实践过程中很认真,也很投入,她觉得问卷设计是研究中很重要的事情,因此研究过程中问卷设计给她留下了深刻印象,最初她认为"没有接触过这个东西,觉得写几个问题就行了",在真正进行设计时她发现"需要结合很多的地方去考虑,并且体现研究意识,要严谨、针对、具体",还要考虑"研究对象是小学生",论文的写作过程一直有痛苦伴随着U老师。

5.1.3.2 再次迷茫

昨日与老师的面谈,虽说很顺利,但在得到一些指导的同时更多的还是迷茫,迷茫没有完全完成的开题报告应该怎样改,迷茫文献综述到底怎样写才符合要求,迷茫调查问卷设计成怎样的才能更好地突出研究主题。(U老师,2018年12月13日)

由于自身对论文的初始认知(感觉很难)以及进而的排斥心理,所以于前几日开始了论文初稿的正式动笔。之前问卷回收后做了简单的整理,自身认为论文写起来必定是得心应手,可是没想到真正动起笔来,处处都是问题。首先是论文前半部分的理论知识部分,发了一上午呆都没有思路。后来打电话询问了同论文小组同学的进展情况以及写作思路,貌似没有什么结果;又询问了同班级同学的进展,说她们换了论文导师,现在什么都没有安排。再次迷茫,于是我想我多研究研究那些文献吧,参考人家的写作思路再去查找资料。(U老师,2019年2月19日)

迷茫、再次迷茫的情绪体验伴随U老师的论文写作进程,由于U老师对科研论文(感觉很难)的思维定式,一度出现"排斥心理"。U老师还有一个思维定式是"论文写起来必定是得心应手",但是真正写作实践的经历是"发了一上午呆没有思路",发现"处处都是问题",于是面对这种情况,她主动寻求同伴及同学助力,但是询问同伴和同学的"无果"信息令她"再次迷茫"。

她只好依靠自己多研究文献,去参考别人的思路。U老师的写作理想和写作现实发生冲突是她始料不及的,充满着"拿捏不准""排斥心理""发呆""没有思路""再次迷茫"的心理。

5.1.4 D老师:有些焦虑

5.1.4.1 面谈后有些焦虑

这次面谈后有些焦虑。老师说之前我并没有想过答辩的事情,因为我觉得它离我还很远,远到不需要为它花心思,但是这次面谈我发现自己想得有些过于狭隘了,目光不够长远。再加上论文初稿写得基本上一塌糊涂,心中难免会有些焦急,不过还有时间,还是来得及补救的。(D老师,2019年3月15日)

D老师面对自己认为"基本上一塌糊涂"的论文初稿,"免不了有些焦虑"。她发现自己"目标不够长远",对自己对时间调控力不满意,对论文初稿不满意。她感到对目标的理想期待与目标实现的实际情况之间悬殊,决定进行"及时补救"。

5.1.4.2 情人节,在网吧改论文

因为家里的电脑坏掉了,于是我淡定地围着灰白色手工织围巾来到了附近的网吧打开了论文。下午的时候人还是比较多的,烟味也很大,这时候就很是怀念家里的还有学校图书馆里的电脑。虽然戴了耳机,但是小学生从口中流露出来的对游戏那赤诚的热血还是能够听得一清二楚,而我打个字偶尔还会被键盘绊到手指——我还是更习惯比较低的键盘。偶尔瞟一眼,游戏的制作画质很是精良,人物设计也很是炫酷,但我是个键盘还摸不顺畅的菜鸟,就还是老老实实地学习吧。昨天我也来了,戴着一条橙色格子的围巾,上午时人很少很静而且没人抽烟,想想就觉得自己有些有趣:情人节揣着U盘溜达到网吧写论文。哈哈哈。(D老师,2019年2月15日)

D老师的电脑坏了,而且还是在情人节那天坏了,她只好去了网吧写论文。网吧的人"比较多","烟味也很大",加上小学生打游戏的嘈杂声,自己使用网吧的会"绊到手指"的新键盘,D老师"很怀念家里的还有图书馆里的电脑"。竟然在情人节到环境嘈杂的网吧改论文,"想想就有趣",有苦难言的现实书写着"苦"与"烦"。

5.1.4.3 难过,有些烦躁

> 最近最大的苦恼是:看书看不进去了,那种随时可以进入书中的状态最近找不到了。跟年纪大的人交流过,他们说他们也看不进去书,我想可能是常态吧。但即使是这么想还是抑制不住地难过,不看书真的很让人挫败。(D老师,2019年3月15日)

> 距上次见面约过了一个月。这一个月有些烦躁。
> 论文写得并不顺利,原来的参考文献给的理论支撑和借鉴意义不再足够,又去下载了一些,发现和自己需要的还是有一定差距。于是在图书馆借了书,参考意义仍然不大,但是看得多了,还是有一定的思路的。(D老师,2019年4月10日)

看书看不进去,一个月没有面谈,参考文献无法满足当前的需求,D老师为此感到"难过",感到"烦躁"。

5.1.4.4 疯狂地改格式

> 和同组的U老师进行了交流,发现自己的主要问题还是集中在格式上,于是又对比着学校的要求对格式进行了规范。改正的过程中发现有些东西就是改不了,于是向同学CL吐槽,CL隔着电话很是耐心地教我怎么改,虽然内心很是烦躁,但是在CL的安慰下还是顺利更改。(D老师,2019年4月10日)

> 然后还有各种表格,当时要签字的时候室友在疯狂地改格式、

改内容,为了找老师签字再次跑到西校区,那段时间进到寝室经常可以看到一个组的成员围着一台电脑嘴里还念念有词:是这样改吧?是这样吧!要么就是对着一份打印好的表格改来改去,时不时还会嚷嚷一句:老师说了是这样的!(D老师,2019年5月29日)

论文格式的修改会花费很长时间。在改的时候遇到问题,就请教同学进行协助指导,改的时间长了,感到"内心很是烦躁"。在修改各种表格的格式时,一个寝室的同学一块讨论,按照学校的要求进行规范表格,需要核对确认,不断询问"是这样吧","改来改去"需要花费不少时间和精力。

5.1.4.5 仍然是一天没怎么吃饭

答辩的日子快到了。我记得那个星期,有一次我们小组六点半才讨论结束,从四楼下来,那天我一顿饭没吃,也不觉得饿,回到东校区后,把东西放寝室后就急忙忙赶到创业街买了饭,买了挺多,因为觉得只有热乎乎的食物才能温暖被论文冰凉的心。第二天八点才从西校区回来,天都黑了,因为怕黑,当时差点就要哭出来,硬生生咬着牙抱着档案袋疾走到了东校区,见到了那熟悉红色的LED显示屏才喘匀了那口一直含在嗓子眼的气。仍然是一天没怎么吃饭,可能是有了昨天忘记吃饭的经验,所以趁间隙啃了两块西瓜补充一下糖分,晚上慢悠悠地到创业街买了点吃的,睡觉时甚至还做了有关论文的梦。这一切发生得都如此自然。(D老师,2019年5月29日)

D老师有两天几乎没有怎么吃饭,这其中的辛苦、紧张感可想而知。我们可以发现,D老师叙述的答辩前改格式及不断为论文忙碌着到废寝忘食的状态可能是多个职前英语教师共有的经验。

5.1.5 Y老师：一片茫然，不知所措

5.1.5.1 不知从何下手

今天在知网上下载了一些文献，发现还是有很多关于小学英语文化教学的，当然，也有很多是期刊，初稿刚开始时，感觉一片茫然。尽管看了很多别人写的论文，但到自己写的时候，还是有点不知所措，不知该从何下手。（Y老师，2019年2月19日）

Y老师遇到的困难是不知道如何下手撰写论文。自觉在输入阶段了解了很多相关信息，如下载相关文献，"看了很多别人写的论文"，但是在输出阶段还是"一片茫然"，"不知从何下手"。

5.1.5.2 有点茫然

自己现在的研究目标就是找到中国传统文化在小学英语教学中存在的问题并提出建议，但是着手分析问卷的时候有点茫然，看了别人的论文，借鉴了分析方法，但是自己分析的时候还是只能看到表面的信息，而发现不了存在的问题。（Y老师，2019年3月12日）

Y老师阅读了文献，研读了其他研究者的分析，但是在学习和研读资料之后，不能将之运用到自己的研究分析中，她"有点茫然"，因为"发现不了存在的问题"。Y老师在阅读文献时遇到了困难，同时还遇到了问卷设计中的挑战。这种情况说明职前英语教师在最初做研究时都有一种"巧妇难为无米之炊"的真实感受，就像刚毕业后入职的新英语教师上台讲课一样，上课前充分备课，但是上课后依然"感到脑子一片空白"，"I felt very nervous because in a real class, it is quite different from I expected before. My mind is black."（于飞，2010：26）这是理论与实践相结合中遇到的困惑，也有时间不足的纠结。

5.1.5.3 刚有点思路,就要关电脑了

改了这么几次论文,也渐渐发现,每次修改论文都要留足够的时间,因为零散的时间往往会出现这种情况,就是刚有点思路,就要关电脑了。(Y老师,2019年4月10日)

Y老师感觉需要有"足够的时间"修改论文,现实写作中发现只能用"零散的时间"进行论文修改,导致经常出现"刚有点思路,就要关电脑了"。在研究实践中,时间难以保证使职前英语教师苦不堪言。

从五位职前英语教师的科研实践之苦的体验故事中可以发现,她们的科研认知、科研之苦以及科研行为各有不同的特点(见表5.1)。

表5.1 五位职前英语教师科研实践之苦特点

教师	科研之苦情绪	科研之苦事件
S	盲目、无从下手、悲苦、纠结、着急、没有思路、快绷不住了	初稿:一直动不了笔,不会写,不敢写 修改论文:需要修改的内容是个大问题。自己心里有没底,认识到将理论转化成具体的实践不是一件容易的事情
T	很迷茫、比较痛苦、一头雾水、有点不适应、比较痛苦	突然进入论文写作,有点不适应。问卷分析觉得没有什么话说
U	很难、没有思路、再度迷茫	论文初稿动笔,发了一上午的呆;问卷设计、问卷分析很难 电脑问题:自己的电脑出了问题,这几日的整改集中在手机和图书馆里
D	无力,有些焦虑	论文:初稿一塌糊涂 电脑问题:家里的电脑坏掉了。情人节,在网吧改论文。打印表格就硬生生地花了50分钟
Y	一片茫然,不知所措	初稿刚开始时,感觉一片茫然。着手分析问卷的时候有点茫然,发现不了存在的问题。刚有点思路,就要关电脑了

职前英语教师科研中的"苦"主要表现在理论知识匮乏、科研实践欠缺、研究技术无力。职前英语教师的科研实践是基于她们的本科毕业论文为驱动而进行的,可以说无论喜欢与否,无论愿意与否,她们必须参加并完成这样的科研实践,否则她们是无法拿到学士学位的。对于没有任何科研经历的职前英语教师,在经历科研实践中,她们都经历了痛苦、迷茫、没有思路、不知所措等痛苦的情绪体验,调查问卷设计和分卷分析中的技术问题,以及没有充足的时间保证写作等。教学研究能力是构成小学英语教师核心素养的重要内容。掌握一定的教育科研方法和进行小学英语教学研究实践是提升小学英语教师科研能力的重要保证。在职业英语教师进行科研实践中,笔者发现她们缺少研究自信,缺少相应的研究知识储备,缺乏一定的研究方法知识和研究分析能力,正是因为她们体验着"难"、感受着"苦"、经历着"痛",她们才会深刻发现研究并不是一件容易的事情,需要不断地学习和实践。不经历风雨怎么见彩虹。

研究者在研究中的科研之苦、科研之痛,和其他英语教师科研有"同病相怜"之感。在高校从事英语教学的高校英语教师在科研中感到"力不从心"(刘润清、戴曼纯,2004);科研中面对许多困难(高一虹等,2000);"科研之痛"(汪晓莉、韩江洪,2011);"科研挣扎"(顾海波,2016)。因此我们不难理解还在高校学习的职前英语教师的科研实践之"苦不堪言"的心理路程。正是经历这些"苦"才有可能尝到苦中的"甜"和"乐"。

5.2 研究之"乐"

研究中的快乐是研究者不断前进的动力。正如好之者,不如乐知者。研究也是如此,好研者,不如乐研者。职前小学英语教师在科研实践中不断挖掘自身的潜力,充分发挥自身的主观能动性。

5.2.1　S老师:快乐、有意思

5.2.1.1　柳暗花明又一村

职前英语教师在科研实践中自然会遇到一些挑战和难题,一旦解决了难题,突破了挑战,令人欣慰的喜悦感就会油然而生。

> 老师又认真看了我的问卷,说我的问题设计得太窄了,我应该站得更高一点,看得更远一点。说着,I老师又把之前9月1日面谈下载的文献找出来供我参考,给予我指导。看着老师分析她们问卷的神态,我暗自想这就是研究者的立场啊。而我在设计这些题时想的就是设计题,没有抱着研究的心态又怎么能做得好研究呢?老师的针对性指导给了我很大帮助,如果说山重水复疑无路是我面谈前的心情,那么面谈后的心情无疑就是柳暗花明又一村了。感谢我的老师。(S老师,2019年1月7日)

S老师主动学习,认真观察,认真思考。导师的指导使她感觉到了研究的自信,"柳暗花明又一村"的心情无疑增添了科研动力。S老师的科研之乐源于她自己的用心,即自我调控方式,如在I老师指导过程中,注意观察、学习和模仿。"看着老师分析她们问卷的神态,我暗自想这就是研究者的立场啊。"注重在学习中利用观和思并结合自己的研究目标进行分析得出研究者的心态很重要,S老师从I老师的神态和行为中获得有益的科研资源,在研究过程中,善于学习和反思,有思辨意识。从S老师的科研实践成长经验发现他者调控如导师面对面指导等给她的科研实践成长提供了重要支撑,正是这样的体验使S老师由原来的"山重水复疑无路"的痛苦转换为"柳暗花明"的力量希望,目标清晰了,增强了继续向前的动力。

5.2.1.2　很有意思

> 今天I老师提到问卷时说了一句话,我觉得很有意思。"一步做一步的事情,错过了就不再做了。"我想,人生其实也是这样。有些事情错过了,就不必重来了。(S老师,2019年3月14日)

S老师在接受I老师的指导后,感觉柳暗花明,不断成长,从I老师那里,S老师感觉"一步做一步的事情",很有意思,从对科研"一步做一步的事情"的理解拓展到对人生、对生活的理解。科研影响着生活,生活中进行着科研,一步一步做事,很有意思。S老师在自控和他控之间的互动中自然成长,不仅使科研能力得到提高,并且给她的人生感悟成长带来了很大启发。S老师能从导师指导的言行中发现力量,提升其自主学习和自主科研能力。I老师发现他者调控的有效作用源于受调控者的主动性,如果受调控者没有主动性和积极性,他者调控的作用就很难发挥作用。职前英语教师的主动性和积极性的发挥离不开其自身的成长愿望,这种愿望助其自助成长,能感受到"乐在其中""很有意思"的价值。这吻合了人本主义观点,人的真实发展和成长离不开自身的内驱力。

5.2.1.3　感受到学习的快乐

> 研究的内容是积极心理学,在阅读相关文献的基础上也在进行自我教育,并且感受到了学习积极心理学的快乐。自己的研究是关注人的幸福的,觉得很有意义。(S老师,2019年5月7日)

S老师研究的主题与幸福有关,所以在研究中不断学习,感受到"学习积极心理学的快乐",这也说明研究过程本身就是一件快乐的事情,S老师在研究中不断学习,感受学习的快乐。人本主义心理学认为学习是学习者主动发生的事情。人本主义理论强调教师和学生在教学过程中的不同角色,教师是指导者,以人为本,协助学习者主动成长,不仅收获着外在的研究成果,也收获着内在的幸福和快乐。

5.2.1.4　并没有想象的那么可怕

科研实践过程就像人生旅途一样,前面充满了未知和不确定性。尽管人们会期待更好的风景,但是想象和现实还是有差距的,如果想成就一件事,只有去做,去体验,去实践,真正用心体验了,才会发现"原来如此",也没有什么可怕的。用人本主义理论观点来说,就是要自己勇敢地积极地参与实践成长。

在准备了30分钟后,I老师和我们六个人①在四楼的一个空教室模拟了一次现场答辩。心里面万分忐忑,不知道上去说什么。(预答辩时)我因为不够自信,先拿着开题报告读了上面的一段内容,后来慢慢地开始自己讲。上去以后,我发现这件事并没有自己头脑中想的那样令人害怕。(S老师,2019年5月15日)

S老师有时有"不自信"的感觉。在预答辩开始时是读稿,她在亲自体验预答辩的过程中慢慢地感觉到答辩"并没有自己头脑中想的那样令人害怕",感觉到思考和实践有时候并不是一回事,只要有不断地实践和行动,原来"头脑中想的那样令人害怕"是"被谎言遮蔽"的真实经历,促进自己的智慧成长,体验收获感和成就感。"纸上得来终觉浅,绝知此事要躬行。"

5.2.1.5 感受到成长的快乐

科研实践中过程体验的积极性特征也会迁移到职前英语教师生活的更多方面。科研实践体验已经不仅仅是科研本身,而是科研实践孕育出更多的成长动力。

在研究中,我运用积极心理学的理论来发掘自身的积极力量。开始去尝试之前不曾做过的正确的事(上课主动举手发言,参与课堂),意识到自己是有勇气的,自己可以很好地完成一些事情,自己在成长。(S老师,2019年5月7日)

人本主义心理学强调教育应该以促进人的全面发展为目标。S老师在科研实践中使自己从多方面获得快乐提升,有认知,有情感,有实践。如内心感到积极的力量不断增强,勇气增加,上课主动发言(也许这是以前很少

---

① I老师本年度指导的毕业论文学生共有6人,其中5人是本科(四年制)小学教育(英语方向)的职前英语教师,1人是专升本(专科升本科两年制)毕业生,她的论文题目也是小学英语教学方面的。经常是六人一组进行指导论文,其中5个本科小学教育(英语方向)的职前英语教师是同一个班的,是本研究中的研究对象。I老师是她们的论文指导教师,也是她们的专业授课教师。

有的现象)","自己可以很好地完成一些事情"。S老师在科研实践的过程中体验到研究的实践价值,直接将自己的研究发现指导自己的学习活动,也积极主动投入到日常的学习行动中。基于自己的研究影响,S老师有了更多的积极改变,上课主动发言,积极参与课堂,感受到自己有前进的勇气和动力,体验到自己成长的快乐。可以说,科研实践让S老师在认知、情感和行为方面发生着积极变化。人本主义心理学者马斯洛的需要层次理论将人的需要分为五个层次,即生理的需要、安全的需要、归属和爱的需要、尊重的需要、自我实现的需要。这五个需要层次不是各自独立存在的,而是相互联系、相互影响的。这些需要层次中,生理的需要是最低的需要,需要的层次逐级上升,自我实现的需要是最高层次的需要,自我实现的需要是在前面几个层次的需要获得满足后而实现的。

5.2.2　T老师:温暖、幸福、感激、开心

5.2.2.1　研究成果越来越好,很开心

> 其实,不断地修改完善也是一项很烦琐的工作,不过还是很开心看到自己的研究成果越来越好。(T老师,2019年4月28日)

付出很多辛苦,但是T老师看到了辛苦之后换取的开心和收获。在科研实践中,T老师发现自己的研究能力得到了提升,她感到"自己的研究成果越来越好"。

5.2.2.2　学校和老师的帮助很温暖

> 回实习学校发问卷时,校长和老师的帮助让我觉得很温暖。因为实习的时间不是很长,实习了一个月就回大学了,中间有大概两个月没见面,但是再回去时依然能感觉到她们的热情。校长还问我是否需要别的帮助,指导老师也很热情地问我的论文进行得怎么样等。我很感谢他们!(T老师,2019年5月6日)

T老师难忘她所在的实习学校给她带来的成长和温暖。尽管长达两个

月和实习学校没有见面,但是再回去进行问卷调查工作时,校长、老师对她"热情"不减,依然关心她的研究进展并给予积极关心和支持。

5.2.2.3 论文小组的帮助很幸福

  论文小组同学的帮助也让我觉得很幸福。之前老师要求我们寒假前必须把问卷发下去,但是我的问卷还没修改好,我实习的学校还有几天就放假了。所以我特别担心如果不能在学校放假前修改好问卷,到时候再找学校发问卷会有点麻烦。A同学实习的小学放假比较晚,她知道我的情况后,就告诉我,如果我实习的学校放假早的话,我可以去她实习的学校发问卷,我记忆得比较深,很感谢她!平常论文小组大家也会互相看论文,互相提意见,这是一个很温暖的集体。(T老师,2019年5月6日)

幸福虽然源于外在的帮助和支持,T老师的自我调控能力也在这个过程中得到体现。可以说,她是心中有研究目标,外在有研究行动,主动积极地解决遇到的问题和难题,T老师从思想上和行动上不断为自己的研究做出积极的回应。修改问卷、发放问卷及论文写作过程中,得到同学、实习学校校长和老师的帮助,以及论文小组互看论文、互相提意见等行为,使T老师感到很幸福,很温暖。实践共同体中的论文小组成员具有共同的目标,也具有共同的归属和责任。T老师的主动性促成其进步。学习者自觉主动发起的学习,给学习认知及实践领域带来积极的变化和成长。(T老师,2019年5月6日)

5.2.2.4 老师的关心让我觉得很幸福

  老师的帮助也让我觉得很感激。记得之前有一个下午,老师在给我们指导的时候,我注意到老师看论文的时候,眉头紧皱,一直在思索。老师中午的时候也没休息,看起来有些疲惫,当时也很心疼老师。老师的付出与关怀让我觉得很幸福。(T老师,2019年5月6日)

T 老师在回忆研究中的快乐幸福之记忆时,发现不同的人在她的研究实践中提供了不同的帮助。由此发现职前英语教师在研究实践中虽是独立完成的,但并不是孤立地进行研究工作,而是在实践共同体中完成。专业学习共同体成为促进教师专业发展的途径之一,同社会文化理论中的支架作用和中介作用在职前英语教师的科研实践发展中不断发挥作用。

5.2.3　U 老师:特别幸福

5.2.3.1　和小学生在一起的幸福

> 研究初期,确定研究主题时,在小学实习,那个时候能够和学生们一起相处,一起做游戏,并且还能为自己的研究所用,是我认为特别幸福的事。(U 老师,2019 年 5 月 5 日)

U 老师在回忆研究中的幸福事件时,印象最深的是和小学生在一起的实习生活。能将小学教学与自己的英语教育研究相结合很有意义,不仅能观察小学英语教学活动,还能将实践与理论结合起来。人的成长离不开社会环境。社会文化理论重视学习者的学习过程、强调以学生为中心的教学。学习者自身通过与社会成员及环境互动实践,由一系列启发式问题实现师生、生生互动,搭建起符合研究主题的恰当的理论框架,帮助学习研究者理解特定的研究主题,收集和分析研究素材,完成研究任务。U 老师和小学生的互动游戏为她的研究选题、搜集素材提供了很好的条件。她在和小学生的相处中感觉"特别幸福"。

5.2.3.2　获得支持和帮助的幸福

> 在问卷数据分析阶段,我做了 212 份问卷,一个人短时间内通过手动分析有些困难,于是,我的妈妈、弟弟和两个朋友都利用他们的时间帮我分析数据,这个事情真的既无聊又严谨,但是他们付出时间来帮我一起做这个事情,我感到特别幸福。(U 老师,2019 年 5 月 5 日)

U老师在遇到研究困难时,得到他人的帮助,获得了难以忘怀的幸福感。U老师与社会环境中"他人调控"和"自我调控"相结合完成数据分析工作,很有收获感。这里发现研究实践不仅锻炼研究者的研究设计、研究分析能力,同时还提升研究者与他人互动的能力,如家人、朋友等,使研究者感受遇到困难有人协助走出困境的温暖,在英语教育研究中锻炼了与人沟通、与人相处的能力。

5.2.4　D老师:学得很开心,很有意义

5.2.4.1　学得很开心

> 我们论文小分队第一次合体,……问卷调查是重头戏了……措辞要清晰,最好不要用似是而非的话语增加答题难度。还有就是分发试卷时本人最好在场,不要在临近放学的时候做测试。大致讲完后大家埋头吃饭,偶尔冒出来一两个问题,老师鼓励大家互相答疑解惑,气氛很融洽,吃得很开心,听得也很开心,学得更开心。接下来的任务就是尝试做问卷调查了。(D老师,2018年12月13日)

D老师感觉小组在接受问卷设计指导时"气氛很融洽,吃得很开心,听得也很开心,学得更开心"。良好的情绪和心态在实践行动中的积极力量不容忽视。D老师主要梳理了问卷设计指导的要求和注意事项,她积极用心地"听"和"学",更新了对问卷调查设计的原有认知,吸收了一些科研新知,接下来D老师带着明确的科研任务"尝试做问卷调查",准备行动了。

发现科研实践过程中的意义是令人愉快的事情。正像哈佛大学心理学教授泰勒·本-沙哈尔在《幸福的方法》中所言:"真正快乐的人是能够在自己的生活方式里享受它的点点滴滴。"

5.2.4.2　遇到新理论:精神振奋,有幸福感

> 想时容易做时难。去图书馆翻书翻到头疼,一个人抱着电脑在凳子上整理思路实在是很痛苦:不知道这么写对不对,这么思考

有没有问题。于是翻看文献,多看几本书也找到了几条相关理论,不过也还是有收获的:遇到了没听过的理论还是会让人精神振奋,也愿意花时间去理解。(D 老师,2019 年 3 月 11 日)

D 老师在获得理论新知时感到幸福。理论是研究的基础,职前英语教师的理论意识不断增加,她们认识到理论在研究中的重要性,因此 D 老师在"遇到了没听过的理论还是会让人精神振奋",并自觉利用时间去学习和理解相关理论,成长即幸福。

5.2.5　Y 老师:为有能力写论文而高兴

5.2.5.1　了解了小学英语教学现状,幸福

在研究的过程中对小学英语的教学现状有了一定了解,原因是感觉自己学到了东西。(Y 老师,2019 年 5 月 6 日)

Y 老师发现研究过程使自己对小学英语教学现状获得了进一步的了解,很有收获。在研究中对自己的研究领域了解更深会使自己获得幸福感,呈现出其研究的意义和价值,使目前的研究为自己未来的教学和研究更好地服务提供了条件。

5.2.5.2　为有了写论文的能力而高兴

通过这次研究,了解到了写论文的流程及要求,原因是为自己有了一点写论文的能力而高兴。(Y 老师,2019 年 5 月 6 日)

最近在论文的研究与写作方面,也渐渐知道自己该怎么弄了。老师帮忙指出的问题都需要一一改正,把之前的参考文献又看了几遍。只是每次看的目的都不一样,有时是为了修改文献综述,有时是为了参考文献,有时是为了问卷研究。虽然就那么几篇文献,但是感觉每次看都会有不同的收获。(Y 老师,2019 年 4 月 10 日)

对于研究和写作技巧,Y老师渐渐发现在实践中"自己知道怎么弄了",阅读文献能力也不断提高,充分利用文献为自己的研究服务,每次看文献又都有具体的目的,"有时是为了修改文献综述,有时是为了参考文献,有时是为了问卷研究"。同样的文献可以多次使用,将文献成果与自己的研究紧密结合起来,使有针对性的文献有效地为研究目标服务,职前英语教师感受到了研究实践中的收获感。每次看文献"都会有不同的收获"。这样的收获感会使职前英语教师更有自信,逐渐提升在科研实践中的自我调控能力。

5.2.5.3　与科研组同学交流,幸福

> 在研究过程中,与同组同学互相交流,原因是彼此增进了了解,也互相学习到东西了。(Y老师,2019年5月6日)

与同伴互动使Y老师在科研实践中学习到了东西。

Y老师在自己的科研实践(论文写作)的过程中收获很多。论文过程不仅使Y老师在研究中了解了"小学英语的教学现状",了解了写论文的流程和要求,与同组同学增进了了解。同时,Y老师感觉到在研究中"自己学到了东西",在和同组同学的互动中"学习到东西了",通过研究,了解论文写作流程和要求,"自己有了一定写论文能力而高兴"。Y老师在科研实践中提升专业能力,提高了研究能力,增强了互动能力。

职前英语教师在科研实践中不约而同地都感受到了乐在其中(见表5.2)。

表5.2　五位职前英语教师科研实践成长之乐

教师	成长之乐	研究之乐的具体体验
S	柳暗花明又一村,很有意思,感受到了快乐,很有意义,没有想象的可怕	导师指导:指导前山重水复疑无路,指导后柳暗花明又一村 具体的行动:一步一步做事 发现研究意义:研究的是关注人的幸福的 提升了自信:预答辩一开始没有自信,上台慢慢讲,并没有那么可怕

续表 5.2

教师	成长之乐	研究之乐的具体体验
T	特别温暖,很幸福	获得帮助:修改问卷,获得论文小组的帮助;发放问卷,获得校长和老师的支持
U	特别幸福	实习益于研究:研究主题确定后,实习和学生相处、做游戏时,还能为自己的研究服务 获得帮助:妈妈、弟弟、朋友帮助整理问卷 理论知识:遇到了没听过的理论还是会让人精神振奋
D	很有意义	职业素养:除了论文的完成,我还在老师身上看到了一个老师应当有的素质,教书育人
Y	为自己有写论文的能力而高兴	通过这次研究,了解到了写论文的流程以及要求,原因是自己有了一点写论文的能力而高兴

在研究中发现快乐可以促进职前英语教师多方面的成长。与研究行动相结合的"纸上得来终觉浅,绝知此事要躬行"的科研实践中的快乐,只有真正亲自经历实践了科研,才有真切感受。其实,真正的快乐都是研究者战胜了挑战,克服了痛苦,走出了困惑,排除了障碍,发现了进步和成就。没有随随便便的成功。科研实践中成功和快乐离不开思考和行动。

5.3 科研之"思"

职前英语教师在科研实践中思辨和反思一直存在,她们是怎样反思自己的科研体验的,是这一部分呈现的主要内容。

5.3.1 S 老师:沉下心来,钻到论文中

不管怎么样,写论文是自己的事情。厚积薄发,我认为我现在最需要做的是自己潜下来,钻到论文中去。(S 老师)

　　研究真不是一件容易的事情,忙了一下午设计了十来道题还是参考借鉴别人的东西。弄点东西出来真难。同行的同学抬头看了我一眼,接了一句:"对于脑子里没什么东西的人来说是真难。"(S老师,2019年1月7日)

　　曾子曾说,吾日三省吾身。一个人不断反省自己,不断修正自己,才能使自己在正确的道路上前行。做研究像做人一样,需要不断检查思考自己的研究,修正研究中出现的问题。职前英语教师在研究中遇到困惑时的反思促进其研究意识和研究能力不断提高。S老师在反思中发现研究的不容易,但"论文是自己的事情",沉下心,钻到论文中去。S老师在平时的日常学习活动中自觉和小学英语教学以及自己的研究主题结合起来进行思考。

　　现实生活中,许多通过教师资格考试,已为人师的教师仍做不到教师综合素质中的基本要求,于是出现了各种各样的新闻报道中的教学事故。为了祖国新一代的健康成长,国家还是应该抬高教师入职的门槛要求啊。(S老师,2019年3月11日)

　　S老师对当前已拿到教师资格考试证,"已为人师"的教师不能很好履行教师职责而发生"教学事故"的现状进行反思。她认为需要"提高教师入职的门槛要求"。这样的心灵对话影响着S老师的专业成长,自然也影响到她的研究。

　　在准备教师资格考试中,发现教育理论发展到现在,涉及的方方面面其实已经很完善了,只是教师自身的素质有待提高罢了。……

　　在阅读《教育知识与能力》这本书中,我发现了一些可以将积极心理学应用于英语教学中的内容。比如可以通过提高小学生的自我效能感来提升小学生的幸福感。比如在英语教学听、说、读、写四个方面,教师可以帮助小学生发现其自身在某个方面的优势,并对其表扬鼓励,以此来促进小学生学习英语的动机。还有,我认为幸福课之所以称为幸福课,一个关键是给学生输入一种享受当下的意识。(S老师,2019年3月11日)

学习、教学、研究三者相互联系,相互促进。职前教师的专业学习是为了更好地教,而研究又可以促进研究者更好地学和教;也可以说是理论与实践相结合的思考。S老师的观察思考涉及教师的素质及育人的能力,一种教育情怀的体现,和幸福感相结合已是切入自己的研究领域了。学习为教育研究服务。研究为学习生活服务的认知已经潜入S老师的思想里。

I老师今天说,写论文也是在生活。我觉得生活中,有时候我还是把握不好度,有时候把事情看得太重,有时候看得太轻。我希望自己可以站得再高一点,无论是论文,还是生活,都可以做到既重视又藐视。(S老师,2019年5月15日)

S老师不断体悟研究,获得积极变化和成长。她用心观察和体验,在体悟和反思中调整科研行为,在正确的道路上,克服困难,不断向前。

5.3.2　T老师:做努力的人

5.3.2.1　论文毕竟是自己的事情

记得同学刚与论文导师联系的时候,老师什么都没说,只是说了句:多查找文献,必能有所收获。当时的同学很迷茫,期待老师能给她更多的指导。然而论文毕竟是自己的事情,是自己想要研究并愿意付出时间精力去研究的东西。老师的话不无道理。这个世界上总有一群人在等待,也有一群人在努力,你是愿意做等待的人还是愿意做努力的人? 所以我愿意付出努力,做努力的人。(T老师,2018年11月19日)

这里T老师经过对经历的反思,思考当时"迷茫"的状态,思考心中期待

"老师指导",发现自己的努力才是最重要的,"论文毕竟是自己的事情"意义深刻,想通了论文是要自己完成的,于是就"愿意付出时间精力","愿意努力付出",她愿"做努力的人"。在论文实践中 T 老师主动努力去发现问题,面对问题,克服困难,朝向目标方向努力。

5.3.2.2 有问题才会有努力方向

在第一次看到老师回复自己的邮件时,觉得问题好多,有点失落。不过,现在我只会觉得这是研究必经之路,有问题才会有努力的方向。加油!(T 老师,2019 年 1 月 7 日)

我们按着框架一部分一部分地撰写论文。其实写的时候很用心,也一直努力地向规范的论文靠近。(T 老师,2019 年 3 月 15 日)

T 老师在发现老师回复自己论文中的问题后,"有点失落",T 老师的看法是,遇到问题,解决问题是科研中的"必经之路",并且领悟到"有问题才会有努力的方向"。这样的思考使 T 老师在论文科研实践的任何阶段面临问题时,都会主动积极地解决问题。

5.3.2.3 分析时有大方向,就有了努力的方向

我自己在读论文的时候也发现了,分析这一块儿,语言太啰唆了,说来说去就那么几句话,翻来覆去地说。但是修改的话可能就会没有什么头绪,不知道加一个引入啊什么的,现在有了一个大的方向,就会慢慢地修改,有了努力的方向。还有就是我觉得论文答辩,也是需要好好地准备的,因为在昨天下午尝试答辩的时候,可能觉得自己想讲的东西很多,但是有一种说不出来的感觉,觉得练一下,熟悉内容的话会比较有底气,然后有详有略,知道怎么把它完整地表示出来。(T 老师,2019 年 5 月 16 日)

T 老师的反思体验越来越具体化,基于自己的研究进行思考和努力行动,使研究不断趋于成熟。T 老师发现分析部分"说来说去就那么几句话,翻

来覆去地说",不知道为什么需要加一个引入,在厘清头绪后,知道"为什么"要引入相关数据和成果后,T老师坚信自己的努力方向了。T老师同样思考在论文答辩时可能会遇到的问题,如表达问题、详略问题、完整问题等,为了增加答辩的"底气",T老师不断努力进行练习、熟悉内容、增强信心。有的放矢,尽量做到胸有成竹。

T老师在他者调控和自我调控之间寻找平衡,协调平衡,发展自我调控力。

5.3.3 U老师:耐得住枯燥,多研究研究

> 虽然我在实习学校的事情也有点多,但是,论文的事情还是压着,自己特别想要赶快往前走。
>
> 结束实习后与身边的小组同学讨论了相关问题之后,发现大家的疑惑都差不多,所以自身只能从文献入手,让自己多看些东西,才能写出更多有用的东西。好的文献都是从模仿开始的,所以要耐得住枯燥,多研究研究。自己又去图书馆搜查了一些与自己研究主题相关的文献,与之前下载的文献做出对比,查找更为确切的能为自己的研究主题提供帮助的文献资料。自己在脑子里大概回顾了一下之前这段时间对论文的准备工作,缺少条理性,特别是在方法和思路上,因为自身理解程度的问题,对于老师推荐的书并没有做仔细研究,现在感觉一定要补回来了。还有就是时间问题,因为自己在实习以及在辅导班工作,所以得安排好时间,把论文的研究放在前面。(U老师,2018年12月13日)

U老师"自己特别想要赶快往前走",为了保证论文质量,她提醒自己"要耐得住枯燥,多研究研究"。她认为,"自己多看些东西,才能写出更多有用的东西",她悟到"多研究研究"的价值。结合自己前期的论文写作情况,U老师进行回顾和梳理,并将以往错过的内容"补回来"。U老师对研究时间问题做了调整和部署,将论文研究放在最前面。

面谈结束后,发现我的论文任务还是很重的,本以为搞定了结构已经大差不差了。不过我发现在纸质稿上更容易发现自己的问题,所以这几天我要努力把这份稿子多读几遍,找出问题,找出解决方法,把论文进一步完善。最后,感谢老师百忙之中对我的指导。(U老师,2019年3月15日)

U老师发现纸质稿比电子稿更能发现问题。计划多读纸质稿,找问题,找解决方法。任重道远的感受深刻。

论文终于定稿。翻看第一篇研究日志的日期:2018年10月12日,今天是2019年5月14日,时隔7个多月的时间,波波折折地走过来了,我现在由衷地感觉论文的研究不容易。这个过程有很多收获,也有很多不足。(U老师,2019年5月14日)

U老师回忆了自己研究实践的过程。研究的不易,使她经历了波波折折,"研究不容易",就需要耐住枯燥,加强研究,从而收获研究的快乐。

5.3.4 D老师:要多读书啊,做事要下功夫

我选择了逐字逐句地阅读论文,而不是跟读小说一样走马观花地看个大概意思,因为我感觉看太快并不能很好地在阅读时思考,那么这次的阅读就毫无意义。(D老师,2018年9月29日)

D老师认为"逐字逐句阅读论文",并进行思考,这样有"意义"的阅读即是收获。D老师在科研实践过程中,发现科研阅读的重要性。因此她"逐字逐句地阅读",而不是"走马观花"式地阅读。深入其中逐字阅读有利于思考。有些书可以浅尝,有些可以吞食,少数则需咀嚼消化。D老师基于研究的读书法是需要咀嚼消化的。有这样的思考确实会给研究带来真实助力。读书和写作有共同之处,即需要读者和作者深思熟虑。D老师坚持深思熟虑的"逐字读书"自然有助于其论文写作。

虽说谈的都是跨文化,但是出发点以及涉及的知识层面是不一样的,有的立足于国家政策,有的则是从理论出发,我看到了不同的看法,并为自己的浅薄而感到羞愧,心里不禁想着:果然要多读书啊。(D 老师,2018 年 9 月 29 日)

读书中发现自己的"浅薄而感到羞愧",D 老师由此激发了动力,"要多读书"的声音为她敲开了一扇亮窗。对书中获得的"不同的看法"应成为养料滋养着她,为了科研,她心中对读书有了更多的期待。

第一次接触到论文,很新奇很有趣,然后偷偷地想:其实也不是很难嘛。一个月后老师让我们开始钻研论文,然后我就被光速打脸:妈呀真的好难。太难了,以至于有了逃避的想法,但是论文并不是能够逃得了的啊,只能乖乖地写,夸张点说:头发成把掉。……对于论文,自己在不断地努力,不断地更新自己的观念,认真听取老师的意见,和同学交流共同进步。回首这近一年的论文时光,过得很充实快乐,学到了一些有趣的知识。(D 老师,2019 年 5 月 14 日)

D 老师在回想论文写作的整体过程中,反思中颠覆自己对论文感觉"并不那么难"的原有认知,"被光速打脸"的记忆犹新,反思中感悟论文写作是无法逃避的,反思中加强责任和担当意识,一年中"不断努力"的论文时光,不断学习,更新理念,不断实践,坚持和老师、同学进行科研沟通学习,不仅过得充实,还"学到了有趣的东西",当然离不开坚持阅读思考的作用。

这段时间的疲惫让我知道了:对我来讲,任何事情想有个圆满的结束都是需要下功夫的,哪怕它看起来已经握在自己手里了。总体回望,感觉大四论文写作期间过得还是很有意义的,除了论文的完成,我还在老师身上看到了一个老师应当有的素质:教书育人。(D 老师,2019 年 5 月 29 日)

一路走来,D 老师在论文答辩之后觉得"任何事情想有个圆满的结束都是需要下功夫的"。功夫不负有心人。D 老师思考所得"做任何事情""都需要下功夫",这一思考发现是基于自己的科研亲身经历所悟。同时在科研实践中,D 老师发现了教师"教书育人"的素质对自己的影响。一个是专业能力的提升和专业精神的养成途径已经深入 D 老师的内心。教书育人离不开读书、教学和成长。学而不思则罔,学而有思则长。

5.3.5　Y 老师:做任何事都应该做好整体规划

> 词汇、话语和篇章组织的文化内涵在教学活动中教师应有涉及。当然,对于小学生的英语教学,成绩只是一方面,通过文化对他们的熏陶,让他们更多地了解世界,开阔他们的视野,也是教师需要做到的。要全面提高素质教育,以人为本,培养学生的跨文化交际思维。对文化的研究还需要继续,对跨文化之间的衔接,也是任重道远的过程。(Y 老师,2018 年 11 月 19 日)

Y 老师结合自己的研究主题不断进行阅读和思考。Y 老师发现培养小学生跨文化交际意识的意义,以及跨文化研究的必要性,她发现基于跨文化教学的研究不是一蹴而就,短时期就能完成的,而是责任重大,路途遥远,"任重道远"的过程。基于这样的认识和心理准备,Y 老师感悟到做任何事情都需要有整体规划。

> 回想第一次与老师见面是在去年的九月份,那时候对论文更多的是未知和恐惧。从实习学校匆匆忙忙地往回赶,期待着老师能指导我们。后来见面的次数越来越多,指导的内容也越来越多,论文也越来越完善。记得最初搜集资料,面对浩瀚的书海,我真的不知如何下手。为了解决这一困难,I 老师细心地为我们讲解知网的使用方法,还搜集了参考文献,发到我们的邮箱。经历这些事后,我学到了做任何事都应该做好整体规划,及早入手,这样才能完美地完成工作。

I 老师"细心地讲解"如何进行研究,如何使用网络,并亲自"搜集了参考文献,"将参考文献发至她们的邮箱,正是 I 老师这些正常的不经意间的指导行为,使 Y 老师获得启发和深思。Y 老师从老师身上获得动力,反思获得的科研实践认知得到升华,"做任何事情该做好整体规划,及早入手,这样才能完美地完成工作"。

在 2 月份,我们还没有意识到时间的紧迫,这时 I 老师已经在为我们着急,并要求我们开学前完成初稿。在论文的文字部分书写时,I 老师提出了很多问题,一次又一次地为我们修改。她的这种严谨认真的态度,对我教诲极深。这让我认识到作为一个研究者,在任何时候都应该保持严谨,只有这样才能做出成果。到现在论文打印了很多稿,翻翻看看,越看越觉得很有成就感。(Y 老师,2019 年 6 月 4 日)

职前英语教师在科研实践中,他者调控有着重要的引领和指导作用。在职前英语教师的科研实践中,没有他者调控,可能自我调控完成基于毕业论文的科研实践难度很大。这里的他者调控者主要是指基于论文的科研实践指导教师,Y 老师在思考自己的论文完成过程的情境时,I 老师基于她们的时间管理如"完成论文初稿",以及对研究成果中行文要求严谨,使 Y 老师沐浴在他者的有益影响下,Y 老师有意无意之间发生悄然变化,科研意识不断凸显,如对于研究应该"保持严谨性",自身的角色也从一个学习者更加凸显其研究者的角色意识,"作为一个研究者"一直坚持"认真""严谨"的研究实践,对于现在打印多稿的论文,翻看时感到"越看就觉得越有成就感"。

6

6.1 科研行动:在挣扎中成长

6.1.1 多重任务冲突

> 这一个月我脑袋里关于论文文献的输入并不多,更不用谈输出了。一个月过去了,在实习、英语六级、考研与论文四大军的引领下,我度过了忙忙碌碌、寻寻觅觅的第一个月。(S老师,2018年10月13日)

有时候人们在完成某一项任务的时候,多个任务总会不约而同地扑面而来,同一时间段内要完成多个重要的任务。S老师同时面临四种不可回避的任务,在小学实习、毕业论文撰写、英语六级和考研中,前两者是需要在他者调控下发展自我调控能力完成的任务,后两项则是自己的学习计划,可以说主要是以自我调控为主的。这几样任务对于S老师来说都很重要。她在忙忙碌碌、寻寻觅觅中度过任务众多的时光,对于毕业论文来说,基本没有什么进展,其他任务影响了论文的进展,她需要思考在多种任务中做出当下的选择。

  自认为对于论文下的功夫不够,静不下心,所以无话说。后天英语六级考试,下周六研究生考试,坐在书桌前的我思考了一下还是选择了打开面谈记录,完成研究日志。做事情要善始善终,任何事情都得有个交代。(S老师,2018年12月20日)

S老师在多重任务冲突的前提下,即便是后天需要参加"英语六级考试",即便是面临"下周六的研究生考试",尽管论文是到第二年(2019年)的五六月份结束,但是S老师还是坚定选择将论文工作放在第一位,静下心来写"研究日志",理由是"做事情要善始善终,任何事情都得有个交代"。挣扎着坚持科研行动是职前英语教师共有的体验。

  还有就是时间问题,因为自己在实习以及在辅导班工作,所以得安排好时间,把论文的研究放在前面,近期就是研究问卷设计,尽快设计出来合格的问卷然后利用实习优势分发下去,得出数据才能对之后的论文研究有帮助,不然就只能空谈了。(U老师,2018年12月13日)

U老师在科研实践中也遇到了在同一时间内多重任务需要完成的挑战。自己要完成教学实习任务,同时还有辅导班教学任务,论文即科研实践也在进行中,不能停止,U老师将任务的必要性排序,把论文任务放在了第一位。U老师认识到论文写作的重要性,她按计划"尽快设计出合格问卷","利用实习优势"发放问卷,她认为只有"得出数据"才能有助于论文研究开展,否则就"只能是空谈了"。

6.1.2 请假来参加面谈

问卷调查要与研究目标相符,方向是有了,但还是找不到出路。1月5日修改过的问卷交过了,老师还没有回复,拿着打印的问卷,心里想的是这次再不行我真是穷途末路了。(S老师,2019年1月7日)

S老师在研究设计阶段倾注了很大的心力。在问卷调查设计中,经过导师指导,她认为自己已经有了方向,不断修改自己的问卷设计,期待有好结果,但又担心问卷设计不过关。在担心中继续前行。

有一些还在实习的小伙伴是请假来面谈的,还着急赶车回去,于是她们在听完老师指导以后就离开了。虽然我也是请假回来的,但是此刻我的心更着急的是在问卷上,我担心我的问卷发不下去,毕竟问题是问卷的核心项,而我的问题一直不过关。于是在她们走后,我和另外两个不着急回的小伙伴留在了办公室。……老师的针对性指导给了我很大帮助,如果说山重水复疑无路是我面谈前的心情,那么面谈后的心情无疑就是柳暗花明又一村了。(S老师,2019年1月7日)

S老师主要针对自己的问卷设计寻求I老师的帮助,在I老师的办公室,I老师针对S老师的问卷设计情况一个问题一个问题地进行分析指导。问题解决后S老师抓紧时间返回实习学校,不耽误第二天为小学生上课。请假接受面谈指导,使她似乎找到了论文的出路和方向,感到"柳暗花明又一村"的力量。

由于问卷设计的不足与自身知识的匮乏,老师对我们进行了紧急面谈,希望我们能够尽快完成问卷任务,趁在小学实习方便,赶快下发问卷,便于寒假整体论文初稿的形成。首先对于自己迟

到的行为表示道歉,其次想表达这次见面受益颇深。(U老师,2019年1月7日)

U老师请假后回到学校接受导师指导。U老师在比较远的地方实习,坐火车或坐长途公交需要一段时间,U老师首先"对自己迟到的行为表示道歉"。I老师认识到紧急面谈的意义和价值,因为她发现老师们问卷设计中的问题经过面谈指导更有效,而且希望她们在春节放假前能将设计好的问卷发放、收集,方便职前英语教师利用假期时间写作。因为寒假是属于她们自己掌握的大块时间,如果完成搜集资料和数据,她们就可以利用寒假时间根据搜集的资料和问卷数据进行精心梳理分析。I老师给U老师讲好面谈的目的和意义后,U老师通知其他五位老师按时参加面谈。U老师请了假,克服路途远的困难,参加面谈指导,她觉得"本次面谈受益匪浅"。

真的很庆幸老师的认真与耐心,时隔大半月的见面,对我们六个人的问题一一解说与分析,我们每个同学也都特别认真,认识到问题的严重性与时间的紧迫性,我们都巴不得把耳朵伸到老师面前。后来老师针对她整体的观感提了问题让我们作答,之后又针对每个人每一项的问题进行提议修改,每个同学都拿着笔努力记下这些重要的点。最后面谈进行了两个多小时后,有的同学因为实习学校较远已经离开,我剩的时间也不是太多,但还是想把疑问都向老师请教完再离开,于是,就赶快趁没人的时候溜到老师身边请教了几个疑惑点,老师的话,使我受益颇深,虽不明指,却让我有了方向。(U老师,2019年1月8日)

U老师十分珍惜面谈时间,面谈后自己要赶最后一班车返回实习学校,她"剩的时间也不是太多",但是见缝插针利用有限的时间"溜到老师身边请教了几个疑惑点",使自己明确了方向。无论是对导师还是对职前英语教师来说,进行毕业论文写作需要投入大量的时间,特别是要挤出时间进行科研论文写作。职前英语教师正在实习期间,论文的前期工作很重要,她们基本上都是请假或者调课从实习学校专门赶到所就读的大学接受指导的。她们从实习学校坐城际公交回到大学有的需要三个小时,她们当天接受指导后,还要当天回到实习学校以便不影响第二天上课。她们起早贪黑,来回奔波,挤出时间接受指导,她们很珍惜机会,个个都"特别认真","巴不得把耳朵伸到老师面前","面谈进行了两个多小时后"依然乐此不疲。U老师需要赶车返回实习学校,"剩的时间也不多",但她还是抓住机会"想要把疑问都向老师请教完再离开","溜到老师身边请教了几个疑惑点","受益颇深",就像S老师从面谈前的"山重水复"到面谈后的"柳暗花明"的新发现、新收获一样。

她们匆匆来,匆匆走,个个全力以赴,听、记、问、行。

6.1.3 弄点东西出来真难

> 走在回去的路上,跟D老师说到,研究真不是一件容易的事情。你看,忙了一下午设计了十来道题还是参考借鉴别人的东西。弄点东西出来真难。D老师抬头看了我一眼,接了一句:"对于脑子里没什么东西的人来说是真难。"(S老师,2019年1月7日)

研究本身就是一件极具挑战的事情,初学研究的职前英语教师对此体验真切,就像她们所言,"对于脑子里没什么东西的人来说是真难"。"巧妇难为无米之炊"之"难",研究者不仅需要有相关的知识,还需要有相关的技术。初次进行研究的职前英语教师心理上准备不足、知识储备不够、实践经验欠缺等现实困境,使她们感受到"弄点东西出来真难"。

S老师在感到无法将自己的研究目标的应用部分呈现出来时,她就"参考英语新课程标准,得出具体的方法实施步骤"(2019年5月7日)。站在巨人的肩膀上前行。

> 近日自己主要对论文进行了推敲和修改,自从上一次与老师面谈后,自身感到了很多问题,而且短时间难以下手。自己先是做了心理上的调整,中间时隔清明节假期,之后仿照老师的思路首先针对问卷部分进行了逐字推敲,鉴于此又敲定了理论基础,自身认为成就感满满,但是改过的部分还是不完美。(U老师,2019年4

月 28 日)

> 面谈那天,首先对我们的初稿进行了过稿,我们几个拿着我们批改过的稿子进行了对比参考。(U 老师,2019 年 3 月 11 日)

她们遇到了"很多问题","难以下手",感到研究真的"不容易",但是她们遇到问题并没有停滞不前,而是进行"心理上的调整",继续"仿照老师的思路"对"问卷部分""逐字推敲"。坚持科研行动,坚持"做中学"。她们在行动中增加科研勇气,增添科研智慧。

6.1.4 挣扎着打开电脑

> 闹钟响了,关了躺下,迷迷糊糊地过了一会儿,想到今天就是最后一天了,自己的论文初稿还是半成品,挣扎着起来打开电脑。1 月 19 日 I 老师发的邮件中这样写道:"希望你在 2019 年 2 月 19 日之前将论文初稿以及研究日志发送过来。"拿起手机,又看了一遍邮件,没错,今天是最后一天了。……我大概在两个周前就开始考虑论文初稿的事情,但是一直动不了笔,于是我拿起了一直不想碰的收集来的调查问卷。……有好几次,我翻翻收集来的问卷,又放下了。……看着厚厚一沓调查问卷,我又心生悲苦,怎么整理?……调整了心态,我脑子里蹦出了一个念头,问卷其实无好坏之分,不管怎么样只要能自圆其说就行。于是我决定继续做下去……(S 老师,2019 年 2 月 19 日)

S 老师体验到知识与技能的冲突,理论与实际的冲突,理想与现实的冲突。S 老师在问卷设计时感到做研究的难处,现在到了初稿阶段,对问卷的整理遇到了难题,"心生悲苦"。面对困难,她首先是整理好心情,调整好心态,勇往直前,在苦难中勇敢前行,即便是熬到凌晨,也决不言弃。这样在挣扎中坚持实践,不管多难,坚持自我激励,"调整了心态",安慰自己"自圆其说",解决了心理挣扎之后,不忘果断"继续"行动,"做下去"。S 老师在叙事问卷中也说明了自己研究中所遇到的主要困难及心理感受。真实深刻的心灵体验也有其中的难以言表的幸福感,带着微妙的内心成长在行动中挣扎前行,痛并快乐着。从心理学角度来说,这是一种心流体验。"心流体验的概念是由美国心理学家米哈里·契克森米哈赖提出的,指的是一种对正在做的事情全身心投入的状态——此时的你完全沉浸在所做的事情当中,达到了忘我的境界。这也意味着,这件事非常吸引你,并且充满了挑战性,还能够提高你的技能。处于心流体验的人会感到自己的精力高度集中,自制力强,做事更有效率,其能力也得到了充分发挥。"(柳博米尔斯基)这是挣扎,也是走向幸福、获得成功的奇妙经历。

> 生活中会有烦恼,然而日子还要继续向前走。(S老师,2019年2月28日)

生活中的烦恼会伴随着职前英语教师的科研实践,但是她们会带着些许的烦恼"继续往前走"。在往前走的过程中,会有出乎意料的挑战,也会有意外的收获。

> 记得面谈那天,我表示对自己的问卷分析不下去时,老师指出我问卷中有一些问题设置得不合适,我萌发了重新做问卷的想法。整个过程,老师没有指出我是否该重做,她只是告诉我自己决定。其实我当时内心是纠结的,一方面考虑到时间的紧急性以及重做意味着劳力劳时,另一方面担心重做的问卷是否更有利于我分析,我问老师:"我重新做会做好吗?"老师笑了,说:"我当然希望你能做得好。往前走总比停在原地好。不然别人为什么都是大步向前呢?"感谢老师,感谢我自己有勇气重新归零。我现在拿到了新的数据并将数据归类整理了出来,下一步我面对的是继续分析问卷,修改论文中出现的问题。(S老师,2019年4月10日)

I老师为了锻炼职前英语教师独立思考、独立研究的能力,尽量让她们"自己做决定",面对遇到的问题,需要自己做决定时会"内心纠结"。S老师

主要纠结时间问题,她担心重做问卷是否有利于分析,她心中还在期待自己想象中的结果。经过纠结、挣扎后,她自己勇敢做出决定"重新归零",现在已"拿到新的数据并将数据归类整理出来了"。在行动中挣扎,在挣扎中成长。她鼓足勇气,果断行动,"重新归零",正是这样的自我分析、自我判断、自主决定,锻炼着S老师的独立科研能力,她"现在拿到了新的数据并将数据归类整理了出来"。学术勇气和学术自信获得了提升,实践过程中她全力以赴,接受挑战,跨越艰险。

6.1.5 经历特别纠结的时光

> 没有老师适时的指点提醒,我想我们很快又会停止前进。(S老师,2019年3月14日)

> 有过这样一个阶段,提笔写作的时候总是觉着自己的知识储备不够。……后来发现,阅读归阅读,写作归写作,有时候看了一些内容但是还是写不出来东西,也是一件很正常的事。到后来,我去写作的时候就只带着电脑、本子,根本不带书。这样去做的时候,每天完成一点点,虽然过程有些慢,但还是一直向前走着的,缓解了部分焦虑情绪。目前论文修改到分析问卷阶段,但是感觉有些进行不下去,着急的情绪又来了,不确定自己修改的方向对不对,所以需要老师的指导。(S老师,2019年4月2日)

遇到无法将读书和写作有效结合起来进行写作,S老师先调整好心态,感觉这是"很正常的事情",她采用一定的策略解决实际问题(阅读与写作分离的事实)。干脆"只带电脑、本子",其他东西都不带,就这样挣扎着前行。这样做速度也不快,每天完成一点点,但"缓解了部分焦虑情绪"。但是在科研行动中依然会遇到令人"着急","进行不下去"的时候。方向无法确定的时候,她们期待"老师的指导"。她们需要支持,需要他者引领。导师坚持不断引导她们,鼓励她们,培养她们的拼搏精神和吃苦精神,锻炼她们的自主克服困难和解决问题的能力,使她们正确理解科研实践中的"挣扎"和"痛

苦"。她们在成长中真切体验到"梅花香自苦寒来""纸上得来终觉浅,绝知此事要躬行"的真正内涵。

在第一次看到老师回复自己的邮件时,觉得问题好多,有点失落。不过现在我只会觉得这是研究的必经之路,有问题才会有努力的方向。加油!(T老师,2019年1月7日)

对这个题目曾疑惑过,在面对答辩老师的不理解甚至全篇否定时,内心更是痛苦无比,但是再痛苦也未曾想过要放弃此研究。……记得I老师曾说这可能是我耗时最长且投入最多的一次研究了,以后这样的机会不一定会有。确实是,这样的机会不多,我需要把握并珍惜这次研究的机会。当然过程当中伴随着痛苦,但面对着自己不算完美的论文,还是会有满满的喜悦和成就感。(T老师,2019年5月22日)

从T老师的经历中也能真切感受到挣扎、痛苦,明明是自己一年多来辛辛苦苦、脚踏实地、克服各种困难获得的研究成果,却在答辩中得到质疑,这令她痛苦无比,但是她认定自己的研究及其价值,因此"再痛苦也未曾想过要放弃此研究"透出她的坚定、执着和理想追求。遇到纠结或者遇到其他老师的质疑时,T老师不是埋怨,而是通过梳理自己的研究,更加觉得自己研究的价值和意义,这是她目前自己使用时间最长、投入精力最多、用心最多的研究。T老师经过挣扎,决定坚持自己的研究,勇往直前,也更加珍惜这次研究机会。过程中的种种冲突与挣扎体验,T老师的思辨能力在不经意间得到了发展,而不是"人云亦云",虽挣扎和纠结,但坚定信念,脚踏实地,勇敢前行。

老师今天还提到了研究方法,我的研究方法比较笼统,问卷部分也描述得不清楚。其实之前老师强调过很多次细节,但是总是没记住。唉!记性好像越来越差了,还有注意力也不能够长时间集中。……时间所剩不多,毕业前的我们也确实有了临近毕业的压力和对大学生活的留恋,有些事情真的需要自己经历过才能体会其中的酸甜苦辣。每一步我都希望自己能好好感受这个过程。(T老师,2019年3月15日)

T老师认为自己有时记性不好,注意力不集中,还有其他挑战,如时间不足的问题等,但是T老师在面对"压力"和"甜酸苦辣"时,挣扎着前进,在"每一步"中"好好感受这个过程"。科研实践是知识的积累、技术的提升、能力的增强,以及做人和做事能力的提高。

职前英语教师对科研"无从下手","不知所措"及挣扎体验,高校英语教师也有同感,高校一线英语教师面临科研压力,"真想做,真不知道怎么做"(高一虹等,2000),以及"高校英语教师科研之痛"(汪晓莉、韩江洪,2011)等的真实体验,说明科研对任何人而言都具有挑战性,都会遇到"痛""苦"和"挣扎"。对于职前英语新手教师来说,纠结和挣扎时刻的科研实践行动考验着研究者的判断能力和行动能力。

中间也经历了一段特别纠结的时光,发问卷的时候找学校,分析问卷的时候也是很头疼,翻了许多文献,也是想了好久,都不知道如何下手。跟同组的同学讨论交流,受了启发,才慢慢有了头绪。谢谢你们!最后,再次感谢I老师对我们孜孜不倦地教诲和细心指导。(T老师,2019年6月4日)

经历的纠结时光历历在目。找学校"发问卷",头疼"分析问卷"等问题都在坚持科研行动中解决。查文献、问同学、找老师获得启发,度过纠结时光之后是内心流露出的"感谢"之情。诚然,她们成长了。

对于职前英语教师来说,初次体验正式的科研实践,尽管她们很认真,很投入,很努力,但"纠结""头疼""不知道如何下手"的挣扎常常伴随她们。多种任务同时扑面而来,"上课""论文""招教"等"前所未有的忙",她们在"撑不下去"的时候,也会萌生"想放弃"的念头,但是她们始终没有放弃,而是用实践行动证明挣扎着前行带来的成就和成长。她们有强烈的进取精神,有实践行动力和执行力。初次进行科研实践,科研意识、科研知识、科研

技术等方面的欠缺在所难免,学中做,做中悟,悟中行。成长才是硬道理。

6.2 科研行动:在身份变化中成长

教师研究者角色的体现。作为研究者,只有明确自己的角色,也就是清楚自己是研究者的身份,体验到自己的研究者角色赋予自己的研究责任和使命才可能在实践行动中践行研究的要义。有研究者给出了"教师研究者"的定义,如 Lankshear 和 Knobel(2004)将教师研究者定义为:"从学前教育到高校各个层次的学校中,为提高教育专业水平而自发地、积极主动地开展系统的、有理有据的个人或合作探究的一线教师。"(转引自金琳,2016:31)这个定义是针对一线教师的,而本定义中的"自发的"这一特点不太符合职前英语教师的情况,其他几项特征如"积极主动""有理有据的个人或合作探究"与职前英语教师的研究特点相吻合,但是进行科研实践工作的职前英语教师研究者身份是逐渐呈现的,是由学生身份到教师身份再到研究者身份的渐变过程。科研实践成长中她们的身份发生着微妙的变化。

角色意识会对研究实践产生重要的影响。教师在研究时不断经历角色的变化,在研究中,职前英语教师不是纯粹的大四学生,不是纯粹的一线英语教师,也不是纯粹的研究者,而是多种角色体验者。角色也不是一成不变的,郑金洲、刘耀明于 2005 年在《在研究中成长——新课程背景下的教师研究与专业发展》中指出:"对于每一个教师而言,需要去分析自我,需要去调整原先的教学行为,需要去确定自己未来的发展方向。而这种角色转变不是轻易就能完成的,它需要教师在科研中去发现自己的不足,找到自己专业发展的兴奋点,从而扬长避短,向新的角色转变。"

角色变化或身份认同的变化不是一次实践行动就可以完成的。这个实践过程会经历微弱认同、真正认同、弱化认同、强烈认同、动摇认同到坚定认同的过程,身份是变化的,具有个体性、动态性、连续性与不稳定性的特点。

6.2.1 学生身份

2019年1月7日中午12点半,我跟D老师拿着各自的调查问卷来到7406,见我们的导师I老师。老师先问了我们几个问题:"什么是研究?""如何做研究?""你对你目前的角色定位是什么?"对于这三个问题,我只有第三个问题回答了出来,我的答案是:"学生和老师。"前两个问题我的答案很模糊,简直不知道怎么组织语言。I老师对我们的回答——做了记录。对于前两个问题老师没有给出答案,只是说了一句:"你们连研究是什么都弄不清楚,自然会出现设计问题与研究目标不符的情况。"聊到第三个问题,老师说:"你们现在应该有研究者的角色意识了。"(S老师,2019年1月7日)

尽管从2018年8月研究已经开始,到2019年1月进行面谈时,S老师觉得自己的角色是学生和老师的角色,对研究者的角色还没有明显意识,其他四位教师T教师、U教师、D教师、Y教师对问题"你对你目前的角色定位是什么"的回应为"学生"。I老师在观察和询问中发现在接触研究和进入研究5个月的时间里,几位职前英语老师还没有真正进入角色。I老师觉得只有进入角色,才能更好地各司其职,各就其位。没有研究者的角色意识,在研究设计或者研究调查中自然会受到一定阻力,也会影响研究效果。I老师记得很清楚,当时询问几次后,依然没有出现"研究者"角色的答案,I老师再次提醒她们:"你们现在应该有研究者的角色意识了。"调查问卷设计是研究过程中非常重要的一环,如果研究者角色意识明显,在进行研究设计、问卷设计时,她们自然会从研究者角色出发更好地呈现,和研究目标相一致,自然会更好地思考研究意义,也自然会增强研究者的责任感。学生角色和研究者角色之间还有一定的差距,学生做研究总会受到一定的限制,会有依赖感,也会影响研究的主动性发展。因此,I老师在询问中发现她们对"什么是研究"及"如何做研究"没有给出很好的回应,提出:"你们连研究是什么都弄不清楚,自然会出现设计问题与研究目标不符的情况。"这样的情况也可以理解,她们还处于他者调控阶段,还不能自由地进行自己的研究。

S、T、U、D、Y老师在科研实践中的学生身份自始至终伴随着她们,其他身份也有呈现,哪一种身份更凸显,与哪一种身份相当的行为就会更加突出。身份会随着情境或目标的变化而变化。

6.2.2 教师身份

撰写本科毕业论文的职前英语教师都有见习和实习经历,有短暂的小学英语教学经历,从一定程度来说,她们具有一线教师的特点,有时候教师的身份也自然呈现。

教师进行叙事的过程,就是展示自我的过程。教师在叙事、反思、调适、再反思的过程中塑造自我形象。职前英语教师在科研实践中构建自我身份。

> 最近一段时间我读了一些论文,也摘录了一些我赞成的观点,如下:第斯多惠认为,"教学的艺术不在于传授本领,而在于激励、唤醒和鼓舞"。Larsson认为教师的教学观是教师在自己的教学实践活动中形成的对于教学本质和过程的基本看法。积极心理学表明,人们感到悲伤和痛苦,并不是由事件本身造成的,而是人们对这一事件本身的看法带来的困扰和烦恼。因此,培养学生积极、乐观地看待世界,有助于帮助学生形成积极乐观的品质和独立解决问题的能力。
>
> 英语作为一门基础性学科,是促进学生全面发展教育的重要组成部分。在英语学科教学中加入积极心理学的应用,不仅有助于提高教学质量,还有利于学生积极品质的培养。小学阶段正是儿童性格形成的关键时期,在此期间为学生引入积极心理学的培养,有益于学生形成坚韧、乐观的品格,同时能提升孩子们的幸福感。(S老师,2018年11月19日)

S老师在读论文、摘录文献观点等相关知识积淀中,发现自己喜欢的教育观是激发学生的主动学习愿望。受到第斯多惠的"激励、唤醒和鼓舞"的教学观点影响,S老师认为小学英语教学中,教师不仅应教授语言知识,还要教会孩子们用积极的态度去看待问题。S老师研究的小学英语教学中积极心理学应用内容,将此知识融入自己的研究进行思考分析,她将积极心理学融入小学英语教学,这里S老师的英语教师角色自然显示出来。为学生着想,教师职业意识比较突出,关注学生的性格养成,在选题中考虑到"有益于学生形成坚韧、乐观的品格,同时能提升孩子们的幸福感",这是教师身上引路人的角色。S老师刚入大学第一学期就已经显示出其对教师身份的向往,或者说是想象身份认同。在2015年12月20日I老师调查班上同学为什么选择英语(教育)作为自己的专业时,S老师的回答是:"I believe I can become a good English teacher in the future."她坚信自己会成为一名优秀的英语教师。2020年3月笔者在一次和S老师微信语音电话中得知她毕业后在一所初中任英语教师,她的愿望实现了。S老师很用心,很敬业,有责任感,乐在其中。对教师来说,有了教师的身份,教师才有可能去进行教育观察、发现问题,进行研究。教师角色是指与教师的社会地位、身份相一致的一整套权利、义务及规范化的行为模式。它是社会及人们对具有教师身份的人的要求与期望(转引自严明,2010)。教师角色的概念,首先由美国社会心理学家乔治·赫尔伯特·迈德(George Herbert Mead)引入社会心理学,并创立了角色理论。实际上教师身份和研究者身份是一体的,所有的教师都是经过研究后进行教育教学的,也都是源于教育教学生活进行研究的,角色认同会影响当事人的态度、行为方式和价值观念。在上课时教师角色更突出,在从事研究活动时研究者角色更突显是比较合适的。教学就要有教师的角色和责任,教书育人、立德树人。做研究就需要有研究者的样子,有研究者角色或身份的体现,就是带着好奇、专注精神去探究未知,发现规律。一个新的角色是需要有一段时间的实践经历后,才会逐渐出现。教育科研实践活动有助于研究者身份的建构,也有益于教师身份的建构。

6.2.3 研究者身份

职前英语教师结合自己的研究主题进行反思,撰写日志。Y老师分析发现小学生英语成绩并不代表其综合素质,而是需要通过文化进行熏陶,使小学生在英语课堂更多地了解世界,拓宽视野。以人为本,培养小学生的跨文化交际思维;加强对英语教学中的文化教学研究,在不同学段对跨文化教育进行衔接,任重道远。S老师发现运用积极心理学进行小学英语教学,不仅有助于提高英语教学质量,还有利于小学生积极品质的养成。小学阶段正是儿童性格形成的关键时期,英语学科教育中需要引入积极心理学的应用,为学生形成坚韧、乐观的品格,提升孩子们的幸福感奠定基础。这些从研究者的视角分析的发现已经逐渐呈现出研究者的身份和责任意识了。

> 不管怎么样,写论文是自己的事情。厚积薄发,我认为现在最需要做的是自己潜下心来,钻到论文中去,像个学者一样去研究积极心理学。(S老师,2018年12月20日)

人们在自己的行为中不断体现出多重角色,有不同的自我身份体现在一个人的身上。不管有多少角色呈现,在当下总有一种角色是突出的、显要的。就像在不同的事情上,在不同的人际关系中,在不同的情境中需要承担不同的角色责任。教师具有多种角色,如可以是学习者角色,可以是教师角色,可以是研究者角色,可以是朋友角色,等等。在从事某一种活动中会凸显出活动本身所需要的角色要求或特征。S老师的描述中呈现其内心研究者角色意识的觉醒,"我认为我现在最需要做的是自己潜下心来,钻到论文中去,像个学者一样去研究",在科研实践中,职前英语教师意识到自己"钻到论文中""像个学者"去研究反映出其对新身份的想象认同和期待。

I老师记得当时基于毕业科研实践论文,对几位职前英语教师进行面谈指导,问她们"你对你目前的角色定位是什么",所有职前英语教师在进行科研实践近半年的时间后,没有一个人回答"研究者"的角色定位。作为科研实践工作者,研究者的身份意识或身份认同具有重要意义。如果自身缺乏"研究者"的角色定位就会影响研究的真实体验和研究质量。例如,S老师在日志中关注"什么是研究""应该有研究者的角色意识了",这表明她内在已经朝向研究者的角色靠近了。

研究者有了正确的角色意识,也就意味研究者知道自己是谁、自己该干什么及怎么干。在已经进行了半年的科研体验后,职前英语教师的研究者角色意识还不是特别明显,但是已经有一定的意识了。

  5月4日需要交定稿,这几日,我需要再次审视问卷部分,仔细分析,并且针对文献、案例、理论基础进行分析,让论文中的每一个部分都有联系,而不是空架子。还是要多看多分析,多对比,将论文的内容内化于心,清楚地知道每一项内容处在哪个环节,每一个概念的相关人物时间地点,这是最后一次大方向的定稿了,必须重视,不能掉以轻心。(U老师,2019年4月28日)

  U老师现在已经内化了一些科研经验,从言语表达上可以发现研究者的语言或者一些学术语言自然呈现。在研究实践的过程中,研究者行为逐渐凸显出来。从一个研究者的心态引领自己进行科研行动,如问卷数据的分析需要基于将文献、案例和理论联系起来进行,有树木也有森林的整体研究意识,"让论文中的每一个部分都有联系"。研究者的身份逐渐凸显。

  老师严谨而认真的态度吓住了我,因为我这个小姑娘做事就是不怎么严谨。经历了差不多两个学期的历练,我觉得我现在严谨了许多,记得有一次给S老师看论文,S老师说:你说的这句话好像咱们老师说的语气!我说:哈哈,咱们老师给咱们指导论文多啦,多学习学习。内心可是闪过一丝丝喜悦,因为我向一个研究者的身份更靠近了。(U老师,2019年6月1日)

  U老师意识到自己"向一个研究者的身份更靠近了"。她经过近一年的科研实践后,从一个不怎么严谨的小姑娘成长为一个严谨了许多的研究者,经历了近一年的科研行动的历练,在得到了同伴的夸赞"你说的这句话好像咱们老师说的语气",U老师像"老师"一样学着"指导"同伴的论文。研究者身份的自我觉察和被认可使U老师"喜悦"于自己"向一个研究者的身份靠近了"。从言语行为发现她们确实向着研究者的身份靠近了,不仅仅是S老师和U老师。

  今天对研究有了进一步的了解,我们现在的角色不仅仅是学生,还是教师,是研究者,要有相应的角色责任,明确自己的责任。

(Y老师,2019年1月7日)

调查结果显示,82%的职前英语教师认为自己是学生,如"当然是学生了""是学生""还是学生""学生""肯定是学生呀",这些发自她们心中自然的声音反映出她们还没有明显的英语教师角色意识,更没有英语教师的研究者角色意识。学生、教师、研究者角色共为一体,又能在当下实践自觉呈现主要角色,经过不断的实践稳定新身份。

Wenger强调学习实质上是真实参与到实践共同体中从而形成意义和身份建构的过程,职前英语教师在科研实践共同体中体验其中的意义,实践,再实践,在科研实践共同体中找到归属感,体验新的角色。

要不断地研究分析问卷问题,以及解决建议,要有理有据。同时,要对自己充满信心,认真努力做好论文任务,要做快乐的研究者。(Y老师,2019年4月28日)

Y老师在言语行为中展示出她经历身份的微弱认同到明显认同再到坚定认同"做快乐的研究者"。她提到的"问卷分析"、数据分析"有理有据"等实际的科研实践工作,促进研究者身份的稳定。职前英语教师实现了"研究者"身份的建构,是其科研实践成长的一个重要标志。

我们发现职前英语教师在研究者身份呈现的过程中,其做人做事做学问的能力的提升与其是同步的。她们身份的变化是在实践中不断协商而成的,身份的形成不是一个固定的结果,而是在一个动态发展的过程中当事人不断体验的情形。身份的变化意味其内在思想和认知的变化和发展,同时不断出现行动的发展变化。职前英语教师在研究日志的叙事中呈现新身份认同,是自己逐渐找到科研实践中的归属感与角色认同感。刘熠《叙事视角下的外语教师职业认同研究综述》中的观点可以助力解释职前英语教师在科研实践中不但使教师的角色而且研究者的角色不断加强、重现。她在研究中指出"吉登斯将'个人叙事'定义为反身性地理解自我认同的(一系列)故事(Giddens,1991),强调现代社会中的认同是指我们在叙事的基础上反身性地、持续地对自我的理解与建构。虽然吉登斯的'叙事'是用来阐述认同发展的抽象的、隐喻的概念,但个人叙事(如自传、日记等),无论是书面的还是口头的,都是现代社会中自我认同的核心,是认同建构的具体体现"。叙事中的认同是在一个动态的、不断与实践环境互动中发展的。在角色认同发展中,尤其是由学生角色到教师角色再到研究者角色的转变中,研究者个人自身的教育功能或育人功能也在发挥着作用。布鲁贝克在《高等教育哲学》中指出教育和研究中育人的重要意义,并提出其他学者强调做人教育是每个学习者的首要任务。如范多伦指出,教育不仅仅要使人学会"做事"(to do),更重要的是要使人学会"做人"(to be)。卢梭曾说,在使爱弥儿成为一名军人、教士或行政官员之前,他先要成为一个人。约翰·斯图亚特·密尔认为,人首先是人,然后才是商人、企业主或专家。同样,职前英语教师研究者首先在科研实践中是学会做人,然后才是研究者或其他角色。联合国教科文组织《学会生存》中强调21世纪教育的四大支柱为学会求知、学会做事、学会共处、学会做人,也就是说在学习中、做事中、共处中提升做人的素养。科研实践锻炼人的理性思考,锻炼人的求知、做事、共处及做人能力,真正的研究能使人沉下心,静下心阅读、思考、质疑、诠释,获得新的独特的心灵体验,真正的研究者对研究主题充满兴趣,积极探索,务实求真,克服困难,勇敢行动。研究者在进行研究设计、研究观察、研究交流、研究讨论、研究分析中历练智慧、磨炼意志。研究使人与有经验的人和有共同经历的人之间互动,获取滋养,感受力量,使人从一个感性的人逐渐成长为一个理性的人。布鲁贝克在《高等教育哲学》第五章"普通教育和专业"中引用牛曼的观点时说明研究给人带来求知和做人的力量,即:一个人要锻炼理智,必须"研究事物"。牛曼指出,"研究事物"就是要按事物的本来面目观察事物,除非被研究的各种思想被聚焦在一起并相互比较,否则就不可能开阔思想。知识拥有"无可否认的益处,以至于它足以补偿在探索中付出的大量艰苦的思考和所遇到的大量困难"。职前英语教师致力于"研究事物",她们在研究中感觉"特别难""不知所措",却继续向前,"乐在其中",获取力量和新知,好奇心和探索精神促使她们体验成长和变化。她们用实际行动真切体验"研究事物"的魅力,积极主动成为"快乐的研究者"。在"研究事物"中,她们与研究目标互动、与自己互动、与他者互动、与环境互动,使自我知识和自我认知在科研实践中不断更新。正如俄国心理学家和语言学家巴赫金所言:"我们把自己的行为朝向能够引发他人某种反应的预期,真实的他人,包括我们当下发生关联的;想象的他人,包括我们当下发生关联的各种任务角色;历史的他人,包括我们自己的过去和文化叙事中生成的各种任务角色;类化的他人,用一定的语言形式所承载的,既定社群组织对组织成员的感知和理解,我们从中学习后自省并反馈给自身。"(Sampson,1993:106;转引自斯蒂芬·麦迪根,2017:84)温哥(Wenger)、吉登斯(Giddens)发现人的发展和角色变化是自己在实践共同体中与他者互动、与自己互动形成的。也就是说,实践环境是职前英语教师在真实的他者、想象的他者、历史的他者以及类化的他者中互动形成新的身份认同,找到新的类属中的角色,使自己成为类属中的一员。人本主义理论认为,人是在自我决定并在行动中通过主动的超越自我而不断积极成长。职前英语教师在科研实践行动中追寻有意义的生命需求,实现自我、超越自我中体验认知新的自我——快乐的研究者。美国社会心理学家埃里克森(Erikson)分为自我同一性/自我身份认同(personal identity)和社会同一性/社会身份认同(social identity)。前者指个人的自我认同,也就是我是谁的问题,后者是指个人在社会群体中的归属位置。职前英语教师在科研实践中角色在变化,身份再建构。建构了由"我不是谁"到"我是谁"的角色和身份,或者说是经由"学生"身份到"研究者"身份的建构。建构"快乐的研究者"身份的变化彰显出职前英语教师真实的成长。

6.3 科研行动:在收获中成长

6.3.1 S老师:这个过程让我很有成就感

于是我决定继续做下去……虽然有些腰酸背痛,但是心里还是很有成就感的。……当你把眼前的事情都当成困难时,它就真

的是困难了。如果你不管它多难,只管去做,你会发现努努力,它还是能被克服的。(S老师,2019年2月19日)

"继续做下去""只管去做"的过程,虽然经历了"腰酸背痛",但"很有成就感"。研究是对未知的探索,是"做中研""研中做""学中研""研中学"的过程,即在"做"的行动中得到"成就",只要努力困难还是可以被克服的,克服困难即成长。

想起答辩前几天的那些个晚上,忙碌着改摘要,改结语,改致谢,改格式。晚上的宿舍很安静,心也能渐渐沉下来。我喜欢在晚上改论文,常常在电脑前一坐就是两三个小时,一看时间又是两点钟了。有点辛苦,但是很满足。摘要是门面,我很想把它做好,于是我就改呀改呀,从一开始的对"摘要""结语"不满意,到后来的挺满意,这个过程让我很有成就感。(S老师,2019年5月29日)

在研究行动中感受成长和收获,是职前英语教师的真切感受。如S老师利用晚上的时间进行论文写作已成为习惯,甚至修改论文到凌晨"两点钟",她的"辛苦"为她带来"满意""成就感"。这个过程很重要。坚持坐在电脑前"一坐就是两三个小时","腰酸背痛","有点辛苦",但在这样的过程中S老师发现不管遇到的问题"有多难,只管去做","努努力,困难还是能被克服的"。基于成长的视角来看,科研实践过程中的意义大于结果本身。

6.3.2　T老师:收获满满

老师强调研究理论必须明确。无论是论文还是问卷都必须有研究理论的支撑。我记得我找问卷的时候都没注意研究理论是什么。还有就是研究意识的缺乏,我们的研究意识是不够强的,需要慢慢地培养。收获满满的一天!(T老师,2018年12月12日)

T老师在描述中对研究理论和研究意识方面进行思考,发现需要培养研究意识,但是需要"慢慢地培养"。有了自主培养目标和计划,也是收获不小。T老师提到研究理论和研究意识,一定程度上说她已经有些"研究意识了"。她在行动思考中有所收获。

> 与老师谈话过后,就明确地知道自己的方向,下一步该做什么,收集什么资料,等等,收获满满。(T老师,2019年6月4日)

学有所得,学有所悟,学有所用。研究意识不断提升,研究方向清,目标明,她们就会清楚如何进行科研实践,因此T老师说明确了"下一步该干什么了"。T老师在方向指引下踏上自主科研探索之旅。

6.3.3 U老师:铭记,不舍,让人成长

> 最后希望接下来的两个星期内,可以通过查找文献或者书籍中的参考问卷完成问卷的学习与设计,然后在小学生放假前完成问卷的分发与回收整理,方便进行整篇论文初稿的写作。最起码一定要比问卷设计的初稿有进步并且能够投入使用才行。希望一切顺利。(U老师,2018年12月13日)

U老师对自己的研究有一定的计划性。用两周的时间完成问卷设计工作,设计问卷时,她会通过查阅文献中的问卷或者书籍中的问卷进行学习参考。U老师计划在问卷设计完成后,在放寒假前将问卷发放给小学生并回收问卷,整理问卷,这样做是为完成整篇论文初稿做好准备。U老师使用的是问卷调查法,因此要想完成整篇论文初稿,问卷设计、问卷方法及问卷回收和整理工作必须提前完成,而且这次问卷设计对U老师来说是问卷设计的再修改或再设计,U老师需要修改调整问卷设计初稿中的一些问题以获得满意的问卷设计。有了具体计划,就可以坚持行动,落实计划,在行动中收获成长。

> 这几周的自我琢磨,本以为论文已经完成得差不多了,没承想

问题还这么多,不过明显看出来这次的问题更具备细节性、具体性了,所以还是需要继续努力呀!还不到一个月的时间,一定要把论文任务完成好,不怕麻烦不怕批评,要对最后的完成有所期待。老师说:研究过程中,有自己的挣扎、思考过程,这是很好的,都能够体现在你的论文中。我觉得挺对,因为我起码在这个过程中得到了些许的成就感,所以很感谢老师的指导,让自己有了成长。(U老师,2019年4月12日)

她们在行动中收获着成长。"不怕麻烦,不怕批评",因为在科研实践过程中U老师获得了成就感。

  针对自己的论文,我认为最大的收获就是问卷的制作与分析。这个过程从问卷的题目、维度设置开始,主要参考文献中别人的问卷,结合自己的情况进行了整改。当形成了一份自己的问卷后,成就感满满。班级的问卷分发、数据统计和之后的分析,自己全程参与,以及后期经过努力将理论、案例、文献与问题进行分析,这是我认为在论文后期比较有成就感的地方。(U老师,2019年5月14日)

"纸上得来终觉浅,绝知此事要躬行。"U老师回望自己的论文写作经历,对于前期基于自己研究进行的问卷设计,U老师"成就满满",对于后期基于数据的论文分析,U老师努力将理论、实践、案例及文献成果相结合进行,这样的科研行动使U老师感觉"比较有成就感"。

U老师在两个方面收获最大,快乐最多。一是设计问卷,确定问卷的维度,制订每个维度中的题项,修改问卷,之后进行问卷发放以及自己手工进行数据统计,竭尽全力将理论依据、英语案例、相关文献以及研究问题结合起来进行数据分析,U老师深深感到"自己全程参与"的科研实践带来的满满的成就感。这可以说是U老师在科研实践中不断克服困难,接受挑战,喜悦地体验着自我实现的科研之旅。U老师经历了九个月的探索之旅,科研就像孕育生命一样,由一开始的迷茫、不知所措,经过精细培育到后来实实在在的科研成果即论文定稿,使得最初由他者调控的科研实践,一步一步勇往直前,主动探索,成长为充满自信的科研实践者,使自己成为自我调控者,自觉运用多种语料形式(如理论、案例、文献等)紧密结合自己的研究主题进行数据分析,这是质的飞跃。可以说,走到这一步,在研究后期折射出由量变到质变的光芒。一开始U老师对问卷调查尤其是如何进行问卷设计一头雾水,雾里看花,到最后能设计出自己的问题,并对问卷进行分析,提出观点。发现结论的过程充满了曲折,也充满了成长。

职前英语教师主动努力,负责任地积极探索实践,获取真知灼见,热情地实践,不断地克服困难,最终获得成功。这些正是I老师指导她们时强调的需牢记的王国维做学问的三重境界,即"独上高楼,望尽天涯路;衣带渐宽终不悔,为伊消得人憔悴;蓦然回首,那人却在灯火阑珊处"。她们坚持反思的心理路程中折射出职前英语教师科研实践的真实写照。她们在研究过程中有自主探究、合作探究;有他者调控到自我调控的寻寻觅觅,研究之路艰辛却意义非凡。实践出真知,行动胜于雄辩。

> 我们同组的同学觉得不能就这么结束,总想请老师吃个饭,因为真的很辛苦啊,我们自己的论文写得这么累,别说一个老师看我们六个人的不同主题不同内容的论文了,这真的是一项大工程。真的真的很感谢与I老师这一段日子的相处,我真的觉得从论文的撰写中得到了成长。听别人说论文很简单,很好过,我不这样觉得,我觉得论文工作真的很让人成长,让人收获。
>
> 老师说,我们再写最后一次研究日志吧,有始有终。
>
> 嗯,不舍,铭记。(U老师,2019年6月1日)

U老师感到自己获得的成长能在多个方面得到体现,主要表现在求知、做事、共处及做人等方面。在获得科研知识和技能方面,由一开始的被动、等、停、靠的方式转变为主动的问、寻、研的求索之旅,循序渐进中,使其自身潜在的智慧和能力被发现和彰显。共处及做人方面由一开始的不知所措,沉默多于交流到后来心中有目标,在积极互动沟通中享受共鸣,质疑中共同探讨,再到后来的主动发现问题,敢于面对问题,勇于克服困难,发挥自我力量和同伴力量解决科研实际问题。感恩能力,感恩之心时刻体现出来。U老

师的"在论文工作中真的很让人成长,让人收获"已经超越了论文本身,也就是说,基于科研实践的论文工作已经不仅仅是论文本身,而且是以论文为驱动寻找自我、探索自我、发现自我、成长自我的生命体验。这样的科研实践对于职前英语教师来说是生命不可或缺的内心叩问和灵魂滋养。因此U老师感觉"不舍,铭记",意义深远。

6.3.4　D老师:收获很多

会谈中老师提到的"观察"使我有了一定的想法:观察与被观察都是不可避免的。就观察的主体而言,观察所得的结果要与自身对比,看到差异,并改正不够好的地方,才能进步。学习无止境,学做人也永无止境啊。(D老师,2018年12月13日)

D老师从老师言语中得到收获。从老师提到的"观察"中受到启发,"观察所得的结果要与自身所对比,看到差异",也涉及对如何学习和做人的思考。D老师不仅阅读有形书,也读无形的书。她对"观察"的思考使她联想到了不断学习的意义。更重要的是,她从观察的思考中感悟"学做人也是无止境的",在研究中学习,在学习研究中学习做人。

我感触最多的,就是老师跟我一起阅读别人的问卷调查时,我忽然感悟到,我一直以为这种题毫无道理可言,但居然是要从这样一个角度分析的吗?一时之间为自己的浅薄而深感羞愧。感觉老师也蛮辛苦的,一下午大部分时间都是她(根据每个人学生情况)在分析,每个人涉及的知识面还不一样,需要前期深厚的知识储备才能在短时间内迅速地转换思路引导下一个学生设计问卷调查。(D老师,2019年1月7日)

职前英语教师的思辨力不断呈现在她们的思考中。中国古代典籍《礼记·中庸》曰:"博学之,审问之,慎思之,明辨之,笃行之。"在科研实践中思辨能力显得尤为重要。文秋芳(2015)指出:"我国一线外语教师急需加强有关思辨的理论学习,培养和提高自身思辨技能与思辨倾向,与此同时,还需要切实研究如何将思辨力的培养有机融合到日常的外语教学中去。"思辨意识和思辨能力影响着职前英语教师的科研实践活动。

> 第一次接触论文,很新奇很有趣,然后偷偷地想:其实也不是很难嘛。一个月后老师让我们开始钻研论文,然后我就被光速打脸:妈呀,真的好难。太难了以至于有了逃避的想法,但是论文并不是能够逃得了的啊,只能乖乖地写,夸张点说:头发成把掉。……对于论文,自己在不断地努力,不断地更新自己的观念,认真听取老师的意见,和同学交流,共同进步。回首这近一年的论文时光,过得很充实快乐,学到了一些有趣的知识。(D老师,2019年5月14日)

D老师在回想论文写作的科研实践整体过程中,反思中颠覆自己对论文感觉"并不那么难"的原有认知,在"钻研论文"时感觉"真的好难",甚至有了"逃避的想法",但是自己的责任意识唤醒其需要对论文"不断努力",即便是"头发大把掉",也只能"乖乖地写"。一年的论文科研实践行动,不断"更新自己观念",在收获中获得成长,在论文实践中收获了充实,收获了快乐,收获了新知,收获了成果。

6.3.5　Y老师:有不同收获

> 老师帮忙指出的问题都需要一一改正,把之前的参考文献又看了几遍。只是每次看的目的都不一样,有时是为了修改文献综述,有时是为了参考文献,有时是为了问卷研究。虽然就那么几篇文献,但是感觉每次看都会是不同的收获。(Y老师,2019年4月10日)

> (预答辩时)是第一次这种突然上台讲话,内心是非常紧张的,会担心自己说得不好,会担心自己停顿在那儿大脑空白,所有这些

也就只是短短的两分钟吧,说完会觉得很有成就感吧!(Y老师,2019年5月17日)

Y老师发现在具体科研行动实践中有收获。就阅读文献来说,每次阅读目的不同,有时是为了修正文中内容而阅读,有时是为问卷研究而读,无论出于什么目的,只要让有目标的阅读成为行动,每次"都会有不同的收获"。因为每次阅读行动,都有阅读目标引领,有的放矢。再如预答辩时,尽管只安排了两分钟的陈述,行动前会有担心、会有紧张,行动后,则是"很有成就感",紧张和担心的情绪也就烟消云散。

7

职前英语教师的科研实践成长经历了初次科研的忐忑、期待;经历了研究过程中的痛苦、挣扎或快乐;经历了完成科研任务后的满足和愉悦。笔者发现科研实践中的每一步都有他者的影响和自己的努力。牢记初心,不忘使命,探索追求。职前英语教师整个科研实践成长途径中"人"的影响,让她们在选题、开题、文献阅读、调查设计、数据分析等甜酸苦辣的科研实践过程中坚定地探索、成长。

7.1 导师指导

7.1.1 柳暗花明又一村

老师又认真看了我的问卷,说我的问题设计得太窄了,我应该站得更高一点,看得更远一点。说着,I老师又把之前9月1日面谈下载的文献找出来供我参考,给予我指导。看着老师分析她们问卷的神态,我暗自想这就是研究者的立场啊。而我在设计这些题时想的就是设计题,没有抱着研究的心态又怎么能做得好研究

呢？老师的针对性指导给了我很大帮助，如果说山重水复疑无路是我面谈前的心情，那么面谈后的心情无疑就是柳暗花明又一村了。感谢我的老师。(S老师，2019年1月7日)

一开始自己什么都不懂，到现在有了基本成型的研究意识和研究思路，都是多亏老师的指导与启发，这个过程老师的付出功不可没。特别是实习期间，老师工作也很繁忙，但还是抽出空来与我们见面，距离也阻挡不了我们的研究热情。(U老师，2019年5月5日)

职前英语教师感受到在科研实践中导师指导的重要作用。导师认真指导，职前英语教师认真学习，她们从导师指导的"神态"中悟出"研究者"的立场，认识"研究的心态"的重要作用。在导师指导中，她们感受到和领悟着科研人员应该有的态度，研究者心态的重要性。导师的指导使她们的科研信念、科研知识、科研行为等方面发生着积极的变化。她们获得科研指引，消除科研实践中遇到的障碍和困惑，从一开始的"什么也不知道"到后来的基本成型的"研究意识"和"研究思路"的跨越和突破。职前英语教师与导师的互动，借助导师中介促进其最近发展区向前推移。职前英语教师发挥主观能动性，更新科研认知，改变科研行为，促进其积极动态地成长。她们能动性的发挥对其研究实践与职业成长至关重要。在导师的主动指导下，职前英语教师主动地接受指导，认真学习，消化所学，内化所学为行动实践中。

职前英语教师离不开他者的引领和指导。职前英语教师在接受有针对性的指导时会提升她们的安全感、踏实感和方向感。

这次见面有两位同学未能及时到场，觉得很遗憾。见面之后才知道面对面交流是非常有必要的。之前很迷茫，不确定自己的选题是否合适，不知道自己下一步该做什么。而与老师谈话过后，就明确地知道自己的方向，下一步该做什么，收集什么资料，等等，收获满满，谢谢老师！(T老师，2018年10月13日)

T老师感觉与"与老师谈话过后"，"收获满满"，明确了方向，就会增加

科研动力和信心。职前英语教师在科研实践中就像小孩学走路一样,需要有引领者,避免摔倒或者偏离航道,遭遇危险。指导中不仅涉及科研知识、技术问题,也涉及科研信念和态度的指导。她们在科研实践中领悟到指导"真"的很重要,真的让研究者心安理得的真诚实践中"真学"做"真人"的要义。

    研究中最幸福的一件事情是对于修正一个不真实数据问题,经指导意识到错误并改正。陶行知先生说过这样一句话"千教万教,教人学真;千学万学,学做真人"。此次事件让我愈发感受到"真"的重要,改动虽小,意义却大。没改正之前心里会有些不安,觉得这小小一处的改动让我的整篇论文都显得不真实,但是改正过了以后内心回归平静,认为自己做出了正确的选择,开心。(S老师,2019年5月7日)

职前英语教师是初学研究,在研究实践中会遇到问题,S老师在研究过程中感到"山重水复疑无路",在导师指导后感到了"柳暗花明又一村",导师指导时不仅是学术研究方面的指导,也会涉及心理成长的指导。无论职前英语教师遇到研究技术方法的问题,还是不良情绪或负面情绪等,都需要及时指导,以协助其研究和生活健康有序进行。S老师有个数据不真实,她经过导师指导积极改正,"改动虽小,意义却大"。内在精神得到升华,"千教万教,教人学真;千学万学,学做真人"。此次事件使她愈发感受到"真"的重要性。不断修正行为,调适心理,端正态度。在研究指导中引领职前英语教师加强反思,如何做研究、如何做学问、如何做老师。S老师的经历深刻体现出内在的"自我调控"与"他人调控"互动后获得智慧,内化为精神,外化为行动。

7.1.2 好奇且期待

    阅读时我发现她们大都用了问卷调查这一方法,记得老师面谈时也提到过这一方法,一时之间好奇且期待接下来的指导方向。

(D 老师,2018 年 10 月 13 日)

职前英语教师的研究实践均属于应用型研究。她们在研究中选用的方法多数为调查研究,这五位职前英语教师的研究方法均有问卷调查法。从来没有经历过正式的研究,更没有接触过问卷调查的她们,自然"好奇且期待"导师的指导,她们的好奇与期待体现出她们渴望进步,渴望实现理想的内心感受。导师是她们实现科研理想的支持者和协助者。这吻合了社会文化理论中的"他人调控"的期待,她们期待科研实践顺利进行,自然离不开中介作用和支架的功能以及他者的调控。有学者建议在大学期间就需要安排论文指导工作,如张卫忠在 2003 年《毕业论文指导方法改革设想》中建议,毕业论文指导从大二开始,以讲座的方式进行,指导内容包含:"①学术论文的性质、功能、写作的意义;②材料的收集,介绍如何查阅资料,包括借助电脑收集有关材料;③论文的写法,包括学术论文的立论、论证的方法;④学科介绍,包括介绍本专业的学术前沿,可以介绍一些可能的选题,范围要相对较窄,这样本科生较易把握,每个专业最好提供 15~20 个,以备学生选取;⑤论文写作的各项要求,包括道德规范(严禁抄袭、弄虚作假等)、学术规范、论文的格式、注释等。"这些也是在大学期间缺乏相关科研指导或论文写作课程的职前英语教师"好奇又期待"的指导内容。

> 老师教我们如何用中国知网搜索查找文献,在搜索的过程中,我们修改了自己的选题,老师也帮我们下载了一些文献,方便我们以后查阅。过程与方法是我们必须体验和掌握的,比如查阅文献时需要找权威的,比较新的;搜索时注意主题词;红字的是比较权威的期刊;等等。这些细节老师都有强调。我们现在也非常需要这种精细化的指导。(T 老师,2018 年 10 月 13 日)

导师指导中要体现人本主义理论的核心要素,以学习者的需求为本,发现学习者的内在需要,体现针对性。如进行文献搜索指导时,指导教师 I 老师会让职前英语教师和她一起坐在电脑前,以主题词、关键词及标题等不同方式进行查阅,给她们演示学术期刊网的搜索过程及硕博论文的搜索方法。

T老师感受中介工具和他者调控在研究实践中的重要价值,她觉得"非常需要这种精细化的指导"。

在与他者进行互动的过程中,职前英语教师在导师的引领启发中产生科研动力和欲望,虽然没有尝试过有些具体的研究实践,她们借助老师的引领认真积极地进行探索和实践,这些方面体现出社会文化理论的最近发展区理论在研究实践的应用,职前英语教师"非常需要"老师指导,学习如何下载文献,下载有哪些特点或哪些标志的文献以及具体性的指导。

> 关于问卷分析,要有根据地下评断。I老师建议我们每天要翻查问卷,将问卷内容整理归类,分析找问题,每个数据分析的时候都要相应地结合一个文献,分析说明一致及不一致的原因,(不一致的原因是研究对象的不同还是地区的不同?抑或是其他的方面?)结合此说明本论文研究是值得完善的。分析内容要根据主题进行分析,要始终与分析相联系,挑选于自己有益的结果进行分析,并且分析要具体。在图下可提出"根据调查结果数据分析发现(见图×)",始终要明白自己为什么要做这件事情。
>
> 关于摘要,分为四步,问题,方法,结果,结论。(S老师,2019年3月14日)

在导师指导后,她们会重温指导内容,记下重要信息,以便于在科研活动中不断地进行实践所学。如S老师叙述的建议对于新手科研实践者来说很有意义。如对摘要写作方法概括为四步"问题,方法,结果,结论",对摘要撰写具有直接的启发作用。他者调控在引领职前英语教师明确目标任务,帮助她们树立信心,接受挑战,引导她们在学习中学会成长。

7.1.3　像春风滋润心田

> 针对两位同学不太严谨的论文题目又做了讨论,接下来重点强调的就是调查问卷的问题,我们组的很多成员都拟了问卷的草稿,老师将每一份草稿都打印出来阅读,然后对每位同学的思路及

想法进行了询问,结合这些想法做了一些指点。但老师比较推荐的是秦晓晴的研究方法书,让我们回去一定要仔细研读,学习这种态度以及方法。整个过程中,I老师的指导感觉就像那种春风刮过我们内心干涸的种子,让我们都对接下来的论文安排跃跃欲试。

因为自己能力有限,总是怕研究不好自己的题目。不过每次心里有这样想法的时候都会想起I老师说的,你一定要对自己有信心,对自己要研究的题目有信心,这是一个过程,你得坚信。然后我就会舒缓很多,不得不说老师的语言鼓励真的很有用。(U老师,2018年11月19日)

U老师感到I老师对她们进行的技术性指导如问卷调查设计很有用,也有信心指导。

社会文化理论研究者认为学习不仅仅是发生在学习者脑中的认知行为,也影响学习者的社会行为,对职前英语教师而言,研究的场景(context)不只是一个影响研究结果的变量因子,更是对研究过程本身有着根本性的影响。研究中的环境因素直接影响到研究对象的主观能动性的发挥,导师针对性的指导和引领激发职前英语教师科研的积极性,"老师的指导感觉就像那种春风刮过我们内心干涸的种子",使她们对"接下来的论文安排跃跃欲试"。

今天老师指导了论文,问卷要结合理论依据及数据进行分析,问题说明要详细。还有格式上目录要对齐,小标题要标好。摘要要认真写,内容要完整,格式正确,要不断地通读全篇,同学之间要互相指导借鉴。在格式上"非常"放一行,"同意"放一行,不能随意断开。上标要有小括号。论文数据要认真筛选计算,不能出现错误。要不断地研究分析问卷问题,以及解决建议,要有理有据。同时,要对自己充满信心。认真努力做好论文任务,要做快乐的研究者。(Y老师,2019年4月28日)

Y老师的描述中涉及导师指导的多个方面,主要包括数据分析指导、格

式规范指导、自信心指导、角色身份指导等。由技术指导到内在心理指导,聚焦于协助职前英语教师努力坚持在科研目标的引领下,充满信心,以快乐研究者的姿态认真对"数据进行分析",对格式进行调整,对"内容说明要详细"。

7.1.4 每一步都是紧跟着老师走,不忐忑

老师费了很大功夫给每个人的论文都做了很细致的批注,从那一行行蓝色的标注可以看出自己需要改正的地方确实很多。不过内心倒是不忐忑,甚至想到下周就会开始的答辩内心也没有多么紧张,因为从一开始接触论文到现在一篇论文的大致完成,每一步都是紧跟着老师走,虽然遇到了困难但也能慢慢挺过,所以觉得即使是最后的答辩,只要跟着老师走,问题也不大。(D老师,2019年5月15日)

D老师对老师的批注指导印象深刻,觉得"每一步都紧跟着老师走",即使"遇到了困难但也能慢慢挺过"。即便是下周要答辩了,"内心也没有多么紧张"。在本科职业前英语教师的科研实践中,导师具有重要职责,就是能领她们进入科研之门,了解科研入门之路上的重要标志,能安全踏入科研之门。入门后她们就可以不断尝试探索研究。从她们的叙述中感到人本主义和社会文化理论相互作用,其中,他者调控、自我调控、他物调控互相作用促成职前英语教师的有效成长。她们不断超越自我,实现新的目标,不断尝试新的目标,跨越一个个障碍,"只要跟着老师走,问题也不大",在导师的引领和自我实践中,职前英语教师不断走向成熟,科研能力不断提升。

7.1.5 老师特别厉害,我们很幸运

真的很感谢老师在百忙之中与我们面谈,同学们也都克服了各种时间、地域等问题回校。在一开始,老师先针对我们上交的开题报告指出了各项问题及整改措施,我们都被老师的这种认真的

态度惊讶到了,因此我们更加需要认真对待我们的论文写作了。
(U老师,2018年12月13日)

U老师在接受导师指导时被导师的态度影响,使她意识到"我们更加需要认真对待我们的论文写作了"。

老师在工作之余不忘给我们面谈指导问题,每次的时间仓促而珍贵。年后新的学期开始了,也是我们大四的最后一个学期,更巧的是我们有一节课就是I老师的课,这就给了我们更多见面的机会。课堂上的I老师也把自己严谨认真的态度展现得淋漓尽致,我们同学私下里都觉得这个老师特别专业,特别厉害。当然,我们同论文组的同学觉得特别幸运。(U老师,2019年6月1日)

U老师对I老师的"严谨认真的态度"印象深刻。职前英语教师很认同严谨认真的老师,因此当I老师既是论文指导教师,又是她们大四最后一学期的小学英语教育专业课教师时,同学们觉得I老师"特别专业、特别厉害",论文组的职前英语教师觉得特别幸运。这里说明老师对职前英语教师科研实践的影响不仅仅体现在技术上,还有专业上以及态度上。

7.2 同伴支架

7.2.1 "论文交流群"成员帮助

这里的"论文交流群"主要指本研究中I老师指导下的职前英语教师小组,她们会建立一个微信群,即专门为完成毕业论文而建立的论文交流群。

当我的预计与结果相差甚远时,我会产生无力感。就拿昨天修改论文格式来说,我预计我可以在天黑之前完成,而事实是天黑了我还是一筹莫展,不知道该怎么动。我不知道怎么把目录改成对的样子,不知道表格分离该怎么调整,不知道该怎么改动标题,使它看起来清晰。在那一刻,我觉得我遇到了好多事情,我好像对这些事情无能为力。感谢U老师和Y老师,在我向她们求助时,她们很快回复我有关格式的问题,Y老师放下手中的面试准备来到我身边帮助我,U老师帮我发现了题目的格式存在问题。她们的三言两语让我意识到问题没有我想的这么严重,在我想要推到明天做这件事的时候,Y老师鼓励我抓紧时间修改。这天晚上,我坐到桌子前,按部就班地按着论文格式修改,不知不觉到了半夜零点,电脑消息提醒该休息了。(S老师,2019年5月15日)

实践共同体中的力量和助益超乎人们的想象。同伴的陪伴、支持以及鼓励足以使人产生力量、获得智慧、提升能力。

我要感谢我们组的成员,每次遇到问题时我都会在"论文交流群"中求助,她们每次看到信息时都会毫不吝啬地解答我的疑惑。在这里我要特别感谢同学A(现同学)、同学B(老同学)、同学C(老同学)三位好友。在论文写作过程中,我走过弯路、前期没用心,导致我在论文写作过程中有过三次重新推翻又写的经历。第三次指导会之后,我知道我写的论文不成体系,完全不达标,我选择了做问卷调查。在又做出重新写的那个时间,我记得很清楚是5月1日的前两天,小学马上要放假,再加上没有做问卷调查的经历,完全不知道该如何入手,当时心态几乎达到了崩溃的临界点,还好有A和B的协助,我才能在当天晚上把我的问卷调查做出来并打印交给了我一个在小学实习的同学(这位同学我也要特别感谢一下,她是同学D。她在的小学那天要开运动会,学生进校之后直接到操场,不再去班里集合,她费了好大的劲儿才让学生完成了问卷,在这里也要对她表示衷心的感谢)。在写问卷的过程中,A同学来到我们宿舍"手把手"地教我,从头到尾与我商讨该怎样恰

当地表述问卷的题目;而 B 则在微信中告诉我写问卷的要点,并且把她的问卷发给我供我参考;还有就是当我的问卷调查写完时,我发到群里让其他同学给我提提意见,同学 E、同学 F、同学 C 等都提出了宝贵的意见,总之得力于她们的帮助我才能顺利完成论文。

(W 老师①,2018 年 5 月 23 日)

这是学习共同体精神的体现,是共同体中一系列个体共享的、相互明确的研究实践和信念,以及对长时间追求共同利益的理解。其实这里共同体中的成员,无论是 A、B 还是 C,都是从一开始对于科研的懵懂无知,在经历过全程实践后逐步成为一个"有经验"的研究者,并能协助或指导缺乏经验的研究者获得研究能力。共同体中的每个成员敞开心扉共享科研智慧,每个成员在其中的主动参与形成了共同体身份认同。在学习实践共同体中,个人成长、全员成长体现在她们既是学者、教者,又是研者的多样化身份。"有经验的"研究者已经开始使自己的能力"学以致用",成为一个"教者","学者"在"学中做"的过程中走向有能力的"研者"身份。论文交流群实现的是线上和线下成员的有目标的交流互动。她们在"行动中反思"(reflection-in-action)和"对行动进行反思"(reflection-on-action)(Schon,1983)中感受科研同伴的助力,提升科研能力。

教师日志和访谈文本中反复出现了小组成员集体研讨与研讨交流中的观点互动、论文互相检查审阅、提出论文中的问题、分享写作经历、提供改进问题的策略等。虽然教师的研究需要靠她们自己,但只有和他人一起才最有提升研究能力发展的可能,正是在这样的同伴支架中互动,职前英语教师才能不断收获研究新知、坚定研究信念、解决研究问题,不断使获得的新经验内化为一种能力,不断提升研究实践能力,发挥研究潜力,储备更多的研究成长资源。

在科研实践中的新的想法不一定来自教授、阅读或者线上学习,很有可能来自科研实践同伴之间的观点碰撞。在科研小组的实践共同体中,要敢

---

① W 老师是本研究者教授的 2018 届毕业生,并指导她的关于小学英语教育方面的毕业论文。

于提出自己的观点,善于接受他人的质疑,倾听他人的心声,接受新观点。在同伴协助下克服困难,解决问题。

职前英语教师的研究纯真、纯粹,极少有功利心态,但是和高校英语教师在共同体科研变化时也有共同特征,如在实践共同中同伴支架的影响下,在向同伴求助并获得帮助后,科研认知、科研素质及研究者身份发生积极变化。

7.2.2 同学们互相鼓励

中间也经历了一段特别纠结的时光,发问卷的时候找学校,分析问卷的时候也是很头疼,翻了许多文献,也想了好久,都不知道如何下手。跟同组的同学讨论交流,受了启发,才慢慢有了头绪。这半年一边上课,一边写论文,一边准备招教。我体会到了前所未有的忙。在撑不下去的时候,就想偷个懒,想放弃。幸好有同学经常互相鼓励,互相加油。谢谢你们!(T 老师,2019 年 6 月 4 日)

我觉得论文小组的成员也都给了我很多帮助,每次我们的互相讨论都让我有了很大收获。(Y 老师,2019 年 6 月 4 日)

在科研实践的整个过程,学习共同体是职前英语教师科研实践的重要平台。帕尔默在《教学勇气——漫步教师心灵》一书中这样说道:"现实是群体共享的""教学需要一种同事之间相互切磋、对话的共同体的指引"。科研实践也是如此,实践共同体成员互相促进,共同成长。同伴支架在学习实践共同体时互动助推形成新的科研智慧。有共鸣共感共情的研究同伴基于情感上的支持、行为上的互动和交流、知识上的共享以产生有意义的灵感或坚定的行动。

7.2.3 小组研究是研究路上的营养剂

小组的研究是研究路上的营养剂,我们一边自我挣扎,一边被

老师指导,一边努力前进,一边与伙伴们共同探讨,面对很多具体有针对性的问题我们都会犯同样的错误,老师不能对每一个字句、每一项内容都做具体的分析,但是小组共同交流就会让我们获得一些通过自身琢磨得到的技巧。(U老师,2019年5月5日)

科研小组成员在科研实践中的互动体现在以直接参与、想象参与及结盟参与的形式共同促进研究,在科研实践共同体中的同伴支架支持下成长。她们在"共同探讨""共同交流"中"获得一些通过自身琢磨得到的技巧",同伴支架、小组互动的合作、互助及促进她们发现问题和独立解决问题的能力。

论文研究小组让我意识到我们是一个整体,在研究的过程中我们会就某一个问题彼此讨论商量,互相帮助,就别人的问题提出自己的看法,帮助别人的同时也明白了自己需要注意哪些问题。有时候会发觉别人正在面对的问题是自己之前遇到过的,这时候给别人提出建议会更有底气。(S老师,2019年5月7日)

小组互动中职前英语教师互为支架,为对方提供支撑。在接受研究小组成员的帮助时,接受帮助者和提供帮助者都会更好地了解自己和对方的论文情况,互相提出问题,共商解决策略的行动正是研究者的责任和担当精神的呈现。帮助小组成员时,身份发生了变化,也会提升自身的科研信心和勇气。社会文化理论中调控作用在小组互动中得以自然体现。

印象比较深的是大家围在一起,一起交流的场景。我觉得这跟平常课堂上的小组讨论不一样。因为身份不一样,专注度不一样。我们基本一月会见一次,有时一月见好几次。第一次见面是在秋天,从秋到冬、春到夏,讨论的场景历历在目。(T老师,2019年5月16日)

研究小组中职前英语教师的身份与课堂上课时的身份不同,聚焦度不同,目标不同,在研究小组中专门针对研究情况进行沟通,有共同的愿景。无论春夏秋冬,研究小组成员"讨论的场景历历在目",这种研究小组使她们的身份发生变化,研究专注度和目标力得到提升。小组研究的确是职前英语教师"研究路上的营养剂"。

7.3 自我激励

7.3.1 革命尚未成功,同志仍需努力

那天整理到了凌晨12点半,所有的数据都出来了。……19号凌晨的时钟已经响起,我的研究日志将要完工,而论文初稿还存在一些空缺需要填上。革命尚未成功,同志仍需努力!(S老师,2019年2月19日)

日志完成,初稿还在进行。自我激励,不忘目标,继续努力。在论文修改的过程中无论遇到什么困难,就是不能停步。

很不幸运的是,自己的电脑出了问题,但这几日的整改集中在手机和图书馆里,这种包围在书海里的感觉让我成就感满满。但自身深知论文的修改之路任重而道远,绝不能因为一时的任务完成就掉以轻心,"革命尚未成功,同志仍需努力"。(U老师,2019年3月1日)

U老师自我激励,克服电脑问题,在图书馆的书海里用手机修改论文,"成就感满满",鼓足勇气,不骄傲、不气馁,不能因为完成任务就"掉以轻心"。论文修改之路"任重道远",需要一鼓作气,继续努力。

7.3.2 再努努力就是胜利

自己也明白了论文还需要好好地熟读,对自己做过的内容要非常熟悉,只有自己准备得足够充分,才能够自然地表达自己看法,才能够更好地去完成一件事情。(Y 老师,2019 年 5 月 17 日)

在接下来的日子里,要加快节奏,也要勤加思考,为最后阶段最完整的准备。(U 老师,2019 年 4 月 12 日)

这些问题都很深入,很具体,并且有些专业化,自我认为还是挺难的,但这是论文进行的最后阶段啦!再努努力,就是胜利!(U 老师,2019 年 4 月 17 日)

职前英语教师在自我激励中坚持思考、思考、再思考,准备、准备、再准备,实践、实践、再实践,努力、努力、再努力。她们一直在科研实践行动的路上,不断激励自己向前进步;不断熟悉论文内容,熟练口头表达研究内容。即使遇到难题,科研探索的热情不减,动力十足。她们在自我激励中成长,努力着走向一个又一个新的胜利。

昨天的面谈结束后,我认为论文的任务还很重,包括格式、语句、理论基础、摘要与结语、参考文献等。之前的努力也不少,可是最后关头了,不能掉以轻心啊,老师也很上心,所以在接下来的一周里,还是需要多加上心,为最后的答辩做准备。(U 老师,2019 年 5 月 16 日)

要对自己充满信心,认真努力做好论文任务,要做快乐的研究者。(Y 老师,2019 年 5 月 17 日)

自我激励与坚持实践使职前英语教师清晰自己的身份,自己的责任,明白自己是谁,自己的任务是什么。"快乐的研究者"身份表明她们是学习者,更是快乐的研究者。"知研者不如好研者","好研者不如乐研者",自觉激励,克服困难,"乐在其中","多加上心","认真努力","充满信心","努努力就是胜利"。

7.3.3 继续加油

虽然论文跟我平时看的散文随笔相比篇幅较长,但是认真读下来之后收获满满。果然多读书使人快乐。继续加油。(D老师,2018年11月10日)

加油吧,多看看多琢磨琢磨,平地起高楼也是要先有个框架的,先整理一个框架,再继续往里边填充吧。(D老师,2019年2月15日)

沉下心来,深入其中,加油!(T老师,2019年2月18日)

天气渐渐热起来了,上学路上的树枝已经开始抽芽了,雾霾也渐渐散去了,要继续怀抱热情啊。(D老师,2019年3月15日)

信心也不是一朝一夕建立起来的,努力了这么久,加油!(T老师,2019年4月28日)

在科研实践过程中,职前英语教师不断发现正能量,找到科研中的快乐,践行"千里之行始于足下""平地起高楼"的务实态度、宁静致远的精神。对研究充满"热情",自我激励不断,"继续加油","加油","加油"。这种发自内心深处的热情和力量,使她们精神饱满,迎难而上,不断加油式的自我激励为职前英语教师完成科研实践任务不断增添力量,彰显其青春蓬勃向上的精神力量。

一步一步脚踏实地地坚持积极的科研实践行动,不断突破原有的束缚,超越自我,获得观念上、技术上、能力上的更新,她们为了自己求知、做事、共处、做人能力的提升,在科研中不断对自己说"加油吧"!

8

职前英语教师科研实践成长变化

8.1 认知的变化

这里主要是知识的积累(了解小学英语教育现状有助于选题等,小学英语课程标准如 2011 版的理论应用,以及学术研究中的规范),智慧的积累(科研知识的学习,如研究方法的选择和使用、研究设计以及研究中逻辑及行文要求),以及认知的变化和发展。

"以研促教,立足于教师专业发展的知识体系研究,着力提高教改科研的层次与质量;以研促训,立足于外语教师专业发展的专题性研究,提高培训专题开发的前瞻性、指导性和实效性;教研结合,立足于教改项目的跟进研究,促进外语教师教育的改革与创新。国际化外语教师教育的改革与发展,需要重视'教学和科研相结合',鼓励团队中的教师在职前培养和职后培训中,将研究引入教学活动之中。"(李辉,2013)

I 老师在指导职前英语教师科研实践的初期,会强调将研究者的责任意识放在首位。I 老师在小组面谈指导时多次提醒,"各位同学,进行研究时,要有科研责任意识,首先是为自己的研究负责,用科研实践行动来体现科研的责任感和使命感,基于毕业论文的科研实践并不仅仅是为了毕业,也不仅仅是为了拿学位,而是在这个过程提升科研能力,真正感受科研实践的重要意义和价值,不是唯论文,也不是唯毕业而进行的科研实践,而是基于毕业论文的科研行动过程中实实在感受职业责任感和育人使命感,在小学英语教育科研实践中感受到自己学、教、研共融一体,互不分离的整体观,学习、教学、研究互相促进。需要珍惜科研实践机会,脚踏实地,认认真真地去体验科研的全过程,带着高度的责任感完成科研实践过程中的各个任务,始终牢记自己的研究目标,不断提醒自己,自己的研究应怎样体现出为小学英语教育教学改革服务,怎样为小学生乐于学习英语服务。结合自己的研究主题或者研究目标不时地问自己"。I 老师对职前英语教师进行科研责任感引导,使其有了责任感,然后他们自己就会主动去进行实践,就会主动去克服困难,就会主动去思考。责任感主要体现出对自己负责的态度,对科研负责的态度,主要体现在对教育负责的态度和行动中。

  我认为我的研究思路和研究意识有了很大的提升,因为一开始认为论文就是看别人的再变成自己的,现在认为论文是自己有研究的主题方向以后,参考许多参考文献,形成一些想法,再进行调查,发现问题,针对这些问题结合文献进行分析。这是一个完全由自己参与、自己设计、自己分析、自己获得的过程。(U 老师,2019 年 5 月 5 日)

在研究实践过程中,U 老师的研究意识发生了变化,认知发生变化表现为论文是自己的事情,而不是"看别人的再变成自己的",是自己要进行科研实践,确定研究(主题)方向,结合阅读文献形成自己的"想法",进行研究调查等全程是自己亲身参与的实践过程。

8.1.1 实践中积累知识

实践是成长的真正力量,实践出真知。

  在专业名词上更专业一些,所以我也更需要多看这些专业的文献进行比较思考。……这次没有老师的帮忙,自己在知网上下载了四五十篇文献存在电脑里进行研究,其中包括硕士论文和一些期刊论文等,再从中挑选几篇符合自己想要研究的方向进行重点剖析。(U老师,2018年11月19日)

阅读实践、管理行动的实践,将自己自觉融入目标引领下的科研实践中,读文献、分析文献就是在自觉积累科研知识。这是很不错的积累知识的方法,在行动中强化认知能力。

也和身边的老师进行了一些沟通,以求多了解学生现状、学习情况等,并进行前期的设计和构思方面的考虑,这样才能为以后的问卷完成做铺垫。不太方便的是和同学都没在一起,很多论文方面的事情没有办法及时讨论,脑子有些局限性。研究方法近期没有做太多思考,还是想以文献为主、调查问卷为辅,但在具体实施方面肯定会有难以继续下去的时候,所以自己还需要多加注意。接下来开题报告就要定稿了,希望可以比较顺利。(U老师,2018年11月17日)

U老师在最初的科研实践中增强责任意识,无论是在论文小组指导后研究反思和撰写研究日志,还是在实习学校,都会将自己的研究工作自觉融入其中。因为科研论文是自己分内的事情,这不仅仅关系着她们的毕业学位的问题,还影响到她们的学术品质及做人品质。为了积累知识和调查方面的知识,U老师和身边老师交流,了解学生,了解学生的学习,是从现实谈话中获取的相关知识,为研究调查奠定了基础。职前英语教师反思型实践行为助力科研认知的改变。

在自己科研实践如文献阅读、问卷设计、数据分析中身体力行感受科研的意义,在实践中积累科研知识。U老师明白问卷设计不是拍拍脑袋就可以完成的,而是需要了解相关情况以更好地进行研究设计。U老师至少不像刚开始指导时一说到问卷调查就"一头雾水",这是经过实践和反思的认知变化慢慢呈现的。

8.1.2 在科研实践中思辨

在实践中推进自己对事物的探究,研究者不断对科研实践进行思辨。运用一些方法如类比法来评估自己的科研实践。

> 值得一提的是,当老师给我指导具体的题项怎么设计时,我猛然发觉这不就是我第一次借鉴别人的问题吗?后来因为要用到五级量表不知道怎么用所以又把它给删了。当我告诉 I 老师这些时,I 老师说:"这就像你考试时先选了 A,后来擦掉了又选了 B,结果答案出来了是 A,你能说你之前选过 B 吗?"嗯,想了想,不能。(S 老师,2019 年 1 月 7 日)

和职前英语教师的对话反映出她们具有一定的反思性科研行为。反思科研成果并不是一蹴而就的,而是要长期坚持积累相关"东西",即奠定相关知识以及科研洞察力。如用设计五级量表样式的问卷。职前英语教师在叙事反思中扮演着多种角色,是科研参与者的角色,也是科研活动之后的局外人身份。无论是以哪种身份参与反思,在某种程度上已经使其科研意识及科研实践能力得到了增长,随着实践的深入和不断反思,必将内化所学新知。《礼记》曰:"博学之,审问之,慎思之,明辨之,笃行之。"思辨能力是研究者成长的重要标志。职前英语教师在科研实践中通过对问题的探究、对学问详细的询问、慎重的思考来提升思辨能力。

思辨促进认知不断趋向更高、更深。S 老师基于科研实践,发现自己曾经设计的问卷选项被自己删除了,在进行研究选择和判断时,S 老师对自己的科研行为进行思辨、质疑。基于实践的思辨与反思为做出正确的判断行为提供条件。

I 老师记得 2019 年 2 月 27 日打电话通知准备第二天约见论文学生,先打电话给 U 老师,没人接。I 老师就打给 S 老师,让她通知本组同学按要求按时提交论文初稿,下午 3 点面谈指导事宜。S 老师趁机赶快询问自己遇到的问题:自己论文初稿完成不了,她说自己论文的理论基础太薄太浅,自己想再找几篇博士论文看看,论文初稿可能完不成。I 老师要求她们要完成初稿,不要求完美,但要求结构完整。对自己的科研实践进行思辨,发现问题,在调整行动的实践中更新认知。S老师一直在实践中思考自己的论文,不断反思自己的论文,通过自我问话发现自己的理论基础过于薄弱,基于实践进行反思和思辨,找出适当的方法对自己存在的问题进行完善修改,及时抓住机会和导师沟通。

8.1.3 对实践的思辨

……但是我的题目多是用问句的形式阐述,这样的话是不利于采用五级量表的。之前老师强调过这一点,我没仔细查资料,以为选项有五级就可以了,所以才导致此次的问卷非常不合理。第三,有些题目不够扣题,与自己的研究目标有点背离了。第四,就是词语表述不够清楚,有些词语比较模糊。我自己呢,在老师发了邮件之后也思考了一些,但是在问卷方面做的研究是第一次,自己的头脑还是很迷糊的。所以下午与老师见面,我单独向老师咨询了一些问题。我觉得自己在与老师深度地交谈之后,把所有的问题总结整理了出来,然后接下来就是选出问题,明确自己的维度。(T老师,2019年1月7日)

T老师主要是针对问卷设计对自己的实践行为进行思考,诸如问卷设计问题总结为具体的四个方面,将自己科研实践中的实际问题语言化,通过对实践思辨使她更加清晰地发现研究中的具体问题,认识到研究的严谨性和重要性。在"思考"之后,T老师积极采取行动,在"下午与老师见面,我单独向老师咨询了一些问题",经过实践性思辨反思后的结果使T老师有了新的科研实践计划。

自己写的初稿有很多不完美之处,难免会有些挫败感。也不想找借口,没写好就是没写好,再怎么解释也是没写好,能力不足就是能力不足,再怎么掩盖还是能力不足。书读得不够多就是不够多,论文写得不好就是不行。虽说没什么特别委屈的,但是难免

有些垂头丧气的。(D老师,2019年3月15日)

这是D老师对自己的实践结果如论文初稿的思辨、质疑、接受、担当。在思辨中发现问题,但是所有问题自己自觉承担。"再怎么解释也是没有写好,能力不足就是能力不足",因此,"也不想找借口"。尽管这里有"垂头丧气",但是这"垂头丧气"给她带来了新的动力继续向前,积极地认识科研面临的问题,做出积极的态度回应。正向的心理认知有助于职前英语教师自主解决能力的提升。

综合一下老师讲的几点:文献综述要有过渡语,注意用词的严谨;注意错别字;研究方法要注意内容的翔实;表格要有表头;问卷调查的分析要尽量与文献综述相结合。……这次面谈后有些焦虑……为了结果的成功,这种焦虑是可以忍受并转化为动力的。天气渐渐暖和起来了,上学路上的树枝已经开始抽芽了,雾霾也渐渐散去了,要继续怀抱热情啊。(D老师,2019年3月15日)

对实践进行反思后,D老师结合自己的论文初稿情况设计新的计划行动。针对具体实践的内容,文献综述、研究方法、语言措辞及表格使用等方面都具体描述出要注意的情况。这种对科研实践的反思无疑是D老师"转化为动力",以及"继续怀抱热情"的实践新行动。

职前英语教师在科研实践时多数会采用认知重构或重建的方法调整科研实践。通过调整目标、调整态度、调整行为或者从新的角度看待问题,认知的积极变化使其思维不断向更高层级发展。

8.2 情感的变化

8.2.1 困惑迷茫,兴趣不减

我的研究兴趣经历了从迷茫到期待的发展过程,这是因为我从中得到了满足感。(S 老师,2019 年 2 月 28 日)

我的研究兴趣经历了高—低—高的发展过程,这是因为研究中间有些困惑,有些迷茫。(T 老师,2019 年 2 月 28 日)

我的研究兴趣经历了由焦躁到平静的发展过程,这是因为论文不是急出来的。(D 老师,2019 年 2 月 28 日)

我的研究兴趣经历了由小到大的发展过程,这是因为深入了解一件事情能引发兴趣。(Y 老师,2019 年 2 月 28 日)

职前英语教师针对研究兴趣的发展变化和经历过程,不约而同地谈到了情感体验。五个人中有四个提到有迷茫也有期待,有焦躁也有平静,有高、低、高的起伏情绪体验和感知研究兴趣,有从小到大的兴趣变化,但是所有人都表现出积极的情绪情感体验趋向。可以说,职前英语教师的科研兴趣融入不同的情感体验,由不良情绪到积极情绪体验研究,兴趣唤醒科研内在驱动力。兴趣是最好的老师。正是她们感受到了"满足感",感受到了"深入了解一件事情引发兴趣"的科研情绪体验,即便是"有困惑""有迷茫""有焦虑",也挡不住对研究的"期待",挡不住"由焦躁到平静"稳定兴趣的特征,因为"论文不是急出来的",挡不住"由小到大"浓厚兴趣,因为"深入了解一件事情能引发兴趣"。积极情绪有助于职前英语教师在科研实践中的情感体验,影响着她们的科研实践行为。

8.2.2 爱恨交加,期待成果

> 对于研究,我一开始感觉到<u>迷茫、焦虑、热爱</u>,后来感到<u>惭愧、焦虑、充满激情</u>,现在我感到<u>高兴、焦虑</u>,对于未来的研究,我将会感到<u>爱恨交加</u>。(D老师,2019年2月28日)

> 对于研究,我一开始感觉到<u>好奇、迷茫、喜忧参半</u>,后来感到<u>满意、敬畏</u>,现在我感到<u>热爱、痛并快乐着</u>,对于未来的研究,我将会感到<u>充满激情,爱恨交加</u>。(Y老师,2019年2月28日)

> 对于研究,我一开始感觉到<u>好奇、喜忧参半、迷茫</u>,后来感到<u>沮丧</u>,现在我感到<u>焦虑,爱恨交加</u>,对于未来的研究,我将会感到<u>成就感、痛并快乐着</u>。(T老师,2019年2月28日)

> 对于研究,我一开始感觉到<u>迷茫、焦虑、喜忧参半</u>。后来感到<u>满意、热爱、迷茫、痛并快乐着、喜忧参半</u>。现在我感到<u>好奇、喜忧参半</u>,对于未来的研究,我将会感到<u>满意、成就感、焦虑、痛并快乐</u>。(S老师,2019年2月28日)

> 对于研究,我一开始感觉到<u>好奇、迷茫、恐惧</u>,后来感到<u>焦虑</u>,现在我感到<u>爱恨交加、痛并快乐</u>,对于未来的研究,我将会感到<u>成就感</u>。(U老师,2019年2月28日)

职前英语教师研究过程经历了最初的"喜忧参半",因为刚开始做研究充满"好奇"和"热爱",但也存在"迷茫""焦虑""恐惧感",这是对未知领域进行探索的真实写照。她们带着好奇、焦虑、喜忧参半的心态和情感步入研究行动,感受每一个研究的当下时刻。"现在",她们是"爱恨交加","痛并

快乐","高兴"与"焦虑"并存。职前英语教师初次体验科研实践的爱恨情怀,她们爱科研,因为她们感受到了科研的力量,又爱又恨则是因为她们想好好做研究,苦于没有研究经历、缺乏研究经验,缺少研究技术和研究能力,她们想完全独立地从事科研,但又不现实,因此在理想与现实之间无法达到理想的协调状态,所以尽管她们爱恨交加,但依然执着前行,坚持行动,期待在行动中获得"满意"和科研"成就感"。

8.2.3 经历痛苦,收获满满

在科研实践中获得成长或成功,必然经历痛苦。

> 我印象很深的是改"致谢"的那个晚上,回想写论文过程中的一幕幕心酸往事,写作不容易但是满有收获,痛但是也很快乐。最后,致谢写完了,我的眼泪掉得哪儿都是。(S老师,2019年5月29日)

> 历时一年,我的论文工作已基本完成。想想这段时间,我经历了从最初的茫然无措,到慢慢地有了状态,再到拥有清晰的思路,整个过程是那么曲折和艰难。但是,我也拥有了无数难忘的回忆和收获。(T老师,2019年6月4日)

S老师在论文写作过程中感受"痛苦""不易""心酸",但是感到"满有收获","也有快乐",想到这些体验,她的"眼泪掉得哪儿都是"。T老师经历的"茫然无措""曲折""艰难",但是拥有了"收获"。

职前英语教师科研实践中的情感体验经历了不同阶段,在科研初期的体验充满着"好奇""迷茫"和"焦虑",接下来进入科研实践中,经历"喜忧参半""热爱""焦虑""沮丧""满意","现在"感受着"爱恨交加""痛并快乐着",对未来想象着感受"满意""成就感""痛并快乐着"。职前英语教师这些科研情感体验,与高校英语教师科研情感体验有些相似。如顾海波(2016)研究发现"在科研起步阶段,教师们感受最多的是好奇、迷茫和压力大";"科研进入发展之后,教师们感受最多的是成就感和压力大";"在当下

所处阶段,教师科研情感最多的是痛并快乐着以及压力大";"对于未来,教师们想象着会感受到压力、有兴趣以及痛并快乐着"。由此可见,无论对职前小学英语教师还是对高校英语教师,科研毋庸置疑地充满挑战性和不确定性。经历"痛并快乐"的科研情感体验是英语教师研究者共有的体验。

职前英语教师在科研实践中无论情感有什么样的变化,她们都有意识主动调适情感到正向的情感体验。即便是有苦也会感受苦中的甜,即便是有痛也一样感受痛中的乐,即便是迷茫,也能感受到"慢慢"成长。消极情感体验也给职前英语教师带来反思,激发她们的主动性,将消极体验转化成积极的情感力量。实践中经历的"曲折和艰辛",带来了"无数难忘的收获"。教师经过情感调节,在新的科研环境中坚持不断地增添自信,在科研实践中成长。

8.3　行为的变化

科研实践中的目标行为、自主行为、反思行为促进其成长和变化。

8.3.1　目标行为,引领方向

目标清晰是研究质量的保证。选题目标要体现"小清新"特点,也就是选题要从小处着手,选题要清晰体现研究对象、研究内容和研究方法,另外选题还需要有新意。

> 选题依据及意义过于笼统,不能很好地凸显研究目标的意义及价值。(D老师,2018年12月13日)

> 选题依据及意义太笼统,应当凸显研究目标的意义及价值。(S老师,2018年12月20日)

论文撰写中从选题开始就要有目标意识,研究什么,为什么要研究这个或者那个主题,论文开始时梳理好研究目标的意义和价值,不仅仅是其所选的题目值得研究,也是说明研究者始终要牢记自己的研究目标。这个目标意识自始至终需要体现在研究者的科研意识和科研实践之中。

我的研究目标是找到解决中国传统文化英语教学中融入的最佳方案。当前具体的研究目标是了解到小学英语课堂中传统文化的应用。目前还未达到。由于文献内容繁多,筛选起来需要时间,以及自己理解不是很透彻,可能会走很多弯路。(Y老师,2019年2月28日)

我的研究目标是全身反应法在小学英语教学中的应用分析。结合在实习期间问卷调查的结果,得出全身反应教学法在小学英语教学中的优缺点,全身反应法在小学中低年级英语教学应用中存在的问题、原因分析和一些思考,进而提出对调查的总结和反思。(U老师,2019年2月27日)

对研究目标意识、研究目标的落实行为进行反思有助于研究者锁定目标,避免偏离主题。职前英语教师在导师引领下会对科研实践中的目标行为进行反思。她们自然不断重温研究主题,梳理基于研究目标的研究思路,如Y老师阅读文献,以更好更透彻地理解相关内容,并意识到也做好充分的在实现研究目标的过程中会遇到挑战的心理准备,"可能会走很多弯路"。U老师基于自己的研究目标,梳理研究步骤。

(问卷)有些题目不够扣题,与自己的研究目标有点背离了。(T老师,2019年1月7日)

一个阶段有一个阶段的目标,完成就"很棒"。(D老师,2019年2月28日)

实现研究目标不仅仅是说说记到心里而已,重要的是落实到每一个研究过程中和具体的研究细节上,才能有的放矢。在问卷设计中,在一个个阶段性的研究任务中,目标引领具有事半功倍的效果。T老师发现在问卷设计时有些题目"与自己的研究目标有点偏离了",自然会自觉调整到符合研究目标的题目上来。研究目标就是一个方向性的引领,使研究者知道自己该去向哪里,使研究者在科研实践的征程中的每一步都能朝向研究目标前进,不断实现每一阶段的研究目标,"一个阶段有一个阶段的目标,完成就'很棒'"。

8.3.2　自主行为,增强责任感

自主计划、自主管理、自主行动、自主调节、自主反思在职前英语教师科研实践中体现了出来。

> 调整了心态,我脑子里蹦出了一个念头,问卷其实无好坏之分,不管怎么样只要能自圆其说就行。于是我决定继续做下去,我与姐姐讨论了问卷中的一些问题,姐姐告诉我,你应该相信你的数据,初稿不代表最终稿,你可以先写,后期根据情况再改。我拿起笔,在纸上画表格,一张张地数数据,发现效率有些低。姐姐建议我在 Excel 表格上处理数据,于是我把问卷问题先打在了 Excel 中。把问题一打出来,瞬间明了了许多,清楚地知道自己下一步该怎么做。于是我开始整理数据,后来姐姐也开始帮我,一个人翻查问卷,一个人拿着笔计数,往电脑上输数据。问卷一共 21 道题,100 多份问卷重复翻阅了 21 遍。越到最后速度越快,那天整理到了凌晨 12 点半,所有的数据都出来了。
>
> 19 日凌晨的时钟已经响起,我的研究日志将要完工,而论文初稿还存在一些空缺需要填上。革命尚未成功,同志仍需努力!(S 老师,2019 年 2 月 19 日)

S老师在遇到英语教育研究中的问题时,借助家人(如姐姐)的鼓励与支持增添动力和自信,使研究执行力增强,"瞬间明了了许多,清楚地知道自己下一步该怎么做",以至于S老师坚持整理到"凌晨12点半"。自主能力在科研实践中不可忽视。在不同社会环境中,教师的能动性和自主性会以不同方式体现,社会环境因素助力职前英语教师的研究能力成长,职前英语教师在特定的社会环境中更好地发挥自身的作用。

真正的研究者能享受其中的乐趣,边学习边教学边研究能享受到多种乐趣,研究的乐趣需要在研究实践中体验,将基于乐趣的研究成果和同行以及学者进行分享也是乐趣。

研究热情体现在研究目标、研究行为、研究效果上。研究的内驱力是提高研究热情的重要因素。教授职前英语教师的高校英语教师的研究热情也会促进职前英语教师的研究热情,而当前高校英语教师基于内驱力的研究热情并不乐观。赵志勇于2007年在《高校外语教师的教育研究意识与能力调查研究》中发现,94.4%的高校外语教师表明自己进行科研的原因及对科研必要性的认识在于"晋升职称"或"单位有科研要求"。78%的中高级职称的高校外语教师认为科研的必要性是"晋升职称"。中高级职称的高校外语教师对教学与科研的相关度认同低于助教职称。研究者的内在驱动力、主动研究意识有助于提升其研究热情,锻炼其独立研究能力。职前英语教师提升研究的热情与其英语教育以及自主学习的热情紧密相关。"学为人师,行为世范"是教师教育的核心理念。师范院校以及教师教育部门引领职前英语教师自身主动的学、教、研是研究能力提升的重要保证。主动学习、积极教学、热情研究不仅有助于职前英语教师点燃教育激情,充满教育活力,而且有助于避免"学而不思则罔""教而不研则殆"的教育无力感和研究无助感。21世纪的教师拥有自主学习、终身学习的能力和智慧显得尤为重要。职前英语教师科研实践刚好处于学、教、研能力相融合的关键时期。

> 不管怎么样,写论文是自己的事情。厚积薄发,我认为我现在最需要做的是自己潜下心来,钻到论文中去,像个学者一样去研究积极心理学。(S老师,2018年12月20日)

> 真的是,当你把眼前的事情都当成困难时,它就真的是困难了。如果你不管它多难,只管去做,你会发现努努力它还是能被克

服的。处理完数据,接下来我参考别人的论文结构,先把自己的论文结构写出来,然后往里面填充内容。本着不能和别人的论文重复相像的心思,我在网站上找了很多有关积极心理学的资料。写论文的过程就是一个全新的过程,因为是第一次,所以就是摸索。摸索的过程中,我隐隐地觉察到自己是在成长的。(S老师,2019年2月19日)

S老师自觉主动地沉下心做研究,克服困难,"只管去做",努努力困难"还是能被克服的"。自觉积极有计划地进行写作和研究。责任感自然在主动的科研行动中体现出来。

觉得这是研究的必经之路,有问题才会有努力的方向。加油!(T老师,2019年1月7日)

初稿还是不完美的,甚至可以说瑕疵很多,但是这些问题都是可以被改正的,写东西就是这样的。但只要心无旁骛满怀希望就好。(D老师,2019年2月23日)

D老师积极面对问题,客观认识论文"不完美"现状。充满信心改正问题,心态积极"心无旁骛满怀希望"地向前走。

很不幸运的是,自己的电脑出了问题,但这几日的整改集中在手机和图书馆里,这种包围在书海里的感觉让我成就感满满。但自身深知论文的整改之路任重而道远,绝不能因为一时的任务完成就掉以轻心,"革命尚未成功,同志仍需努力"。(U老师,2019年3月11日)

U老师一直积极行动,主动克服遇到的各种困难,论文"整改之路任重道远",不能"掉以轻心",D老师用自主激励法激励自己不断行动,不断前进。

> 要对自己充满信心,认真努力做好论文任务,要做快乐的研究者。(Y老师,2019年4月28日)

Y老师也一样满怀信心,"认真努力"做"快乐的研究者"。

职前英语教师在毕业前的英语教育研究中更能彰显其学以致用、理论与实践相结合以及具有创新精神的研究能力。她们主动地学、积极地教、认真地研,体验着学求知(learning to know)、学做事(learning to do)、学共处(learning to live together)、学做人(learning to be)能力。人本主义学习理论观点表明,(学习)研究的关键是为有效地应对变迁中的世界而知道如何进行研究,并促进有意义研究,促进人格的发展。

职前英语教师的科研主动性助推她们科研实践的有效进行。职前英语教师研究主动性体现在自我责任感,如"写论文是自己的事情""绝不能因为一时的任务完成就掉以轻心""革命尚未成功,同志仍需努力"。

主动性还体现在主动利用多种资源进行实践研究,"我在网站上找了很多有关积极心理学的资料","这几日的整改集中在手机和图书馆里,不过这种包围在书海里的感觉还是让我成就感满满"。自主激励、自主调整能力也是自主学习的重要资源。"要对自己充满信心,认真努力做好论文任务,要做快乐的研究者";"觉得这是研究必经之路,有问题才会有努力的方向。加油";"调整了心态,我脑子里蹦出了一个念头……于是我决定继续做下去,……把问题一打出来,瞬间明了了许多,清楚地知道自己下一步该怎么做";"写东西就是这样的。但只要心无旁骛满怀希望就好",自主激励是职前英语教师科研实践的动力,体现出"做中学"的科研理念,即"做中研""研中学""学中行""研中行",实践行为促进科研进程,英语教师在实实在在的自觉自主科研实践行为中感受到科研的真义,在真真切切的研究实践中学习科研,通过老老实实的行动提升科研能力。

自主性行为也体现在自觉管理时间方面。

> 好的文献都是从模仿开始的,所以要耐得住枯燥,多研究研究。自己去图书馆又搜查了一些与自己研究主题相关的文献,根

据之前下载的文献做出对比,查找更为确切的能为自己的研究主题提供帮助的文献资料。自己在脑子里大概回顾了一下之前这段时间对论文的准备工作,缺少条理性,特别是在方法和思路上,因为自身理解能力的问题,对于老师推荐的书并没有做仔细研究,现在感觉一定要补回来了。还有就是时间问题,因为自己在实习以及在辅导班工作,所以得安排好时间,把论文的研究放在前面,近期就是研究问卷设计,尽快设计出来合格的问卷然后利用实习优势分发下去,得出数据才能对之后的论文研究有帮助,不然就只能空谈了。(U老师,2018年12月13日)

过程管理和时间管理是科研实践顺利开展的重要保证。

希望接下来的两个星期内吧,可以通过查找文献或者书籍中的参考问卷完成问卷的学习与设计,然后在小学生放假前完成问卷的分发与回收整理,方便进行整篇论文的初稿。最起码一定要比问卷设计的初稿有进步并且能够投入使用才行。希望一切顺利。(U老师,2019年2月28日)

这天晚上我坐到桌子前,按部就班地按着论文格式修改,不知不觉到了零点,电脑消息提醒该休息了。(S老师,2019年5月15日)

问题解决和困难应对效果提升自主管理和自主解决问题的能力。

在研究的过程中遇到了很多困难,比如对于传统文化的概念的理解,然后通过查阅文献解决了;比如问卷调查的设计和统计,后来通过老师讲解以及自己查阅文献解决了一些疑惑。(T老师,2019年2月28日)

自我管理、自我监控、自我调整、自觉行动,职前英语教师不断反思,纠正研究行为,提高研究效果。

自主行为是科研成长的关键因素和重要条件。她们的自主科研行为通过不同途径实现。尤其是在遇到困难时,她们勇于面对困难,积极解决问题。

8.3.3 研究行动,实践变化

职前英语教师坚持行动,在实践中科研能力获得有效提升和积极变化(见表8.1)。

表8.1 职前英语教师科研能力提升情况

研究能力	摘录信息
研究知识储备力	努力找相关的理论基础,并且听取老师的建议看一些相关的著作。翻看文献,多看几本书也找到了几条相关理论,不过也还是有幸福的:遇到了没听过的理论还是会让人精神振奋,也愿意花时间去理解。(D老师,2019年3月11日)(理论储备,研究自信增强)
研究设计能力	这次感觉大家的问卷都比刚开始正规许多。(D老师,2019年4月11日) 知道了目录中只体现一级、二级标题。
资源使用能力	找了室友一起对每一个问题进行研究探讨,……看着老师分析她们问卷的样子神态,我暗自想这就是研究者的立场啊。而我在设计这些题时想的就是设计题,没有抱着研究的心态又怎么能做得好研究呢?老师的针对性指导给了我很大帮助。(S老师,2019年1月7日) 多看文章是大有裨益的,虽然论文和作文不一样,但毕竟都是涉及文字及思路,方法应该是可以借鉴的。以前倒是看了一些PDF格式的文章,可能是篇幅问题,较论文而言说得更简短有力。但是不妨再看一遍,看得多了自己的思路也就出来了。(D老师,2019年2月23日) 今天到办公室后,同组的同学都讨论得很密切,自己也加入其中,这期间,主要发现每一位同学的格式都或多或少有些问题,以及在图表方面做得都挺好的,我们都互相做了借鉴和讨论。(U老师,2019年4月28日)

续表 8.1

研究能力	摘录信息
分析能力	分析部分也是努力按照老师所说,与调查主题相切合,与问卷调查相切合,在分析部分不能臆想……最好加上与其他参考文献的对比分析,方能更好地突出你的研究过程以及真实性。(U 老师,2019 年 4 月 12 日) 每一个定义、概念、理论记熟,并能够理解其含义,将其恰当地运用到论文里。还要再参考别人的论文以及文献,再度寻找切实的问题进行分析。看几个教学视频和案例,将例子运用到分析中,加强论据。(U 老师,2019 年 4 月 17 日)
研究反思能力	我没有按照研究计划进行研究,因为我没有制订研究计划,或者说我只隐隐地记得在交论文开题报告的时候有一栏是"研究计划"。思想不丰富,现有理论不足以支撑观点。(S 老师,2019 年 2 月 28 日) 写论文时最需要克服的就是对自己的鄙视,一定要多读书,让这种情绪不断地激励自己。论文是一时的,学习是一世的。(D 老师,2019 年 2 月 28 日)
研究责任意识	这些日子每天上课都带着论文,一有时间、一有灵感就马上拿出来改,没课的时候也会留出大块的时间,这是我觉得特别有收获的一次修改。(U 老师,2019 年 4 月 12 日)
学术规范意识	引用文献的标识、脚注、英语参考文献格式,分析要与文献综述相结合。(D 老师,2019 年 4 月 11 日)

就职前英语教师科研能力而言,研究日志从不同方面反映出她们基于研究实践的成长和进步。研究实践过程滋养了职前英语教师的研究能力,她们的研究知识储备力、研究设计能力、运用资源能力、分析能力、反思能力、责任意识及学术道德意识等多方面能力不断增长。研究实践促使职前英语教师积累知识、运用知识、创新知识、分享知识、分享研究成果,经历输入到输出的研究实践过程。她们在由不知到知之到用之的蜕变的成长历程中,遇到更加自信有为的更好的自己。

英语教师仅有研究教学理念是不足以实现其研究发展能力的。将研究理念转化为具体的研究行为,再通过研究实践行为,将所学、所用、所得很好地结合起来,能够实现研究发展能力的提升。在研究实践行动中,职前英语教师将研究方法、研究设计、研究分析、研究责任、学术道德等研究认知转化为实践行动,并将其内化为稳定的研究能力。

9 职前英语教师科研实践成长特点

职前英语教师科研实践成长特点可以用 ACTIVATE 进行概括。A 代表 Aim,C 代表 Check,T 代表 Teach,I 代表 Interest,V 代表 Victory,A 代表 Action,T 代表 Team,E 代表 Environment。

9.1 目标(Aim)

科研目标是科研实践的方向。职前英语教师的科研实践,始终是以目标为驱动导向的。这里指教师指导时的目标和职前英语教师科研行动中的目标,既包括长期目标和短期目标,又包括总体目标和具体目标。导师指导是以本科毕业论文要求目标为前提进行目标方向性指导、技术性指导、过程性指导。在研究选题、文献综述、研究设计、研究分析的实践指导中实现目标,目标指导行动关注职前英语教师的情感、态度、价值观的引领下的指导工作。职前英语教师的目标主要有责任目标、行动目标和自我管理目标等。长期目标是从开始到结束,经历近一年的实践中她们提升科研水平,完成科研任务。职前英语教师普遍感到在实践中需要"凸显研究目标"。

选题依据及意义过于笼统,不能很好地凸显研究目标的意义

及价值。(D老师,2018年12月13日)

选题依据及意义太笼统,应当凸显研究目标的意义及价值。(S老师,2018年12月20日)

自己要有一个非常明确的概念,知道我们要研究什么,围绕这个目标慢慢展开工作。(T老师,2019年1月7日)

I老师都说我的问卷问题与我的研究目标不符。(S老师,2018年12月20日)

有些题目不够扣题,与自己的研究目标有点背离了。(T老师,2019年1月7日)

从选题、概念、问卷设计等建立研究目标,如"符合研究目标",问卷题项围绕"研究目标",设计的维度要"标明为什么教学目标服务",有益于把握研究方向。

坚持"总体目标"与"阶段性目标"相结合,"结合研究目标"进行实践行动。

论文要从头到尾不断地看,看逻辑性,看研究目标,看语言清晰性。(S老师,2019年2月28日)

在论文研究目标上,自己需要多方面分析,寻求解决方案。(Y老师,2019年2月28日)

一个阶段有一个阶段的目标,完成就"很棒"。(D老师,2019年3月15日)

目标是引领行动的方向。短期目标是指每一个阶段性目标,如选题阶段、开题阶段、研究设计阶段、数据分析阶段和答辩阶段等各个阶段目标。总体目标是完成学位论文,具体目标是每一个具体的科研实践活动目标,完成各个具体目标以连贯起来即完成总体目标。职前英语教师在清晰的科研目标指引下实践她们的科研行动。

9.2 检查(Check)

在目标引领下的科研实践,职前英语教师及时进行科研检核和科研目标的落实检查,主要检查目标的完成情况,即是否在规定时间内完成任务,存在哪些问题。还要检查科研中的情绪状态、科研态度等,从不同方面发现,及时整改完成科研任务。养成及时检查的习惯,发现问题,解决问题,提升科研实践效率。

> 我感觉,第一次针对初稿的面谈,是纠结迷茫与初成轮廓的结合体。(U老师,2019年3月11日)

> 老师昨日主要针对英文摘要对我们进行了简短的评价,我们的态度不够认真,这是一个需要重点注意的问题。……对自身论文的逻辑还不是特别清晰,我需要着重修改,……不过我发现在纸质稿上更容易发现自己的问题,所以这几天我要努力把这份稿子多读几遍。(U老师,2019年3月15日)

对论文初稿进行检测,分析研究实践体验初稿是"纠结迷茫与初成轮廓的结合体"。职前英语教师在对自己的研究进行检核,发现论文进展情况,部署具体实践计划。

> 在接下来的日子里,要加快节奏,也要勤加思考,为最后阶段

的完成做准备。(U老师,2019年4月12日)

U老师认为时间把握很重要,需要"加快节奏"和"思考"。

> 我单独拿出来进行问题分析,证据不够强烈。并且在后续的分析中,我并没有完全结合数据去说话。(U老师,2019年4月17日)

检测中U老师发现证据不够充分,没有很好地结合数据进行分析。

> 最遗憾的就是理论部分的论述不够有研究性,分析时不能很好地将定义、理论基础、参考文献相结合。(U老师,2019年5月5日)

检测理论与实践相结合的实践情况,是职前英语教师内化所学理论与实践的明显特征。

> 我认为论文的任务还很重,包括格式、语句、理论基础、摘要与结语、参考文献等。之前的努力也不少,可是最后关头了,不能掉以轻心啊。(U老师,2019年5月16日)

学术规范意识明显增强,在不断检测科研实践成果中修正行为,调适认知,调整实践。职前英语教师不断检测行为,清楚自己"研什么""怎么研",在正确的目标引领下,落实科研实践的主要内容,并从what、why、how方面进行检测和实践。在科研探究驱动下积极发现问题,面对问题,解决问题。

9.3 教师指导(Teach)

通过阅读职前英语教师科研实践中的资料(主要是研究日志)、观察她们的研究行为以及面谈指导和访谈发现,她们的科研实践知识构建呈现明显的共性特点,这些特点与高校优秀英语教师实践性知识构建的特点(徐锦芬等,2014)相一致,即实践性、反思性、互动性和自主性。和高校优秀英语教师实践性知识构建不同的是,(本科)职前英语教师科研实践知识的构建基本上离不开导师的指导和引领。也就是说,职前英语教师科研实践知识积累是在导师指导由不知到知之再到用之然后再到创新实践的过程中形成的。

导师指导对于本科生来说具有重要作用,可以说没有老师的指导,职前英语教师的研究实践就难以完成。

> 见面之后才知道面对面交流是非常有必要的。之前很迷茫,不确定自己的选题是否合适,不知道自己下一步该做什么。而与老师的谈话过后,就明确地知道自己的方向,下一步该做什么,收集什么资料,等等,收获满满,谢谢老师。(T老师,2018年10月13日)

总体上来说,基于学位论文的研究实践主要有研究态度、选题原则、文献阅读、理论应用、研究设计、方法选用、结果讨论与分析等。学位论文撰写阶段,导师起到很重要的作用。研究生学位论文也是如此,"76.8%的研究生认为导师是研究生培养的关键因素"(郑卫荣,2015)。绝大多数毕业论文作者都认同导师是科研能力培养的关键因素。

在科研实践指导中引领职前英语教师求知、做事、共处、做人。

根据人本主义视角,教师不仅提出规定要求、传授模板、发号指令,也参与管理。教师是科研实践的促进者、鼓励者、帮助者,在指导中坚持以学习者的主动参与为本,为职前英语教师创设独立研究及共同学习合作成长的科研心理环境和实践环境。教师相信学习者能够自由地选择主动学习,也能设身处地与职前教师的科研实践体验产生共鸣。教师用心去感受倾听她们的声音、了解她们的需求,有针对性地提供帮助,协助她们在科研实践中获得科研能力,同时获得积极情感态度和正确的价值观。

学习者的学习必须是内发的,学习者是主体和主人。学习实践活动应该由学习者自己选择和决定。教师的任务是指导,营造良好的科研实践环境,指导的目的不只限于教授技能,更重要的是在知识能力、情感和动机等多方面培养其健全的人格。人本主义认为每一个个体都渴望从他人那里获得温暖、关爱、尊敬、认可等。指导职前英语教师需要为她们提供有助科研实践的专业引领,将科研实践策略介绍给她们。如:元认知策略(metacognitive strategies),包括提前准备、加强注意、自我管理、自我监控、自我评价等;认知策略(cognitive strategies),包括文献综述中的"归类"和"综述"、研究日志的撰写、观看相关小学英语教学视频资料、语料数据整理;情感策略(affective strategies),包括与不同成员的协作、提问与讨论、表达观点等。

> 面谈开始,老师递给了我们每个人一张纸,让我们把自己的答案写下来。记得是六个问题,印象最深的是最后一道题:"你需要老师给你提供什么帮助?"回答前几道题的时候我略做思考就开始回答,只有这道题让我沉思了两分钟。我觉得我就像一个去找医生的病人,说不出自己哪里不舒服,但是又觉得自己需要去看医生,而面对医生的我好像是在无声表达:"医生,你看看我吧,你经验丰富,你看看我的不舒服是因为什么。"(S老师,2018年12月20日)

刚刚进入研究的职前英语教师,对研究充满好奇又不知所措。她们遇到困惑时,感觉自己像"一个去找医生的病人",但是需要医生的"病人""说不出哪里不舒服",只好依赖导师为自己把脉。导师起到重要的引领作用,在引领科研能力提升的过程中,最终引领的是人的成长中的积极变化。以人为本的理论强调在"自我实现"的过程中不断体验变化和成长。

9.3.1 过程指导

导师指导包含技术指导、示范引领、知识传授及心理调适等方面。

> 昨天老师指导论文了,主要讲了三个问题,国内外研究、研究方法、分析问卷。其中国内外研究中,我的语言表述还存在一些不

足之处,比如在说出一些研究之前应先说出一个导入语,小学英语教学相关的研究有很多,基于中国传统文化教学的研究也不少,但是相对不足,因此对传统文化教学在小学的应用研究很有必要。(Y 老师,2019 年 3 月 15 日)

在他者调控和自我调控的作用下,Y 老师不断增强科研意识,如在语言表述中的修正意识,认识到传统文化教学与小学英语教学实践相结合、研究与实践相结合的重要性。她提升了具体的科研能力,尽管还不能达到很高的水平,但是已经进入了在学术意识引领下的科研行动中。她们对导师还是有一定的依赖性和期待性。

  如果没有老师适时的指点提醒,我想我们很快又停止了前进。参照自己,如果没有这次的面谈,我会接着去做这件事情,但是我认为我的方向不会那么清晰明确,感谢这次面谈,为我注入了新的前进的动力……I 老师今天讲了三个重点:第一,重视文献综述的写与改时要注重语言的精确;第二,研究方法要写具体;第三,对数据结果的分析要言之有理,分析有据。……(S 老师,2019 年 3 月 14 日)

研究中实事求是的态度和精神很重要。比如在研究中需要运用有力的证据支撑观点时,按照实际情况进行证明,有一分证据说一分话,不夸大其词。席玉虎主编的《小学英语教师科研入门》指出:"仅仅做了几百人甚至几千人的一个问卷调查,却得出一个全省甚至全国的结论来,那是会贻笑大方的。"这里我们也用香港中文大学严耕望在其《治史三书》中的观点,"慎做概括性的结论","有才气、讲通识的学者,往往喜欢下概括性的结论,浅学之士也往往喜欢这样","所以概括性的结论少说,要说也只能说大体如此,意非全部如此"。这是要求研究者治学严谨,实事求是。

学术实践过程是职前英语教师成长的重要经历。从论文结构设置方面呈现其层级性、逻辑性、主题性。按照要求引用文献,如何注明出处,如何写参考文献。要求职前英语教师加强读与写的练习。认认真真做事,踏踏实实做人。科研的过程是一个艰辛努力的过程。

> 真的很辛苦,我们自己的论文抠得这么累,别说一个老师看我们六个人的不同主题不同内容的论文了,这真的是一项大工程。很感谢与 I 老师这一段日子的相处,我真的觉得从论文的工作中得到了成长。听别人总说论文很简单,很好过,我不这样觉得,我觉得论文工作真的很让人成长,让人收获。(U 老师,2019 年 6 月 1 日)

> 1 月 19 日,I 老师发的邮件中这样写道:"希望你在 2019 年 2 月 19 日之前将论文初稿及研究日志发送过来。"拿起手机,又看了一遍邮件,没错,今天是最后一天了。拿起手机看到有小伙伴问论文交了没有,答:"还没完成。"三言两语,互相鼓励了一下,大家各自完成自己的半成品。(S 老师,2019 年 2 月 19 日)

老师的提醒、敦促以及面谈指导促进职前英语教师有计划地进行实践研究。论文内容、论文结构、研究方法在过程中都需要得到老师的指导。I 老师发现有五个老师按时提交了论文初稿。可以说,这根本不能称作论文初稿,甚至不像她们说的半成品。她们提交的论文初稿结构不完整,调查分析部分内容空白;她们提到了调查法,但调查问卷以及相关信息基本不存在。I 老师明明知道她们都设计了问卷,有的改了很多次,并且她们在春节前已经发放了问卷,回收了问卷,但是在正文中没有调查分析内容。也许她们理解的是提交初次的论文稿,无论完整与否,但是 I 老师要求她们交的初稿是完整的论文稿,即论文结构完整、论文内容完整的论文初稿。发现论文初稿不具备这些完整稿的特征时,I 老师立即召开论文小组会议。

> 我明天准备约见论文学生,刚才打电话给 U 老师,没人接。我打给 S 老师,让她通知本组同学按要求提交论文初稿,下午 3 点面谈指导事宜。S 老师趁机赶快询问自己遇到的问题:自己论文初稿完成不了,她说自己论文的理论基础太薄太浅,自己想再找几篇博士论文看看,可能论文初稿完不成。我要求她们要完成初稿,不要

求完美,但要求结构完整。(I 老师,2019 年 2 月 27 日)

导师在引领职前英语教师实践科研的过程中,对她们的行动有一定的督促和调控作用,引导她们克服困难,接受不完美的自己,不断向前进步。会议讨论和指导后 I 老师要求她们按"五脏俱全"的标准把论文初稿交上来。

> 今天发现,其实学校的硬性要求、老师的敦促是推进事情完成的有效途径。如果不是学校要求,我想大概不会有多少人愿意去完成论文写作这件事情。如果没有老师适时地指点提醒,我想我们很快会停止前进。参照自己,如果没有这次的面谈,我会接着去做这件事情,但是我认为我的方向不会那么清晰明确,感谢这次面谈,为我注入了新的前进的动力。(S 老师,2019 年 3 月 14 日)

老师的敦促和指导是职前英语教师科研实践顺利开展的重要因素。老师、指导行为、面谈交流都是引领职前英语教师在目标引领下坚持行动,不仅是为了完成研究任务,也是养成良好习惯的必要因素。Bakkenes 等(2010:536)将教师学习定义为"教师通过积极参与活动,从而导致知识、信念及教学实践改变的过程",在习惯行动中内化认知,发挥中介如导师、学校等引领方向和技术指导等作用,发挥她们自身的主观能动性。如果没有老师的及时指导,她们无法跨越遇到的科研瓶颈。学习、内化和实践,或者实践、学习、内化的互动作用不容忽视。Vygotsky 认为,认知发展过程是从外部人际间转化为个体内部心理的过程,这一转化过程通过中介起调节作用。在接受指导后,职前英语教师会主动出击,将内化的概念知识落实到实际行动中。

> 5 月 4 日需要交定稿,这几日,我需要再次审视问卷部分,仔细分析,并且针对文献、案例、理论基础进行分析,让论文中的每一个部分都有联系,而不是空架子。还是要多看,多分析,多对比,将论文的内容内化于心,清楚地知道每一项内容处在哪个环节,每一个

概念的相关人物时间地点,这是最后一次大方向的定稿了,必须重视,不能掉以轻心,并且不久之后就要准备预答辩、答辩、填表等各种事宜,要将论文任务完成在这些琐事之前,防止影响进度。最后希望自己可以很顺利,有所得。(U老师,2019年4月28日)

指导和引领是为了实现她们能独立从事科研实践。教是为了不教。他者调控影响下的信息输入及自觉实践的自我调控过程,加强了职前英语教师的科研目标、科研实践以及思辨能力,她们的自我调控能力得到很好的提升。

9.3.2 方法指导

共性问题也是比较重要的问题:一是对文献综述的理解不够深入。什么是综?什么是述?老师提的这个问题一下就把我问懵了,我好像从来没想过这个问题。……(T老师,2018年11月19日)

职前英语教师与论文指导教师的互动交往是促进她们研究顺利进展的重要保证,这主要源于导师的影响和实际指导。在研究对象的研究日志中,100%的提到导师的重要作用。

我觉得我就像一个去找医生的病人,说不出自己哪里不舒服,但是又觉得自己需要去看医生,而面对医生的我好像是在无声传达:"医生,你看看我吧,你经验丰富,你看看我的不舒服是因为什么?"(S老师,2018年9月1日)

在研究中遇到问题,职前英语教师首先想到的是求助于导师。S老师把导师比作"医生",说明导师在其研究实践中具有不可替代的重要作用。

I老师认为整个研究过程一直和5位职前英语教师在一起,感觉是和她们在一起进行研究,感受她们真实的情感体验。

在阅读老师的叙事问卷内容时,感觉到就和她们在一起做研究,感受着她的真实体验。我认为,这种叙事问卷还是很有意义和价值的,能真实地了解毕业论文作者真实的心理感受,所遇到的研究困惑等,对她们的论文写作和导师的针对性指导有很大的帮助。发现学生有许多地方需要手把手地指导。(I老师,2019年2月28日)

I老师感受着职前英语老师的科研感受,用心体验职前英语教师由开始的"无力""焦躁"到"平静",由感性到理性,由浅入深的心灵感受,这种感受引领科研成长。

人本主义关注教师的精神状态,激励教师在英语教学科研实践中领悟蕴含的人文精神,思考存在的意义和价值,以语言为载体驱动教师获取多元信息,在真实科研实践中提炼个人的看法和观点,方法指导显得尤为重要。例如,文献综述是职前英语教师面临的一个挑战。在指导中,I老师为她们提供具体的文献综述成果样例以达到有具体的参照和启发,如《外语教师教育研究综述》一文中的一个表格(见表9.1)。通过观察,她们会发现可以从不同维度进行文献整理分析。

表9.1 文献综述整理及分析方法参照:外语教师知识和观念的部分研究

研究者与参与者	研究内容	研究方法	主要发现和结论
Borg(1998) 1名有经验的ESL教师	教师关于语法教学的、个人理念及其与行为的关系	课堂观察与跟踪访谈	语法教学行为有分析错误、让学生归纳规则、对照母语、讲解规则等;相应的个人理论有:基于学生错误教语法更有针对性、学生喜欢归纳规则的挑战性,等等
Golombek(1998) 2名在职学习的年轻ESL教师	教师个人实践知识	课堂观察与课后访谈、刺激回忆报告	以叙事的语言道出两位教师的个人实践知识,其中多有情感成分;主题词为"平衡"和"脚手架"

续表 9.1

研究者与参与者	研究内容	研究方法	主要发现和结论
Gathboton（2000）两组（7名）有经验的加拿大 ESL 教师	教师实践性知识在教学中的运用方式及其可能存在的共性	刺激回忆报告	二组教师报告用过的知识分别为627和907条、平均每分钟3～4条,内容涉及21个类别,最主要的有语言管理、学生状态、课堂程序
Tsui（2003）4名香港 ESL 教师包括1名专家教师	教师的职业专长和它的发展	课堂观察、深度访谈、教学文本	教师专长是各类知识的综合,不可分离;专家与专家的区别不在于各自能做或不能做什么,而在对行为的感知和理解不同
Zhang（2004）6名中国优秀大学英语专业教师	教师个人理论以及它们是怎样形成的	课堂观察和录像、课前和课后访谈	教师个人理论是正式教学理论与非正式个人观念和想法的聚合;它是在长期与个人实践经验的互动中演化而来的

职前英语教师读到这个表格,会发现有价值有意义的综述方法。表9.1中显示参与者即作者选择的研究对象少则1名,多则7名。发现这个信息时,职前英语教师就可以根据所提供的文献综述清楚地发现作者除了对研究者和研究对象个数进行对比分析之外,不同研究者还从研究的内容、研究方法、研究结论和发现等方面进行整理。这样职前英语教师很容易明白在对与自己研究主题相关的文献进行分析时,首先进行分析中的维度区分。基于不同的维度进行有针对性的阅读和梳理,提炼观点。阅读分析能力是保证文献综述质量的前提。引领中学习,学习中实践。

我查了一下"文献综述"的定义,发现它并不是简单地将与研究目标相关的一些研究罗列在一起。文献综述需要通过分析、阅读、整理,提炼当前课题、问题,或研究专题的最新进展、学术见解或建议,做出综合性介绍和阐述。综述是指就某一时间内,作者针对某一专题,对大量原始研究论文中的数据、资料和主要观点进行归纳整理,分析提炼而写出的论文。综述能反映这一专题的历史背景、研究现状和发展趋势。

> 这次没有老师的帮忙,自己在知网上下载了四五十篇文献存在电脑里进行研究,其中包括硕士论文和一些期刊论文等,再从中挑选几篇符合自己想要研究的方向进行重点剖析。(U老师,2018年11月19日)

她们在获得一定的方法后,就有信心自己去尝试科研实践工作。

再如概念界定是职前英语教师科研实践中的一个薄弱环节,她们不知道如何界定概念,教师就可以推荐现成概念界定成果让她们学习其中的方法。如以"教师学习"概念为例,就可以参考2005年《外语教师教育研究综述》中显示的建构主义下的"教师学习"的概念梳理(见表9.2)。

表9.2 概念梳理示例

1)教师学习以已有知识和理念为基础。忽略教师个人背景,不触及理念系统,有效的教师学习就不会发生。(Kontra,1997)
2)教师反思自己的行为及其支撑理念有助于知识建构,反思实践是促进教师学习的有效途径。(Wallace1991)
3)一定的理论输入是必要的。它有助于形成认识框架,但须与具体情境相联系,抽象的知识传授和脱离情境的技术训练不会产生有效的教师学习。(Roberts,1998)
4)教师所处环境对教师认知具有极大的影响;"教师学习还是一个社会协商的过程……教师的知识是在与学生、家长、管理者和同行的社会交往过程中形成的"(Freeman & Johnson,1998:401);促进对话与交流对教师学习有重要意义。
5)教师学习是一个长期的发展过程(Roberts,1998);教师学习者存在个体差异且处在不同发展阶段,教师学习活动应当适合教师的个人特点和发展需求(Richards &Nunan,1990,1998)。

这是不同学者对"教师学习"的理解。研究者在理解不同学者对同一个概念的不同诠释时,可以发现其中的共同点;也可以将几个学者"教师学习"的概念进行整合理解,提出自己对"教师学习"的界定或理解。概念界定主要是自己对研究中的核心概念有清晰的认识。

职前英语教师在教师引领阅读中发现概念不是固定不变的,虽然概念

在一定程度上具有稳定性,但是从长远来看,概念具有发展性、变化性。不同的研究者对同一个概念会有不同的理解。

研究设计指导也是方法指导的重要内容。职前英语教师在初次接触研究时,一头雾水,不知道该如何进行设计,更不知道如何进行调查设计,面对这种现实,教师要进行针对性指导。

> 这次(在面谈指导中)学习了论文的调查问卷设计的相关内容,对问卷设计有了大致的了解。问卷要分部分,且在引言的地方要运用礼貌性用语。问卷的设计要采用不记名的方式,结尾表达谢意。在问卷内容上,可以包含被调查者的个人情况、父母情况、地域、年龄等,内容要与论文标题密切相关。比如五级量表,包含很不同意、不同意、不知道、同意、很同意,至少要有12个题项。在发放问卷时,一定要自己在场,记住发问卷的时间。问卷设计也要有维度,即态度、行为等。问卷调查设计中的题中要注意措辞,不重复,不模糊,且多以陈述句为主。
>
> 问卷的结构一般包括封面信、指导语、问题及答案、编码及其他资料。封面信要语言简明,调查者的身份,调查的大致内容,说明调查的目的,最后要表示感谢。问卷设计中要明确自己的出发点,要有目的地去进行问卷设计、问卷调查。当问卷设计题中需要花费太多精力去计算填写时,被调查者就会厌烦,因此要避免主观上的障碍。如果设计问卷时不为调查者设身处地地考虑,就会出现调查者由于客观条件限制而放弃填写问卷的情况,那么问卷填写的效率就会大大下降。问题的语言要尽量简单,问题的陈述要尽可能简短,问题要避免带有双重或多重含义,问题不能带有倾向性,不能用否定形式提问,不要问回答者不知道的问题,不要直接询问敏感性问题。(Y老师,2018年12月14日)

Y老师能有针对性地具体地对科研实践经历进行对话、内化所输入的相关资源,在这个过程中,职前英语教师会不断为由陌生的新手研究实践者逐渐走向专业成长中的科研实践者做准备。这里Y老师就给出了很多这样的内化资源,在方法指导中体现了最近发展区的核心理念,使职前英语教师在原有的方法认知的基础上,经过指导实践,向有挑战性的目标前行,并且在自己努力后获得目标实现的获得感。

对于方法的指导不是一蹴而就的,需要多次指导,长期实践。

调查设计是科研实践中的重要内容。它不仅反映出研究者的设计能力,也是论文质量和科研有效开展的重要保证。理论与实践的结合能力也体现在调查设计这个环节。调查设计质量得到保证,后续科研实践就是针对设计及设计调查结果进行分析了。

> 12月12日上午,我们六个人全部到达老师办公室,开始了第二次面谈。针对我们前两次所交作业存在的问题,老师对我们进行了细致的指导。真的是感觉非常细致,从小的字体字号行距到大的研究方法、文献综述都有涉及。我们每个人存在的问题,老师也都有备注,针对不同人存在的问题做出指导,当然有些共性问题就更加详细地指导了。这种方法我觉得非常有效,我们知道了自己的不足,也就能及时地加以改正。(T老师,2018年12月12日)

笔者发现在指导职前英语教师科研时,她们缺少方法意识,也缺少研究方法知识准备。在对她们说起问卷调查法时,她们感觉很惊讶,问卷调查法是什么,如何设计如何使用问卷,她们对此不知所措。在研究中没有方法就无从下手,老师在指导时需要坚持方法意识、方法学习、方法实践。方法指导贯穿在职前英语教师科研实践的全过程,自指导职前英语教师科研者开始,就需要向她们讲明方法的重要性,提高她们对研究方法的认识。

9.3.3 态度指导

在科研实践行动中引领求知、做事、共处及做人能力方面的成长。

> 总体回望,感觉大四写作论文期间过得还是很有意义的,除了论文的完成,我还在老师身上看到了一个老师应当有的素质:教书育人。……希望自己以后无论从事什么职业,都可以有颗热烈的

心,这热情不会被生活磨灭,不会随着年龄的增长被遗忘。(D 老师,2019 年 5 月 29 日)

在研究实践中培养职前英语教师的幸福感。研究中的幸福感直接关乎着她们在未来教育投入的热情、激情及积极主动的职业精神,坚定她们的育人理想,或者为教育事业献身的远大志向,这样,职前英语教师的科研实践不仅是一次科研实践行动,而且是由此行动推动着基础英语教育的发展,以及基础英语教师的职业发展,感受生活热情和教书育人的态度为个人、为教育、为社会带来很多益处。职前英语教师不仅仅是为了拿学位证而进行研究的,更是为了她们内心的目标和理想追求。培养职前英语教师正确的科研态度是科研指导工作的重要内容。

因为自己能力有限,总是怕研究不好自己的题目。不过每次心里有这样想法的时候都会想起 I 老师说的,你一定要对自己有信心,对自己要研究的题目有信心,这是一个过程,你得坚信。然后我就会舒缓很多,不得不说老师的语言鼓励真的很有用。(U 老师,2018 年 11 月 19 日)

乐观自信的科研态度是研究中的催化剂。在职前英语教师感觉无力时,教师要及时给予自信乐观的态度指导,给她们带来力量和希望。

9.3.4 反思指导

本科职前英语教师的研究实践成长离不开导师的指导。熊苏春在《制度环境对教师成长的形塑——一位高中英语教师的成长叙事》中也说明研究生导师对研究生的研究实践能力增长的重要性,"在研究生毕业论文的写作中,导师的指导使她学会了问卷的设计和发放,利用 SPSS 分析和讨论数据,在研究中确保信度和效度"。职前英语教师依据导师的指导进行科研反思,加强科研意识。反思是一种科研实践行为。

9.3.4.1 日志引领下的反思

导师指导职前英语教师在研究日志中进行反思。

今天又一次探讨了调查问卷相关内容，首先认识到自己的调查问卷存在的问题，引言部分没有标日期、没有落款，缺失第一部分个人信息，缺失清晰的维度，以及有些问题出现重复，选项不够具体。今天对研究有了进一步的了解，我们现在的角色不仅仅是学生，还是教师，是研究者，要有相应的角色意识，明确自己的责任。讨论了研究是什么，怎么做研究，虽然有些抽象，但是随着自己的投入，相信会越来越了解这些内容。(Y老师,2019年1月7日)

这是Y老师基于导师面谈指导后研究日志中的部分内容。这部分内容属于Y老师调查设计的反思，特别是基于问卷调查的设计，Y老师对于设计的内容、设计的维度、设计的形式给予反思。这种反思能使研究者本人紧密结合自己的研究目标进行思考，通过研究实践以及发现研究实践中的问题不断完善研究，促进研究者个人的研究意识及研究能力的提升，同时在"做中学""思中学"中使其责任意识不断增强。"我们现在的角色不仅仅是学生，还是教师，是研究者，要有相应的角色责任，明确自己的责任。"研究主动性增强的同时，加强研究自信，"随着自己的投入，相信会越来越了解这些内容"。用叙事问卷的方法引领职前英语教师进行研究反思。职前英语教师的反思成长实践契合了人本主义理论的观点，即让"职前英语教师"成为自己研究的主人，体现其研究责任意识、成长意识。"明确自己的责任。讨论了研究是什么，怎么做研究，虽然有些抽象，但是随着自己的投入，相信会越来越了解这些内容。"

结束实习后与身边的小组同学讨论了相关问题之后貌似大家的疑惑都差不多，所以自身只能从文献入手，让自己多看些东西，才能写出更多有用的东西。好的文献都是从模仿开始的，所以要耐得住枯燥，多研究研究。自己去图书馆又搜查了一些与自己研究主题相关的文献，根据之前下载的文献做出对比，查找更为确切的能为自己的研究主题提供帮助的文献资料。自己在脑子里大概回顾了一下之前这段时间对论文的准备工作，缺少条理性，特别是

在方法和思路上,因为自身理解能力的问题,对于老师推荐的书并没有做仔细研究,现在感觉一定要补回来了。还有就是时间问题,因为自己在实习以及在辅导班工作,所以得安排好时间,把论文的研究放在前面,近期就是研究问卷设计,尽快设计出来合格的问卷,然后利用实习优势分发下去,得出数据才能对之后的论文研究有帮助,不然就只能空谈了。(U老师,2018年12月13日)

U老师在研究实践中一开始就反思,和同伴讨论发现,职前英语老师遇到的问题基本相似,需要多读文献解决问题。另外,U老师反思时发现时间安排是重要问题。在实习、辅导班及论文工作中,论文应安排在第一位。

这次面谈我发现自己想得有些过于狭隘了,目光不够长远。再加上论文初稿写得基本上一塌糊涂,心中难免有些焦急,不过还有时间,还是来得及补救的。为了结果的成功,这种焦虑是可以忍受并转化为动力的。天气渐渐热起来了,上学路上的树枝已经开始抽芽了,雾霾也渐渐散去了,要继续怀抱热情啊。(D老师,2019年3月15日)

经过反思,D老师将研究中的压力和焦虑转化为动力,并借助自然天气升温鼓励自己"继续怀抱热情"。这种反思使D老师获得了成长。

关于这方面的研究,有两篇论文都有提到板书在国内外的发展,有很多的相似之处。我不由得想起老师问我们的问题,你是怎么写出来这一部分的?如果答辩老师这样问,你是否能做出合理的回答?我从来都没有想过老师会问这样的问题。我在想我是怎么写出国内外研究的,是单纯地借鉴别人的研究历史,还是有自己的思考和重新组织。关于板书的历史,比如它是在什么时候出现,什么时候广泛应用,有什么样的社会背景,这些事实性、历史性的东西在两篇参考论文中几乎大差不差。我写的时候就比较困惑,觉得这样就会遇到查重问题。(U老师,2019年3月15日)

U老师借助导师的指导和启发反思文献综述中观点的理据情况,自己"怎么写出国内外研究",依据什么视角撰写文献综述。反思时她发现文献综述和其他作者相似,就可能出现太多重复之处。U老师这样的反思悄悄地影响着她的研究实践能力的增长。她将反思结果应用于研究中,研究水平自然提升,同时研究认知以及研究知识的积累悄无声息地进行着。

撰写研究日志不仅使职前英语教师的研究能力不断提高,也有助于帮助职前英语教师养成良好的学习习惯。撰写研究日志是笔者指导职前英语教师的一个准则,笔者对指导的往届职前英语教师也有写研究日记的要求。毕业的职前英语教师在做研究时的日志心得中提出日记的重要性。

> 关于写论文日志这一件小事,其他组的同学不太肯定这件事,但是我能明白您的良苦用心,咱们组的其他同学也能明白您的良苦用心,这的确是一个好的习惯,在未来的某个时刻也许我不经意间看到了此篇日志,我会感谢这时的自己。虽然时光在流逝,成长中的点滴会随着时光机被淹没在历史的长河中,唯有记忆不曾抹去,始终使记忆保持新鲜的秘籍就是:用笔墨记录下来。我的想法也许与老师的用意有出入,但我对这件事持肯定的心态,我很乐意写日志。(W老师,2018年5月23日)

也许这位职前英语教师已经在英语教学第一线进行教学工作,她如果重温当时的研究日志一定会有更多超过日志本身的收获。曾经的日记成为今天研究成长的记忆。

对自己的科研行动中遇到的问题进行反思和思辨,"不想找借口,没写好就是没写好,再怎么解释也是没写好,能力不足就是能力不足,再怎么掩盖还是能力不足。书读得不够多就是不够多,论文写得不好就是不行"。反思自我,提升思辨力。改变认知,提高自己的责任感。敢于正视自己的不足,"论文初稿写得基本上一塌糊涂",不断地进行自我沟通,自我反思,将负面的焦虑情绪转化为正向的动力资源。

9.3.4.2 叙事问卷引领下的反思

表9.3显示,职前英语教师在大学学习以及在见习实习过程的知识储备

如何用在自己的科研实践中。这是将研究与学习和教学相结合起来探究职前英语教师的理论学习与实践应用相结合能力。职前英语教师有一定理论学习与实践相结合的研究意识。T老师、Y老师和U老师都能认识到所学所教实践经历的应用意义,在这样的过程中积累教学经验,观察课堂教学并将之用于论文写作中,并结合文献进行梳理,为自己的科研实践服务,可以说社会文化理论中"他物调控""他人调控"和"自我调控"之间不断进行协调,积累职前英语教师的科研资源和科研经验。

表9.3 所学专业知识、见习实习实践与研究相结合的反思调查统计

T老师	在师范学院学习的英语教育教学相关知识,学生学习的心理,学生学习的阶段性,班队管理,以及小学英语教学设计等,这些大都是一些理论性的内容。而在见习和实习的时候,见到的是一些比较实际的内容,更接近于实际情况。实习学校在上英语课的时候,是否将中华优秀传统文化的教学融入其中,自己在实习中也见到了,教师的课多,有些老师不能全身心地投入到一门课中。另外,自己在实习过程中想要融入中华优秀传统文化时遇到了一些困难,教材对文化涉及少,自己能力有限,对文化方面的内容接触少。在论文研究目标上,自己需要多方面分析,寻求解决方案。
Y老师	见习和实习听课过程中也观察了英语课堂的板书情况,写论文的时候会回想一下她们在板书过程中有没有出现调查发现的问题,她们在板书中哪些方面做得比较好?哪些方面有不足?有什么改进的办法?将这些英语老师的板书实践活动分析一下,用自己在文献中看到的理论知识解释一下,疏通论文的脉络。
U老师	英语教育学的相关知识,包括精读、泛读、教育学、教育心理学、小学生心理学等课程,较为广泛,主要集中在教育学与心理学方面。第四学年第一学期,在小学实习代课,主要教小学三年级英语课,一周两节课,共四个班级,有两个半月之久,算是积累了一些浅显的教学经验。

表9.3显示,指导职前英语教师科研实践中,研究者反思研究是很好的途径。这样使研究者本人能清楚牢记自身研究者的角色。始终牢记研究目标,明白科研实践的过程是如何为自己的研究目标服务的,避免偏离研究主

题或研究目标导致的时间和精力浪费。职前英语反思目标的实现情况,如果没有实现,要分析为什么没有实现,是主观原因还是客观原因(表9.4)。同时,引领职前英语教师通过叙事问卷反思研究中的成绩和不足(表9.5),以及研究中的困难和解决方法(表9.6)。

表9.4 职前英语教师对研究目标叙事问卷反思

研究目标	当前研究的具体目标	研究目标实现情况分析
找到解决中华优秀传统文化融入英语教学中的最佳方案。(T老师,2019年3月14)	了解到目前小学英语课堂中传统文化的应用。	目前还未达到,由于文献内容繁多,筛选起来需要时间,以及自己理解不是很透彻,可能会走很多弯路。
小学英语课堂板书应用现状存在的问题及改进策略。(Y老师,2019年3月14日)	问卷的数据分析与整理,以及对小学英语课堂板书应用中出现的问题提出更好的改进策略。	没有实现。因为没有从问卷的数据中分析出太多问题,发现的东西比较少。问卷的数据只是初步分析了一下,也不知道如何把这些数据更好地表达在论文中。
全身反应法在小学英语教学中的应用分析,结合在实习期间问卷调查出的结果。(U老师,2019年3月14日)	当前具体的研究目标是将L小学所做问卷调查的4个班的学生进行分析,该学校属于当地区直小学,结合当地学生大背景、教学资源等问题进行具体问题具体分析。	大致实现了三分之二吧,差一部分背景调查。 因为这些背景分析需要结合问卷数据一一对照,有些不太相符的情况自身感觉还是分析不出来具体原因,接下来需要再回想实习经历,参考文献进行再分析。

表9.5 职前英语教师对当前研究中的成绩和不足进行反思

科研实践中成绩	科研实践中的不足
当前的研究中,对论文写作方面有了初步的了解,在论文的结构方面也越来越了解了。(Y老师,2019年3月14日)	不足的地方就是一些细节方面,可能会缺乏相关理论支撑,或者说是深入了解。

续表9.5

科研实践中成绩	科研实践中的不足
做好了问卷的发放与回收,并基于问卷和参考文献,初步确立了论文的框架。(U老师,2019年3月14日)	自己的论文各部分比重把握得不好,而且内容有些空,范围有点大。

表9.6 职前英语教师科研中遇到的困难及解决方法反思

在研究的过程中遇到了很多困难,比如对于传统文化概念的理解	通过查阅文献解决了
问卷调查的设计和统计: 1.关于有效问卷的筛选问题,有效问卷的标准是什么。哪些可以作为无效问卷? 2.问卷的数据统计与分析。怎么样分析回收的问卷?问卷的数据该以怎样的形式呈现在论文中? 3.参考文献的引用。选取参考文献的时候非常纠结,想要引用的东西有点多。	通过导师讲解以及自己查阅文献解决了一些疑惑: 1.筛选问卷的时候,一开始不知道如何进行,就请教同学,交流经验。 2.问卷的数据分析的话,就参照参考文献中别人的分析方法。 3.关于参考文献的引用,选择了更切题的,每一次的修改都很纠结。

要研究的东西太多,一旦接触,才发现自己对很多东西都不太懂,包括研究步骤,也是慢慢地才理解。研究是一个长期的过程,短期内去完成一个研究真的会很累。当然研究还是需要自己的坚持和不懈努力的。(Y老师,2019年2月28日)

因为最近的事情比较多,上课、招教、写论文同时进行,就会觉得不知如何分配时间。每天都挺忙、挺累的。但论文又是必须经历的一步,自己也能体会到它的重要,所以能做的便是尽力做好。(T老师,2019年2月28日)

这一个月我脑袋里关于论文文献的输入并不多,更不用谈输出了。我拿到了老师推荐的秦晓晴的《外语教学问卷调查法》,我还看了一节哈佛大学幸福课和一篇论文文献。关于这篇论文,除了隐约能想得起来的它那完整严密的结构,内容我已经想不起来什么了。一个月过去了,在实习、英语六级、考研与论文四大军的引领下,我度过了忙忙碌碌、寻寻觅觅的第一个月。(S老师,2018年10月13日)

职前英语教师在研究的各个阶段坚持反思自己的研究,如S老师在反思中认为自己在开学第一个月内科研论文的进展效果不理想,她分析原因主要是来自自己,一是文献研究不足,看了研究方法专著一部,与自己论文有关的一节网络幸福课和一篇论文,论文严谨的结构给S老师留下了深刻印象。S老师同时面临四种挑战,她的感觉是"忙忙碌碌,寻寻觅觅"。这些反思无疑使S老师始终知道自己要完成目标,也是寻找内在之我的真实之旅。

自评仿佛总是件很难的事,你需要谦虚,需要客套,但是今天老师说我们写下真实的自己。很有趣的要求。(D老师,2019年5月14日)

D老师发现论文"好难""太难"时,想"逃避",但是论文"并不是能逃得了的",调整心理后,接受现实,就"乖乖地写",于是问卷改了"四五次",经历"情人节在网吧写论文"的神奇经历。家人为自己写论文"买了一台电脑",自己为论文花费了很多心思,自己在不断努力,从文献中寻找启发,与朋友切磋,与小组成员沟通。和小组同学交流,"不断地更新自己的观念,认真听取老师的意见",在付出中看到了进步,感受了充实快乐,学到了有趣知识。

9.3.5 技术指导

老师针对问卷调查对我们进行了一些指导,包括表头设计,最好使用五级量表,以及设计问题注意几个维度。还有一些细节问题,如发问卷的时候本人最好在场,问卷中问题设计注意措辞准确等。

接着 I 老师看了我们每个人的问卷,给我们提出建议。我的问题总结下来大概有:注意要有落款和日期,注意在每部分前都有介绍,出现"请在与你实际情况相符的地方打'√'"。还有可以将基本情况中的父亲文化程度中的大学改为本科,博士或硕士改为研究生等。此外,I 老师建议我们可以加一项近期月考的英语成绩。后来老师又提到答案选项的排版可以放在同一行上。(S 老师,2019 年 12 月 20 日)

问卷设计技能需要具体针对性的指导。职前英语教师对问卷设计知之甚少,需要耐心指导。针对问卷的设计维度、维度的分类原则、问卷题项的设计,五级量表的意义及使用,以及问卷发放要求等给予指导。她们自然会吸收相关信息,并在行动中输出所学设计内容。如果没有相关技术指导,职前英语教师在进行调查设计时,就会遇到巧妇难为无米之炊的困境。因此,在进行指导时除了统一共同指导,还需要因人而异进行针对性指导。

D 老师:

你的这次问卷设计比上次进步许多,有了一些基于具体文化信息的内容。

主要问题是:

1. 个别题项使用的语言应使小学生容易明白其含义。

2. 问卷导语中需要呈现本问卷设计的目的是什么?

3. 你的问卷只是在调查学生本人的相关情况,缺少通过学生问卷了解英语教师的跨文化培养情况,而你的研究目标"小学生跨文化教学意识培养现状调查"是离不开老师的。因此,你可以通过学生问卷调查英语教师的跨文化教学意识、行为等方面的情况,这样和你的研究结合得更加紧密(即围绕研究目的设计有教师方面的,有学生方面的)。

另外,你现在在实习小学英语教学的话,请你简要说明你了解的教学班的情况,教师和学生的英语教与学的情况,几年级、班上多少学生,英语学习情况,跨文化教与学的情况,对你的研究有什么样的启发。如果实习的不是英语,你是在实习学校如何获取你的研究数据的,如果你没有实习,你又是如何搜集信息进行研究的。

请于本月31号前将修改过的问卷设计及英语教学实习观察情况发至我们的邮箱。(I老师,2018年12月28日)

T老师:

你基本上按问卷设计的格式进行问卷设计,这是研究的一大进步,你的问卷题项多数能围绕你的研究进行设计。问卷中存在的主要问题需要修改:

1.问卷题的设计需要始终围绕自己的研究目标进行设计。

2.问卷题项的设计中,注意用词的清晰性、严谨性。

3.问卷维度设计不清或者是没有说明问卷设计中的维度共有几个。

4.问卷设计缺乏研究对象的个人信息调查。

建议:

1.根据指导建议,借助相关文献,结合自己的研究目标进行修改。

2.无论是教师问卷或者是学生问卷,每套问卷不要超过两页A4纸。

3.每套问卷设计好后,后面要附上该问卷设计共有几个维度,每个维度的名称是什么,每个维度包含几个题项,具体表明是哪几个题项。(I老师,2018年12月24日)

职前英语教师在接受具体的问卷设计指导后,有的放矢地进行实践设计,老师根据每个人的设计情况进行指导,发现进步,更重要的是发现她们在问卷设计中存在的具体问题,针对问题提出改进建议。科研实践中的其他步骤中的技术指导也一样,有总体指导和个体指导,如数据收集、数据分析、论文答辩等。老师在做到指导以人为本,目标引领,有的放矢,使她们在每次学习和实践中感到自己的进步和成长,尤其是科研技术能力的提高。

老师指引的方向,也有技术,方向和技术的自信助推她们独立研究能力和实践创新能力的提升。科研实践是职前英语教师一步一步脚踏实地,坚持不懈地完成的。

> 每一步都是紧跟着老师走,虽然遇到了困难但也能慢慢挺过,所以觉得即使是最后的答辩,但只要跟着老师走,问题也不大。(D老师,2019年5月15日)

在职前英语教师的研究实践中,导师一直起着引导作用,导师的引领给从未进行过研究的职前英语教师师带来方向感、目标感、成就感。心中踏实自信,坚持努力,循序渐进。就像D老师所言,"每一步都是紧跟着老师走,虽然遇到了困难但也能慢慢挺过",导师用心指导是她们勇往直前、坚持科研的动力。以学习者为中心的指导中,导师起到了引导、监控、鼓励、把握方向的重要作用。社会文化理论强调支架在学习者实践过程中的重要功能。导师为职前英语教师提供科研实践支架,是为了使她们逐渐掌握一定的科研技术,通过自身实践,提升科研能力。随着职前英语教师的科研实践能力的逐步提升,已有支架会被撤离并逐步转向职前英语教师更高的最近发展区(ZPD),提供新的支架。导师提供的协助即"支架"(scaffolding)起到了重要的激励支持和引领作用。提供适当的支架协助职前英语教师重构科研知识,获得新的科研能力。"支架"在外语教育中的应用研究始于20世纪90年代,比较有代表性的是Wood等人(1976:98)提出的专家对新手提供的6种支架作用,即引起兴趣、简化任务、维持目标、指出理想解决方案与当前产出之间的相关特征及差距、控制挫折感、示范。(转引自徐锦芬,2016)

> 她鼓励我们应该大胆发问,多看书,论文是自己的事情,这是一个过程,一定要积极参与。后来我们又针对同组的一位同学的还有些问题的问卷进行了分析,虽说自己的问卷勉强过关已经分发,但是去指导别人的问卷合适与否还是觉得有些吃力,说明自身能力还是欠缺呀。我感觉,第一次针对初稿的面谈,是纠结迷茫与初成轮廓的结合体。(U老师,2019年3月11日)

社会文化理论强调个体学习需要借助一定支架协助,通过自己的尝试和努力去不断实现每一次目标。这里指导教师引领并鼓励职前英语教师体验科研实践,首先是提升科研信心,大胆发问,有质疑精神和问题意识,其次是引领职前英语教师多阅读,研读文献;另外,引领职前英语教师积极参与实践过程,用实践行动去锻炼,如积极参加师生见面会,积极参与科研小组互动交流会,等等。

确定好选题,找好文献之后,老师布置了下一步的工作。第一,我们需要详细研究一篇硕士论文,研究一下它的内容与结构。第二,需要写研究日志,记录自己的点滴历程。第三,认真阅读《外语教学问卷调查法》,方便以后设计调查问卷。(T老师,2018年10月13日)

指导老师的一次指导行动、一句激励话语、一次真诚祝福能使职前英语教师作为前进的指明灯,导师的指导增强其坚持科研行动的信心,增加其克服各种困难的勇气,提升其科研实践行动的执行力。在职前英语教师科研实践行动中导师引领着方向、指导着技术、维持着目标、激励着行动,使职前英语教师体验点点滴滴的成长,一步一步前进中的真实感受。学着做,做着学,带着积极的态度和热情,"大冬天的时候搓搓脸晃晃头还能继续修改问卷,甚至可以删掉问卷重写",将所学的具体技术应用到实践研究中。

9.4　兴趣(Interest)

职前英语教师对自己的研究始终有着稳定的兴趣特征。科研的最佳状态应该是兴趣驱动下的科研实践行为。兴趣源于选题开始、呈现在科研过程之中。5位职前英语教师在最初选题时,基本都和自己的兴趣有所联系。尽管有的中间调整题目,但也没有离开自己的研究兴趣。导师在进行选题

指导时就强调与自己的兴趣结合起来,不仅研究有兴趣,同时基于自己未来的教育实践,科研实践任务完成,这些研究成果将成为自己在教育教学实践的坚实基础,为自己教育教学注入新活力,兴趣不减,可以持续在未来的英语教育教学中关注此领域的研究,有热情继续进行探究。

选择有兴趣的领域进行研究,研究者主动性就会加强,就会愿意投入时间和精力进行探索。即便是遇到困难,也会主动去克服。选择一个有兴趣的题目可以说是研究已经成功了一半,选择了有兴趣的题目就等于有了良好的开端。D老师一开始研究兴趣很浓,但是中间也经历了困惑和迷茫,兴趣有所降低,这并没有影响她的研究兴趣再次提升并保持稳定。用她的话来说就是研究兴趣经历了"高—低—高"的发展过程。这也符合研究的正常体验,研究者进行研究的过程中一定会遇到这样那样的困难和挑战。但是如果研究者一开始对课题充满兴趣,发现研究的价值和意义,困难就是探索之旅的礼物,只要面对,打开礼物,困难就会消失。选题的兴趣性当然要以选题的意义性和价值性为前提。这样兴趣会更好地得到实践,也能更好地服务于英语教育教学改革。

选题意义指导在研究实践具有重要的作用。选题定了,意味研究者的方向定了,研究目标定了。I老师觉得在选题指导中需要告诉她们选题的意义和作用。

在与五位教师初次见面,了解了她们的基本情况后,讨论选题,当时她们有的有粗略的想法,但都还没有明确的研究选题,也没有研究方向。I老师提醒她们选题时要考虑几个重要因素。①关注自己的兴趣,这样便于全心投入,乐此不疲;②明确选题的价值,这意味着选题有价值,值得去研究,能为教育和社会发展提供有益的贡献;③考虑选题的可操作性,这意味自己可以完成研究;④最好和自己所学习的专业联系起来,自己所学习的专业知识更好地为研究服务;⑤最好此次选题和今后的研究兴趣、方向保持一致,这样便于为今后的持续研究积累相关经验,为今后在同一研究方向的研究奠定坚实的基础。

我原本选择了"养成良好学习习惯对小学生的影响"这一论题,但是不仅范围太大,而且我个人觉得这个论题并没有什么实际的意义,还跟我的专业没有任何联系,于是换成了与中英跨文化有关的。不管怎么说,我还是很喜欢这个新的论题。(D老师,2018年9月4日)

D老师根据选题意义和确定标题的原则,发现自己原来的选题不太合适,经过面谈指导她也发现自己原来的选题"范围太大""没有实际意义",和自己的专业没有联系。职前英语教师在选题时如果没有经过导师指导,可能会盲目选题。D老师虽然这时候还没有定下来具体的研究题目,但是导师的指导已经起到一定的作用,结合导师选题方法指导,她经过思考,确定研究为"小学生英语跨文化意识培养现状研究"。有意思的是,D老师的题目确定和她大学一次英语课上的访谈选题相吻合。I老师发现2015年11月I老师给同学们布置了一次访谈任务,目的在于让新同学更好地互相了解,也有利于I老师了解她们对英语学习的一些看法,也有助于英语教学。当时,I老师给了职前英语教师三个访谈题目:

1. What do you think is the most important in English learning?
2. What do you think the culture's role in English learning?
3. Are you happy with English learning?

针对上面三个题目,要求每个同学至少选择其中一个题目访谈班上的一个同学,要求至少访谈其中的一个问题。I老师发现D老师很正式地谈了其中的第二个问题,这个问题和她在撰写毕业论文时定的研究题目不谋而合。

Interviewer:D

Interviewee:X

D:Hello,X. Nice to meet you.

X:Hi,D. Nice to meet you,too.

D:The interview is beginning. Take it easy.

X:OK.

D:What do you think the culture's role in English learning?

X:Culture is important in English learning. As we all know. Environment can influence someone's life. So,know more culture can learn English easier. Thus, it's important for us to know more culture in English learning.

D:OK. Thank you.

X:You are welcome.

这里发现 D 老师选择了英语学习中文化方面的问题进行采访,而不是其他两个问题。从某种意义上说,D 老师选择的题目是和自己经历、兴趣相关的,也和自己所学的专业相关,选题有新意,尽管 2011 年版义务教育英语课程标准包含文化意识目标,但是与此相关的研究还是很少见,本科职前英语教师对于这方面的研究更是少见,因此这个选题不仅新颖而且具有研究价值。选择了有兴趣、有价值,与所学相关并有可操作性的研究选题可以说已经是一个良好的开端。本科职前英语教师的选题能力是需要培养的,不可一蹴而就,导师主要引领她们重视选题,树立选题意识和问题意识,经过和导师的沟通交流并结合自身情况最后让研究者自己做出选题的决定,这一过程既复杂又艰辛,导师要了解学生,学生更要了解自己,有的选题需要师生多次针对选题进行沟通交流、准备、修改、完善,最后才能选定出有兴趣、大小适中、有创新有价值并且可以自己驾驭操作的研究选题。

因此,"数十次阅读文献"以便更好地通过"学习他人的思想,写好自己的论文"。在频繁地阅读文献过程中有时遇到"刚开始没电脑",就换种方式"看别的书开阔眼界",一周内至少"四次做跨文化"方面的研究。D 老师对研究"又爱又恨"。D 老师处于对研究的"热爱",并"觉得有趣"的状态。看到"论文"的进展,D 老师感到科研实践"备受激励"。除了和论文小组人员探讨科研,D 老师平时还会和"朋友"讨论科研相关的问题,她认为"不一样的专业能给我不一样的思路"。除此之外,D 老师还有一次积极参与跨文化交流峰会的体验,但是觉得这种活动"太高深了,很多听不懂"。

I 老师发现 D 老师非常重视科研实践活动,通过科研实践 D 老师的信念、价值观、态度、兴趣和动机等发生了积极的变化。由"迷茫、焦虑、热爱"到"惭愧、焦虑、充满激情"折射出 D 老师在科研中的"寻寻觅觅""山重水复"和"柳暗花明"的真切体验,也发现 D 老师勇于挑战,克服困难,体现其对研究的"热爱"和"激情"。研究总是会遇到困难的,在研究中始终目标清晰、有意志力,充满对研究的"热爱"和"激情"是通向成功的必要因素,D 老师"热爱"和"激情"是她研究中的动力。"多读书,勤思考,肯下笔"是总结其研究成长的秘诀。

T 老师认为"深入了解一件事情能引发兴趣",因此她对研究充满了"浓厚兴趣",对此她感到"欣慰"。T 老师认为"研究的目的就是应用,只有让别人信服,才能去用",因此"需要有理有据,用自己的观点说服别人"是 T 老师研究中一直思考的问题。T 老师对研究由开始"好奇、迷茫、喜忧参半"到后来的"满意、敬畏"再到现在"热爱、痛并快乐着",以及对于未来研究"充满激情,爱恨交加",可以发现 T 老师在研究过程充满积极的情感体验。

> 回忆写论文的时候,印象最深的是修改问卷调查时老师每次的回复邮件都会在末尾加两个字"祝好",很文艺很暖心,于是咱在大冬天的时候搓搓脸晃晃头还能继续改问卷,甚至可以删掉问卷重新写。(D 老师,2019 年 5 月 7 日)

D 老师在研究过程中一直是热情投入,甚至废寝忘食,乐此不疲,专注于自己的科研实践活动。兴趣是最好的老师。

9.5　成就感(Victory)

科研实践过程中的成就感和获得感是职前英语教师前进的重要动力。

> 我印象最深的应该就是预答辩了吧,觉得在此过程中大家也都在紧张而又认真地准备着。后来,既幸运又不幸运地成为第一个上场的,这是第一次如此突然上台讲话,内心是非常紧张的,会

担心自己说得不好,会担心自己停顿在那大脑空白,所有这些也就只是短短的两分钟吧,说完会觉得很有成就感,即便说得很不完美,但我觉得对于自己是一个锻炼。即便是同组的成员,即便不是正式答辩,依然会紧张得不能自己。后来和同学、老师进行交流,也收获到了很多,不管怎么样,只要认真了,就应该相信自己。同时,自己也明白了论文还需要好好地熟读,对自己做过的内容要非常熟悉,只有自己准备得足够充分,才能够自然地表达自己看法,才能够更好地去完成一件事情。(Y老师,2019年5月17日)

Y老师在预答辩时心里特别紧张,尽管是预答辩,她一样认真,想获得理想的效果,答辩前就担心说不好,"内心非常紧张",害怕出现"大脑空白"的情况,但是在进行"短短两分钟"的预答辩过程中,她原来的担心并没有发生,而是战胜了恐惧,感受了成就感。"即便不是正式答辩,依然会紧张得不能自己",说明Y老师很重视每一次实践经历,每一次都全力以赴,自然"收获到了很多",因此她认为做事"认真了","就应该相信自己"能"更好地完成一件事"。有付出就有收获。和同组同伴交流"收获很多",认真、自信,"准备充分","才能更好地表达自己","更好地完成一件事"。Y老师不仅完成了预答辩,还通过答辩发现了更好的自己,减少了恐惧感,增强了自信心。

在论文的文字部分书写时,I老师提出了很多问题,一次又一次地为我们修改。她的这种严谨认真的态度,对我教诲极深。我认识到作为一个研究者,在任何时候都应该保持严谨,只有这样才能做出成果。到现在论文打印了很多稿,翻翻看看,越看越觉得很有成就感。(T老师,2019年6月4日)

T老师在观察中发现一个研究者需保持严谨,"才能做出成果",这样的理念影响着T老师坚持严谨的态度实践研究,她"翻翻看看","打印了很多稿"的"论文","越看越有成就感"。"很多稿"意味着T老师投入很多时间和精力进行设计调查,进行撰写论文,进行修改论文。这样坚持严谨的科研态度,脚踏实地的努力过程是获得"成就感"的重要基石。T老师在各个阶段的努力中获得"成就感"。

　　对于未来的研究,我将会感到成就感。(U老师,2019年3月11日)

　　老师说:研究过程中,有自己的挣扎、思考过程,这是很好的,都能够体现在你的论文中。我觉得挺对,因为我起码在这个过程中得到了些许的成就感。(U老师,2019年4月12日)

　　针对自己的论文,我认为最大的收获就是问卷的制作与分析。这个过程从问卷的题目、维度设置开始,主要参考文献中别人的问卷,结合自己的情况进行了整改。当形成了一份自己的问卷后,成就感满满。(U老师,2019年5月14日)

对于U老师来说,科研实践的成就感始终伴随着她。她对研究期待着有满意的成果,心中有坚定的信念,研究会给自己带来成就感。她在研究过程即便是有挣扎,"起码在这个过程中得到了些许的成就感"。U老师感到成就满满的是问卷设计和分析数据的经历。从题目到维度、从参阅别人的问卷到形成自己的问卷,过程中一定有辛苦和挣扎,但是当"形成了一份自己的问卷后,成就感满满"。成就感是职前英语教师科研实践的动力,由理论到实践,设计制定"自己的问卷",意义深远,"成就感满满",充满力量继续向前。

　　想起答辩前几天的那些晚上,忙着改摘要,改结语,改致谢,改格式。晚上的宿舍很安静,心也渐渐沉得下来。我喜欢在晚上改论文,常常在电脑前一坐就是两三个小时,一看时间又是两点钟了。有点辛苦,但是很满足。摘要是门面,我很想把它做好,于是我就改呀改呀,从一开始的对"摘要""结语"不满意,到后来的挺满意,这个过程让我很有成就感。(S老师,2019年5月29日)

S老师一样在克服种种困难,坚持不懈地努力行动,在电脑前坐到深夜两点钟,满足感多于辛苦感。尽全力去做事情,心中"很想把它做好",就不辞辛苦,"改呀改呀"一直改到"挺满意",做事的"这个过程"使S老师"很有成就感"。她们享受这个科研行动的过程,并乐在其中。好研者不如乐研者。

科研成就感是职前英语教师提升科研成长的重要力量。她们端正态度,调整行为,克服困难,也都很重视体验奋斗的过程带来的成就感。成就感不是说出来的,是干出来的。

9.6 行动力(Action)

职前英语教师在科研实践中行动力很强。她们善于克服困难,落实科研行动。如在实习期间,她们请假或调课来到学校接受指导。她们在面临多重任务冲突时,将科研论文放在首位,即便不知所措,挣扎着也要完成科研实践任务。在科研实践中,她们在面对困难时,主动克服困难,完成论文,如有的到网吧进行论文写作,有的熬夜到凌晨来完成论文任务,有的将问卷设计修改多次,甚至推翻重写,写作论文整个过程,她们自觉的行动力和执行力能力呈现得十分明显。科研热情激励着她们不断行动,青春梦想激励着她们前行,自身的责任感激励她们不断主动行动。

行动造就成长,在行动中不断付出就会换来收获,当然也会体验步履蹒跚、体验崇山峻岭、体验山重水复,还会体验柳暗花明、阳光灿烂。经过真实的行动成长获得内心的力量恒久。

在行动力中她们会自觉抵制各种诱惑,锁定研究目标,坚定行动。遇到问题或不良情绪时,善于自觉转换视角、调整情绪或者向相关人员寻求帮助,以更好地继续科研行动,不断提升自身正能量。坚持目标清楚,方向明确,善于付诸实际行动。

9.7 共同体(Team)

9.7.1 互相讨论

科研实践共同体是职前英语教师科研实践成长的重要力量。实践共同体是朝向共同目标努力的研究者组成的小组或者团体。学习实践共同体成员采用对话交流促进知识建构和知识重建。其中,实践学习共同体共同特征表现在身份相同、目标相同,实践过程基本相同。"实践共同体"概念由 Lave 和 Wenger 提出,"其核心理念是合法的边缘性参与(legitimate peripheral participation),认为新手在不断参加实践共同体的活动中逐渐从边缘走向中心,从而获得成长"(亓明俊,王雪梅,2017)。学习共同体的成长具有互助性和发展性。

> 今天到办公室后,同组的同学们都讨论得很热烈,自己也加入其中,这期间,主要发现每一位同学的格式都或多或少有些问题。图表方面做得都挺好的,我们都互相做了借鉴和讨论。(U 老师,2019 年 4 月 28 日)

> 回顾整个历程,我们同组的同学真的很认真,寒假实习也互相联系交流问题。(U 老师,2019 年 6 月 1 日)

> 和朋友讨论小学英语跨文化教育的思路,和小组成员互相检查格式和内容……(D 老师,2019 年 5 月 14 日)

共同体成员的交流与合作促进目标、实践及态度情感方面的变化。同组成员很认真,乐于贡献智慧和分享经验。互看论文,共同探讨不仅给 D 老

师、U老师留下了深刻印象。S老师也一样深有感触。

  今天是周五,因为调课了,所以今天没课。早上9点多来到7412办公室见论文指导老师,我到的时候发现另外两个小伙伴已经到了,老师在路上堵车了,还没有到。于是我们三个在办公室门口靠窗户的地方坐下来,互看论文,发现问题。我又看了看自己修改的论文,觉得昨晚熬夜到两点多改论文还是很值得的。虽然跟自己理想中的论文还是有差距,但是我觉得眼前这份论文是我迄今为止做得还算满意的成果。(S老师,2019年4月19日)

同伴互助中,她们互相发现问题,修改问题。S老师发现三个小组成员互看论文后觉得自己"熬夜到两点多改论文还是很值得的"。职前英语教师在实践中学会检测论文,能够发现自己的问题,也能发现别人的问题。职前英语教师在具有开放性、平等性、交互性、主体性的实践共同体中,逐渐提升科研能力。

9.7.2 指出问题

  我知道自己论文的文献综述这一块写得不聚焦,接下来需要找个静下心的时间再去整理。我们三个互相挑出自己认为对方论文中需要修改的问题,并进行了记录。Y老师指出,我第5页列出了一个表,但是上面没有解释说明为什么放这个表,也没有说明这个表的出处。还有她指出我的研究现状写得太笼统,可以对其进行归类,细致地分析一下。我也指出了我认为的Y老师的问卷中问题设置不合理的地方。(S老师,2019年4月19日)

职前英语教师在经过实践体验后,共同体成员互相挑出彼此论文中的具体问题,如列表的规范性问题,研究现状梳理需要更加具体,问卷设计的合理性,等等。这些已经涉及研究设计能力和行文规范问题,职前英语教师共同体成员的互相影响助推她们发现问题、分析问题能力的提升。善于承认自己的不足,勇敢改正自己的不足,与同伴分享能力、协助同伴成长能力的凸显是她们的科研素养。这也是社会文化理论及实践共同体理论观点的自然实践。

> 那段时间进到寝室经常可以看到一个组的成员围着一台电脑,嘴里还念念有词:是这样改吧? 是这样吧! 要么就是对着一份打印好的表格改来改去,时不时还会嚷嚷一句:老师说了是这样的! (D老师,2019年5月29日)

> 老师今天提到相互看论文,的确,自己的错误有时候自己可能看不出来,需要别人的指正。自己也可以看看别人的论文,提些建议,取长补短,共同进步。(T老师,2019年4月28日)

她们不断感受同伴互助的意义和价值。互助行动给予她们科研探索的平台,创设了和谐的科研氛围。同伴互助科研实践是珍贵资源,共同体成员在互助中共同进步成长。

她们在共同体互助中发现不同的问题,如语言、图表及格式规范方面的问题,发现问卷设置问题,发现数据分析中的问题,等等,共同体创设的社会文化交流情景也有助于提升积极的情感体验。在研究刚开始时,这种共同体科研实践互助能力不是很明显,随着自主科研实践的深入,在他者调控到自我调控能力的提升过程中共同体科研互助能力逐渐增强,包括科研知识和科研技术等方面的互相影响和互相帮助。心态更加开放,质疑精神、思辨能力不断增强,提出问题、解决问题的能力不断提高。

9.7.3 出炉新问卷

> 想想抠题的过程都觉得痛苦。做研究真不容易,刚开始没有思路,去借鉴别人的问卷。后来有了一些想法,自以为很认真地写下来交给了老师,老师仍然觉得与研究目标不符,没有深入思考积极心理学如何应用于小学英语教学中。找了室友一起对每一个问

题进行研究探讨,老师仍然认为设计题项与主体关系不贴合。后来好朋友建议我,牢牢抓住"积极与小学英语"设计题项,把题扣紧。于是,在朋友的帮助下,之前的题项全被我删除了,我的新一轮问卷题目出炉了。(S老师,2019年1月7日)

S老师积极主动解决所面临的问题,但是在科研中有些问题不是一个人能解决的,问卷设计遇到问题时,不抱怨,积极寻找方法解决问题,S老师在"别人""室友""朋友"的帮助下重新设计问卷,"之前的题项全被删除",终于,在S老师认真行动、主动学习和科研实际行动中,她的"新一轮问卷题目出炉了",功夫不负有心人。得益于同伴、朋友的协助,职前英语教师的科研实践能力不断发展。

9.7.4 增强自信

自信是保证研究有效进行的重要因素。

我觉得自己还是不够自信,遇到问题还是会感受到强烈的不安无助感。当我的预计与实际相差甚远时,我会产生无力感。就拿昨天修改论文格式来说,我预计我可以在天黑之前完成,而事实是天黑了我还是一筹莫展,不知道该怎么改动。我不知道怎么把目录改成对的样子,不知道表格分离该怎么调整,不知道该怎么改动标题,使它看起来清晰。在那一刻,我觉得我遇到了好多事情,我好像对这些事情无能为力。感谢U老师和Y老师,在我无助向她们求助时,她们很快地回复我有关格式的问题,Y老师放下手中的面试准备工作来到我身边帮助我,U老师帮我发现了题目的格式存在问题。她们的三言两语让我意识到问题没有我想得这么严重,在我想要推到明天做这件事的时候,Y老师鼓励我抓紧时间修改。这天晚上我坐到桌子前,按部就班地按着论文格式修改,不知不觉到了零点,电脑消息提醒该休息了。(S老师,2019年5月15日)

在职前英语教师的科研实践中,如果没有他者的参与和影响职前英语教师个人是很难完成科研论文的。她们如果得不到帮助,在研究中遇到具体的无法解决的问题,就会怀疑自己,缺乏自信,产生无力感。朋友的建议和鼓励会使研究者发现有效的方法去解决所遇到的问题。在缺乏自信的时候,是科研伙伴的帮助,让她能重拾自信,"按部就班地按着论文格式修改,不知不觉到了零点"。她"天黑之前完成"的写作修改计划改变了,晚上坐在桌子前,一直连续多坐了好几个小时,陶醉其中乐此不疲,一直到零点。我们发现 S 老师一直陶醉在自己的研究行动中。成长中的"不知不觉"体现着科研行动中的"心流体验",自然幸福。

社会文化理论中最近发展区(the Zone of Proximal Development,ZPD)观点是维果茨基研究儿童心理发展时提出的,指儿童独立解决问题的实际发展水平和在他人协助下解决问题的潜在发展水平之间的距离(Vygotsky,1978:86)。新手科研实践者就像儿童学习成长一样需要他人的帮助。这里"他人"主要是指有经验的专家、导师、老师或者有能力的同伴。这些"他人"帮助新手科研实践者完成科研实践任务提供的支持即社会文化理论中的支架(Scaffolding)。这种发展主要表现为职前英语教师在外在中介的作用下通过科研实践逐渐实现自我科研能力提升的过程。ZPD 中的"教学支架"(instructional scaffolding)的应用需要充分考虑学习者的当前水平。因此在导师指导职前英语教师进行科研实践的过程中,导师及提供帮助者需要不断观察、分析和了解职前英语教师当前的实际能力,以便有针对性地提供帮助和指导。我们发现职前英语教师自身也是支架中的"重要他人",自己和自己对话,了解自己的实际情况,感受自己的需求和存在的问题,自己去帮助自己寻找支架、继续领略自我实现中的心灵旅程。她们也会寻找其他"他人"对话交流以帮助自己排忧解难。如 Y 老师"反复看了几篇别人写的论文,借鉴一下论文结构,就把自己的论文提纲列出来了……对于中国传统文化的交际英语也不能一下子想得很全面,还是要借鉴他人的总结,自己再加以拓展解释。问卷调查的结果也一时不知该如何去统计,这些都是需要多看看别人的论文模式从中学习的"。Y 老师对自己的研究提纲不太满意,和实际需求之间有一定的距离,自觉与学术论文作者进行思想沟通,采用内在对话的方式,参考他者的"论文结构",就把自己的"论文提纲列出来了"。U

老师在导师指导中获得研究力量,"老师先针对我们上交的开题报告指出了各项问题及整改措施,我们都被老师的这种认真的态度惊讶到了,所以因此我们更加需要认真对待我们的论文写作了"。

金琳《学习共同体中教师研究者成长案例研究》(2016)就是探索英语教师的科研实践成长的研究,该文以社会认知理论为导向,采用叙事案例研究方法,对教师学习共同体的10位大学英语教师研究者进行为期一年半的跟踪调查,探讨该组大学英语教师如何在学习共同体中成为教师研究者,效果良好。该研究的不同维度发现教师研究者在共同体的变化,以及对成为教师研究者的影响因素。①参与教师在共同体经历的是以三维对话为中介调节学习过程,通过在与项目、与同伴或导师,以及与自我这三个维度上进行的知识性对话、沟通性对话和反思性对话,从而实现科研学习的社会互动过程,主要体现在心理、社会以及计划、控制和评估阶段。②参与教师的教师研究者成长体现在三个方面的变化:学习动机、科研素质和教师研究者身份认同。参与教师在共同体中成长为教师研究者的过程与结果主要受到个人特质因素、学习共同体特有人际关系、学校行政政策及社会文化价值观四个方面因素的影响,其中个人特质的影响最为显著。③个人特质主要包括科研基础、职业阶段、兴趣需求、家庭环境、个性志向。学校行政考核制度包括考核制度、晋升制度。社会文化价值观包括求同文化、圈子效应。

志趣相投、情感真切,互动交流的共同体成员之间科研互助是促进科研实践的重要支持力。同伴互助的积极力量在职前英语教师科研实践中比较明显地体现出来。这和以往研究发现职前英语教师科研积极性有所不同。寻阳研究发现同伴的负面影响是限制职前英语教师科研积极性的重要因素。I老师在研究日志中指出:"研究者(寻阳)的研究对象是教育硕士职前英语教师,和本研究中的本科职前英语教师有相同之处,也有不同之处。另外是研究方法不同,以教育硕士职前英语教师为对象的科研实践研究采用的是定性和定量相结合的方法,本研究以本科职前英语教师为研究对象,采用质性研究方法的叙事研究法。我们研究中职前英语教师科研实践中同伴积极互动带来的积极成长为英语教师教育科研实践培养提供了思考和启发。"本科职前英语教师对同伴之间的积极互动、互助、互研的科研实践氛围意义深刻。

9.8 环境(Environment)

科研环境有外在的环境,也有内在环境;有物质环境,也有精神环境。《多功能英汉双解词典》(2007年版)第455页对"环境(environment)"的释义有两个,其中一个释义是"the people and things around you that affect your life(生活环境,周围状况)"。

英语教师科研能力发展是个人内化和社会环境相互协调推进的过程,更重要的是教师与这些因素互为环境,只有个体有意识创建环境,才能持续得益于良性科研生态氛围(孟亚茹等,2019)。针对职前英语教师来说,科研环境是内在环境和外在环境相互作用的结果。她们是初次展开研究,需要有导师或教师引领创设科研环境。借助外在的引导和调控,不断营造心理环境,促进科研的主动行为和科研能力的不断提升。自己主动参与全过程,她们在心理参与和行为参与互动中主动意识到论文撰写和科研实践的责任重在自己用实际行动踏踏实实、实实在在地做,并在反思行动和实践行动中感受论文工作的艰辛、挑战和成长。科研中每一步都有每一步的目标,错过一步就会影响下一步的进展和效果,职前英语教师用心感受科研全过程,每一步都需要用心投入,静下心来主动投入科研实践。研究的过程是一种快乐,享受体验痛并快乐着的科研感受。撰写研究日志是营造科研心理环境的有效方法。

营造真实自然的科研环境是保证科研效果的前提。从资料中发现,职前英语教师的科研实践环境的形成主要包括人际互动科研环境和心理互动科研环境。人际互动包含和导师之间的多种形式的科研互动,如面谈互动、邮件互动、电话等,和科研实践共同体成员之间的科研互动。人际互动对职前英语教师的科研环境影响在前文中已经进行了叙事探索。这一部分主要探究职前英语教师的心理科研环境的形成。

9.8.1 研究日志

研究者在研究中运用多种质性研究工具,如平时的聊天、随意的沟通互动信息、细微言行、电子邮件以及电话研究交流,都为本研究提供了有意义的数据。这些资料就在教师日常的交往中,平常随意,即兴自然。研究者发现这样搜集或根据回忆得来的研究信息、互动资料,如珍珠穿成的项链,各个独立,互为一体。研究日志的撰写没有特别的要求,只是说明与研究有关的日志,这是为了避免过多地限制影响日志内容的自然性生成特点,影响研究的客观性。

在记录研究者日志的时候,我们不断地问:"这些行为背后蕴藏着职前英语教师什么样的研究态度、研究动机、研究意义?""怎样使她们掌握研究方法?"……有时候会惊喜地发现日志材料刚好"契合某种理论",会特别感觉到,她们的实践就是某种理论的自然应用,某种理论自然呈现在她们的科研实践中,这样无疑自然检测了理论与实践的融合,确实是令人开心的。通过不断自我询问,不断与职前英语教师的文字进行无声的交流沟通,我们从日志中设身处地感受她们的苦与乐,深入地走进她们的内心,与她们同呼吸、共命运,聆听她们内心的挣扎、困惑、幸福和喜悦。撰写研究日志的过程使她们心理连接科研任务、聚焦科研目标、感受科研行动,不仅使内在科研环境自然形成,外在科研行动也容易达成。

> 好记性不如烂笔头,人还是应当养成随时记录的习惯。想到老师说的会在床头放一支铅笔,两页纸,随时记录灵感。(S老师,2019年3月14日)

我们发现研究日志是职前英语教师由被动到主动、由他控到自控、由外在到内在的科研能力的重要力量。即使她们已经毕业走上英语教育岗位,研究日志助力科研实践成长也功不可没。

> 研究日志特别重要,我看看研究日志,就知道我论文思路到哪里了。我每次修改论文之前呢,都会看看之前的研究日志,就会有

不一样的收获和不一样的思路,心里就会比较充实,比较舒服,感觉那是自己走过的路。(D老师,2020年3月22日)

(研究日志具有)备忘(作用),能对自己的一个阶段进行反思总结。

帮助自己认识自己,认识自己现在走到哪一步了,但是没有人监督,研究日志就很难写下去了,虽然写研究日志的时候乐在其中。(S老师,2020年3月22日)

撰写研究日志的作用体现在心中始终明确研究方向和研究进程,研究日志是研究者对研究成果进行检测,与自我研究现状进行沟通的桥梁。研究日志见证研究者的科研成长,激发研究者的科研动力,研究者也能清晰感受到研究过程中的点点滴滴,一直在研究的路上实实在在地行动着,收获着,心里感觉"充实""舒服"。

今天起了个大早,和S老师一起赶地铁奔赴河工大。进入会场后,内心惶恐又紧张。惶恐是因为自己身为学生却被引导员称作老师,紧张是因为第一次听如此高规格的会议。……印象最深的就是关于中国大学生跨文化能力维度量表中的六个因子:①与本国文化有关的知识;②与外国文化有关的知识;③态度;④跨文化交流技能;⑤跨文化认知技能;⑥意识。这六个因子可概括为四个主要维度:知识、态度、技能和意识。这对我论文里小学生跨文化意识培养现状的问卷调查有很大的启发,知道应该从哪个方面切入。……这时已经12点多,庄教授进行了闭幕式致辞,然后散会,我们和I老师会合,I老师询问了我们对这次会议的收获,以及自己论文准备得如何。这次会议使我对跨文化有了较深的理解,更方便论文接下来的工作。(D老师,2018年11月3日)

这篇研究日志是基于一次学术论坛的。D老师和另外一个老师共同参加学术会议。D老师从会议内容到最后启发都与自己的论文相关,为她的论文写作带来心理上的更好准备,使她"对跨文化有了较深的理解,更方便论文接下来的工作"。科研心理环境建设需要导师的指导和研究者的亲自体验,他者调控与自我调控相结合有助于构建良好的心理科研环境。如科研动力增加,科研热情增高,科研自信提升。

研究日志撰写习惯的养成带来很多好处。首先,有利于明确目标,知道自己的研究到了哪一步,针对自己的科研实践经历,有针对性地进行"反思",明确下一阶段的科研方向。D老师在"每次修改论文之前呢,都会看看之前的研究日志"。S老师则认为研究日志具有"备忘(作用)"。其次,写研究日志使职前英语教师更好地"认识自己",感受自己科研实践中"自己走过的路","心里比较踏实,比较舒服"。研究日志对职前英语教师的科研发展,以及发现自我、认识自我更有助益。

9.8.2　规范化命名

职前英语教师在提交科研毕业论文相关材料时都需要给文件或提交的材料命名,如果没有同一要求的命名方式,时间长了会显得没有条理,不利于文件管理。在科研实践刚开始,第一次提交资料时,I老师就要求本组职前英语教师在提交给导师任何与论文相关的材料,都需要按一种命名方式进行命名,即"姓名+内容+具体时间",如果职前英语教师的名字叫"红星",需要提交的材料是"开题报告",提交的日期是2018年9月22日,则此次红星的提交文件应命名为"红星开题报告20180922",同理,提交其他材料也按此种方式命名。如"红星问卷设计20181220""红星毕业论文初稿20190212""红星毕业论文二稿20190312""红星研究日志20181020""红星研究日志20190525"等。这很清楚地表明红星老师是在2019年2月12日交的初稿,2019年3月12日交的论文二稿,2018年10月20日、2019年5月25日交过研究日志。本研究中的职前英语教师交材料一般是交到I老师的电子邮箱中,这样的命名方式可以使I老师在打开邮件时有针对性地查找相关材料,可以很明确地找出某位职前英语教师的具体材料。如果没有这样的命名要求,导师指导学生人数多,提交材料多,研究周期长,就很难一下子找到所需要的具体人的具体材料。这样的统一要求命名方式也为职前英语教师自己带来了益处。在谈到论文写作过程中标注日期的要求时,她们记忆犹新。

> 一定要标日期，日后再看的时候有循序渐进的成就感。（D老师，2020年3月22日）

> 有必要，有意义，便于日后方便查看，有条理。（S老师，2020年3月22日）

> 日期也很重要，我现在每次做笔记都会加日期，还有开会的时候。第一，是事情的留存；第二，可以发现前后的关联；第三，看到时间的增加，能够看到时间的流逝，也是一种成就感。（U老师，2020年3月22日）

一个日期标注要求形成习惯后，受益很多。潜移默化、不知不觉中养成了良好习惯，也意味着在这规范化的科研命名练习中超越了命名本身。时间长了，多次以科研任务等为中心的日期自觉创造了良好的科研规范，为创设学术环境提供了一定的条件。随着时间的流逝，按日期命名的实践要求使职前英语教师所提交的材料自然形成了一个科研时间链，也形成了科研实践链。科研实践"循序渐进"的执行力和行动力带来成长的点点滴滴，显示出坚持连续科研获得进步的"成就感"。其必要性和意义性还体现在进行科研实践的"方便性"及科研的"条理性"。没有要求日期命名方式的其他届的职前英语教师，她们的文件命名方式五花八门，有的按姓名，有的按内容，有干脆就没有命名，显得很乱，无论对谁来说，都会有一头雾水的感觉。我们在研究中严格要求日期命名方式，执行此方式后，简洁高效，而且与科研目标环环相扣，自然科研联想增多，科研环境自然形成。养成了习惯之后，她们感觉惊喜不断，受益良多，以至于在毕业后的工作中还沿用标注日期做事的习惯。如U老师在上班以后，每次做笔记还加注日期，在这样有日期的标注中积累储存自己所做的事情和经历，有助于事件的前后联系，同时也有益于增强珍惜时间的意识，在岁月流逝中，看到自己曾经有意义的行动，获得的是"成就感"。

9.8.3 自评论文

基于科研目标的评价营造心理科研环境。论文自评包括阶段性自评和总体自评。阶段性自评是用一些题目引领职前英语教师进行科研评价,以使其能用心体验科研实践,促成心理科研环境的养成。即结合自己的科研实践聚精会神于自己的科研工作,对当前目标的完成度进行阶段性评价。

在回应叙事问卷问题"你的研究目标是什么,当前具体的研究目标是什么?(What is your research goal? What is the research goal at present?)"时,她们多是认为引领其自觉心系目标,避免偏离航道。

> 我的研究目标是研究小学(主要以 M 市山城区第八小学为例)英语教学中,全身反应教学法的应用现状,从而得出此种教学法的优劣和适用性,进而进行总结。当前具体的研究目标是将 M 市山城区第八小学所做问卷调查的四个班的学生进行分析,该学校属于当地区直小学,结合当地学生大背景、教学资源等问题进行具体问题具体分析。(U 老师,2019 年 2 月 28 日)

> 研究目标是了解小学生跨文化意识培养现状,具体的研究目标是寻找小学英语教学中培养学生跨文化意识的培养途径,以及问卷调查的更详尽的分析。因为研究目标目前并不完善,研究计划也是如此,所以进步空间很大。(D 老师,2019 年 2 月 28 日)

> 我的研究目标是找到解决中国传统文化融入英语教学中的最佳方案。当前具体的研究目标是了解到小学英语课堂中传统文化的应用。(Y 老师,2019 年 2 月 28 日)

> 我的研究目标是小学英语课堂板书应用现状存在的问题及改进策略。当前的研究目标是问卷的数据分析与整理,以及对小学英语课堂板书应用中出现的问题提出更好的改进策略。(T 老师,2019 年 2 月 28 日)

运用积极心理学来提高小学生学习英语的幸福感。当前具体的研究目标是:①通过激发小学生学习英语的内在动机来提高小学生学习英语的幸福感;②通过英语课对小学生进行积极心理的教育,帮助小学生发现自身的优势,引导小学生用积极的眼光看待问题;③通过学习运用积极心理学知识,让幸福的教师更加幸福地教学,不幸的教师看见并发现教学中的幸福。(S 老师,2019 年 2 月 28 日)

各位职前英语教师在目标题项引领下用心去感受自己的科研情况,她们能围绕自己的研究目标、结合自己的实践情况进行反思评价,首先评价自己是否清楚自己的研究目标,自己的研究实践是否紧扣目标,目前的具体实践目标是否清楚。5 位老师都很清楚自己的目标。接下来她们就可以评价自己目前是否完成了目标,即使没有完成目标,她们也能找出没有完成目标的原因。

你实现了你的研究目标吗? 如果没有实现,为什么? (Did you achieve your research goals? If not, why?)

大致实现了三分之二吧,差一部分背景调查。因为这些背景分析需要结合问卷数据一一对照,有些不太相符的情况自身感觉还是分析不出来具体原因,接下来需要再回想实习经历,参考文献进行再分析。(U 老师,2019 年 2 月 23 日)

目前还未达到,由于文献内容繁多,筛选起来需要时间,再加上自己理解不是很透彻,可能会走很多弯路。(Y 老师,2019 年 2 月 28 日)

没有实现。因为没有从问卷的数据中分析出太多问题,发现的东西比较少。问卷的数据也只是初步分析了一下。也不知道如何把这些数据更好地表达在论文中。(T 老师,2019 年 2 月 28 日)

  我认为我实现了我的研究目标,提高小学生学习英语幸福的关键是提高学习兴趣,目前学校教学中有关提高英语学习兴趣的方法有很多,如绘本教学、游戏教学,以多样化的形式对学生进行视觉听觉刺激,吸引学生的注意力,提高教学质量。如果这种条件消失,小学生有可能再次陷入学习英语不快乐的情绪中。运用积极心理学理论进行英语教学,引导小学生自己寻找幸福并发现幸福,不仅可以提高学习成绩,也可以发现自身价值,从而实现教育的双重目的。(S老师,2019年2月28日)

有的认为实现了目标,如S老师,大部分的老师目前没有实现目标。没有完成的原因大都是因于数据分析方面。文献多,需要时间进行透彻理解;再者是不知道如何将数据更好地分析和表达。

  你按研究计划进行研究了吗?如果没有,为什么?(Did you study with your research plan? If not, why?)

  大致已按研究计划进行研究,这期间需要非常感谢指导老师I老师的指导,每一阶段老师都会给我们布置具体的任务,所以我们也比较按时。(U老师,2019年2月28日)

  并没有完全按照研究计划走,因为最初的计划总有不完善的地方,后来有些地方还是要进行修改和调整的。(Y老师,2019年2月28日)

  进行了。(T老师,2019年2月28日)

  我没有按照研究计划进行研究,因为我没有制订研究计划,或者说我只隐隐地记得在交论文开题报告的时候有一栏是"研究计划"。但是目前我在看有关积极心理学的书籍及博士论文,希望能更深刻地了解积极心理学的内容,充实自己的论文。(S老师,2019

年 2 月 28 日）

有的老师如 U 老师基本上完成计划，她是按照老师的指导计划进行的。5 位职前英语教师基本上跟着老师的指导计划进行研究。这里发现她们还不能很好地完成个人研究计划。主要原因是最初的个人计划是粗略计划，有的计划不太符合研究实际，需要加以调整。尽管没有完成计划，但是对落实计划的评价会使她们在心理上加以重视，使她们在当下关注科研，做与科研相关的事情。这样的阶段性评价总会将她们带到心理层面，有意识地对自己的研究负起责任。评析自己科研实践中的成就和不足，增强科研心理认知，对自己的科研情况有明晰的认识。

你在当前研究中取得哪些成绩和不足？（What are the achievements and shortcomings with your research at present?）

了解自己的科研感受，不断认识科研中的变化发展的自己。

你的研究感受如何？（What are your research feelings?）

> 这个过程中，总是很烦躁。因为这是一个自己进行准备、研究、分析的过程，中间虽有老师指导，但是自己脑子里还总会有特别多的疑问和不解，还是会想起老师说的那句话：研究的过程总是会有痛苦的。现在已粗略完成初稿，还是要对未来抱有希望的。（U 老师，2019 年 2 月 26 日）

> 要研究的东西太多，一旦接触，才发现自己对很多东西都不太懂，包括研究步骤，也是慢慢地才理解。研究是一个长期的过程，短期内去完成一个研究真的会很累。当然研究还是需要自己的坚持和不懈努力的。（Y 老师，2019 年 2 月 28 日）

> 初次接触论文研究，感觉还不错。会遇到困难，会心塞，但是困难是可以被克服的。研究会让人成长。（S 老师，2019 年 2 月 28 日）

职前英语老师在导师指导下,对自己论文中的问题进行自主检核,及时监控。

> 我开始自己去改论文,去评判自己论文内容的合适与否,不管结局怎样,我觉得,相比开始以及其他没有进行研究的同学,这都是一种得到。(U 老师,2019 年 4 月 28 日)

Vygotsky(1978)指出人类特有的高级心理机能本质上是社会性的,通过中介调节形成并首先呈现于人际心理层面,逐步转化到个体心理层面。前者转化为后者的过程即内化。(孟亚茹等,2019)前者的影响主要是指外语环境因素的调节和引导作用,如导师的引领使职前英语教师积极主动地投入科研自我评价中,共同体成员共同参与及自主评价,互相影响,促进营造良好的科研理环境。在评价中理解科研成果不是一蹴而就的,经过长期思考并坚持行动的结果,营造热情不减又不急于求成的科研氛围。自主评价在科研实践成长中的作用深刻。自评论文推动研究者主动研究行为,自觉调控研究,完善研究,也有益于提升研究者的综合能力。

10 研究启示

10.1 以研究为驱动的英语教师教育

正如教育家孔子所言"学而不思则罔,思而不学则殆",也适于"教而不思则罔,思而不教则殆""研而不思则罔,思而不研则殆"。学、教、研均离不开"思"。"思"意指基于学的思、教的思、研的思。"思"指思考、反思、思辨。思考、反思、思辨行为直接关系到研究的效果和质量,研究中的反思包括和本人研究相关的文献成果的反思,包括基于研究者自身研究的反思。一个是站在前人的肩膀上,一个是站在自己角度的反思,也可以叫作研究中经过反思"知己知彼",目标清晰。

10.1.1 职前英语教师的教育情怀

小学英语教育情怀,能反映出职前英语教师科研者的教育热情,即爱学生、爱教育、爱英语教学,自觉实践"以人为本"的教育理念和研究理念。而当前有的职前英语教师在撰写毕业论文时有"为研究而研究""为完成论文而研究""为毕业而研究"的现象,缺少小学英语教育情怀的体现。研究是为更好地教育教学服务的。因此,我们需要培养职前英语教师的小学英语教

育情怀，真正带着对小学英语教育的热爱和责任进行研究。

2018年12月27日，微信公众号"教师博雅"推出一篇文章"对话于漪：这些广大基础教育工作者关心的话题，她是这样回应"。《人民教育》对基础教育改革的优秀教师代表于漪进行深度采访，问道："您从事教育工作多年，您也常说教师首先要有爱，关键是教师的深度觉醒。您认为，当下教师职业倦怠的原因是什么？怎么能让老师们深度觉醒，真正热爱教育？"于漪在回答中谈到了职前教师教育的情况，一是对去掉中师教育很可惜，二是对职前教师教育中存在的问题进行针对性分析。她分析中师选拔最重视的思想，是"热爱儿童"、热爱教育的思想。职前教育存在的主要问题是学科教育和专业教育，如何将二者很好地融合起来进行培养是当前的问题。她建议职前教师教育一定要面向基础教育，一定要重视专业思想教育，专业思想教育一定要从"世界视野、中国特色、中国土壤上认识中国教育的重要性"。于漪老师说中师教育重视教育情怀，重视思想教育及"热爱儿童"的教育。由此我们对职前英语教育尤其是职前英语教师科研能力进行深刻思考，如何培养职前英语教师的研究能力，如何使她们的研究更好地立足基础英语教育，立足本土，立足中国，热爱基础英语教育，热爱基础英语教育研究，并能脚踏实地真正实践研究，在英语教育研究中提升做事做人能力，实践立德树人的情怀和使命。

英语教师教育中的思辨能力培养促成职前英语教师深入思考自己所学的专业内容与小学英语教育的关系，深入思考分析义务教育英语课程标准，熟悉小学英语教师的职责，教书育人、立德树人。如何实现在小学英语教育教学中落实立德树人的能力，如何在小学英语教育教学中传承中国文化，提升英语学习者的跨文化能力及全球文化意识，心中有爱，有奉献精神，有育人能力，有文化品格，体现小学英语教育情怀，英语教师教育中体现家国情怀培养小学英语教育能力不容忽视。教师必须首先是一个合格的思辨者（孙有中，2011：57）。当前英语专业学习的学习者思辨能力不强，《入世与外语专业教育》课题组（2001）认为："外语专业毕业生在思维的逻辑性和条理性方面表现较差……缺乏宏观思维和对问题的分析能力。"在我国外语学界，黄源深（2010）认为创新型英语人才，需要"专业基础扎实，具有较强的分析能力、思辨能力和独立思考能力，能够充分运用娴熟的英语技能和知识在自己从事的领域创新"。虽然职前英语教师不是纯粹的英语专业学习者,但是她们毕业后肩负小学英语教学工作,英语教师教育需要培养具有爱国精神,具有家国情怀,具有英语教育情怀,具有扎实的语言知识、语言教学能力、较强的分析能力、独立思考力和思辨力的小学英语教师。具有教师情怀的小学英语教师具备乐于探究、乐于奉献、立德树人的教育智慧。

10.1.2 职前英语教师的科研情怀

科研情怀对职前英语教师的培养显得特别重要。教师工作离不开研究行为。对职前英语教师科研方法的培养需要引起重视。研究方法恰当与否在很大程度上决定着整个研究的总体质量(Fraenkel et al.,2012)。教师教育中应更加重视研究方法课程的设置(郑新民等,2014)。实现培养研究方法目标,可以通过在教师教育课程中设置研究方法课程,也可以通过举行多样化的研究方法的讲座和学习活动等形式进行。比如,如何进行文献检索、如何进行资料收集、如何选择研究问题、如何确定研究对象、如何进行研究设计、如何进行整理数据及如何进行分析解读数据等内容,通过一些具体的有针对性的实践作业展示,提升他们的研究方法意识,加强他们的研究方法实践以及研究方法实践反思,提高研究方法意识及能力。

另外需要重视培养职业前英语教师研究工具或研究手段的选择和解释方法。本研究发现问卷调查法是职前英语教师科研实践中最常用的方法,笔者发现在毕业论文答辩中职前英语教师的问卷工具部分缺少具体的设计思路陈述,这种现象以往研究成果已经证实,问卷是国内英语教师实证研究中最常用的资料收集工具(约占56%),一部分文章缺少就问卷具体设计过程做出明确陈述(郑新民、左秀媛,2014)。

研究问题是选择研究方法的依据(Johnson 和 Onwuegbuzie,2004),起到研究指南的作用,应该贯穿研究始终(郑新民、左秀媛,2014)。"问题或假设"与"研究资料和研究诠释"一并构成研究的基本要素,缺一不可(Nunan,1992:3)。职前英语教师在研究实践中甚少涉及具体的研究问题,这和相关英语教师研究的成果中指出的"无研究问题"(约42%)相一致。缺乏问题意识不仅仅是职前英语教师研究实践中存在的问题,也是高校英语教师在英语类 CSSCI 学术期刊发表成果中存在的问题。因此,高校英语教师自身

科研行动的问题意识觉醒,有助于职前英语教师的问题意识的提高。在科研实践中培养问题意识和方法意识是职前英语教师科研发展的关键。无论是方法意识还是问题意识都离不开具有科研情怀的研究者。

职前英语教师的研究实践是为了更好地促进小学英语的教和学。培养她们基于为小学英语教与学服务的科研行为很有必要。

>在见习和实习的时候,见到的是一些比较实际的内容,更接近于实际情况。实习学校在上英语课的时候,是否将中国传统文化的教学融入其中,自己在实习中也见到了,教师的课多,有些老师不能全身心地投入到一门课中。自己在实习过程中想要融入中国传统文化时遇到了一些困难,教材对文化涉及少,自己能力有限,对文化方面的内容接触少。在论文研究目标上,自己需要多方面分析,寻求解决方案。(T老师,2019年2月28日)

研究是为了更好地教学,教学是为了让受教育者学会更好地生活。在职前英语教师的研究实践中,加强提醒研究者的责任意识,激发研究者的责任感,为研究对象的学、教、研带来力量,使她们在研究实践中体验"学为人师""行为世范"的力量,使她们用行动证明有责任感从自己做起,影响他人。

>老师最先强调的便是写论文必须具有责任感和使命感,作为一名研究者,更应有研究意识,这是非常有必要的。(T老师,2018年9月1日)

培养职前英语教师的责任意识和担当意识是科研质量的重要保证,在研究中促进人的内在成长。责任意识促进职前英语教师为自己的研究负责。

>从10月份开始第一次论文面谈,我的内心里就把论文这件事放到最重要的事情行列,那个时候在小学实习,所以在实习学校的空余时间就做了很多的论文准备工作,比如查看文献、研究论文结构及论文作者的研究思路等,初步形成了自己的研究思路。在课

堂上,结合我的论文研究主题——全身反应法,我设计了很多相关的课堂活动,比如用卡片教学、播放多媒体跟唱音乐、挑选同学到讲台前做游戏等,我针对每一次的活动都进行了课后分析,比如我的控课能力不强,所以进行这些活动时虽然同学们参与度很高,但是纪律相对也会变差。再比如,做动作学习句子比只跟读要快很多,但是时间的把握也很重要,有时为了做活动会压缩课程的进行。我认为这些都能够体现全身反应法在小学英语教学中的应用现状,这是一种优势,能够促进小学生的学习兴趣,但同时也需要一种技巧,初涉英语教学的老师在整个教学中可能会有些难度。(U老师,2019年2月28日)

U老师在实习行动中呈现情怀教育,研究意识明显体现在将研究与教学相结合,在课堂上,她结合自己的"论文研究主题"进行课堂活动设计,针对每一次活动进行"课后分析",分析教师的调控力,实践掌控及课堂纪律,主动思考如何更好地结合研究目标进行英语教学中的实际问题。

见习和实习听课过程中也观察了英语课堂的板书情况,写论文的时候会回想一下他们在板书过程中有没有出现调查发现的问题,他们在板书中哪些方面做得比较好?哪些方面有不足?有什么改进的办法?将这些英语老师的板书实践活动分析一下,用自己在文献中看到的理论知识解释一下,疏通论文的脉络。(T老师,2019年2月28日)

这时候难免想到自己:我也去实习了,可能是因为内心没有归属感,所以没有觉得小孩子多么聒噪,但是即使没有令我最头疼的情况出现,我仍然对是否从事教师行业而存有一丝犹豫,从大一到现在我就在思考"毕业后从事教师行业与否"的问题,现在还是那样的想法:即使我成为教师,使我坚持下去的动力只是责任……(D老师,2019年1月7日)

由于大学四年对小学英语职业认同感不强,在学习、实习及研究中还没有激发自身对教育的热爱,"我仍然对是否从事教师行业而存有一丝犹豫","即使我成为教师,使我坚持下去的动力只是责任……"可以说,D老师在研究和观察中发现了自身的教师责任或者教师身份,毕业论文研究选题也是小学英语教育方面,也许D老师的教育热情自在其中,也许自己觉得责任重于热情。所以,在"责任"的主要驱动下,D老师使自己一辈子从事小学教育。责任重于泰山,有时候责任与热情融为一体。

> 今天对研究有了进一步的了解,我们现在的角色不仅仅是学生,还是教师,是研究者,要有相应的角色责任,明确自己的责任。讨论了研究是什么,怎么做研究,虽然有些抽象,但是随着自己的投入,相信会越来越了解这些内容。(Y老师,2019年1月7日)

有责任很重要。职前英语教师英语研究目标的意识要不断加强。也就是说,有关基础教育英语研究的选题、研究过程等都需要紧密结合当前的教育现状,针对基础英语教育中存在的实际问题,发现有价值有意义的研究选题,整个研究过程始终围绕研究目标进行,研究的目的是更好地促进基础英语教育的发展,更好地促进基础英语教育的改革,以及更好地促进英语教师的专业发展和职业发展,最终体现为培养人的全面发展的研究实践。

导师针对指导的职前英语教师不断提醒她们牢记自己的研究目标和每个阶段中的具体目标,一是加强目标意识,二是避免在科研实践中的行动偏离目标。

> 我的研究目标是找到解决中国传统文化融入英语教学中的最佳方案。当前具体的研究目标是了解到小学英语课堂中传统文化的应用。(Y老师,2019年2月28日)

> 因为自己能力有限,总是怕研究不好自己的题目。不过每次心里有这种想法的时候都会想起刘老师说的,你一定要对自己有信心,对自己研究的题目有信心,这是一个过程,你得坚信。然后

我就会舒缓很多,不得不说老师的语言鼓励真的很有用。(U老师,2018年11月19日)

研究为驱动的教师教育理念值得推广。教师教育是基于教师学习教育发展的探讨,在研究行动中总是以学习引领为前提。在研究行动中学习教育、学习教学,以人为本的理念贯穿始终。Roberts的《语言教师教育》基于以"人"为中心的教师学习归纳为:"①基于行为主义的模仿学习:人作为输入—输出系统;②基于人本主义的非指导学习:人作为自主行动者;③基于认知理论的建构学习:人作为知识建构者;④基于社会文化理论的建构性学习:人作为社会成员。"(刘学慧,2005)这四种情况均强调外部环境在教师学习中的重要作用和影响。其实,教师学习体现出人本主义理论观点、社会文化理论观点以及实践共同体理论观点的融合。人的学习是以"人"为中心的,是在社会实践共同体接受他者调控走向自我调控实现完善自我为社会共同体服务的过程。

在职前英语教师科研实践中,导师或教师引导她们加强学术规范意识。詹先明在《"学术共同体"建设:学术规范、学术批评与学术创新》中指出,学术规范逻辑顺序为道德规范、形式规范、学科规范与学理规范。"基于严谨的考辨、真诚的思考、缜密的论证,反对侵占、剽窃、抄袭他人的研究成果,此乃最为基本的学术规范,也是学术研究者与学术论著、论文写作者的道德底线。"形式规范主要是基于"引证和注释以及术语的标准化、分析的模型化、归纳的计量化及推论的逻辑化等方面的要求","学术规范有学科性……但又有超学科性,学科性规定着学科规范的具体性与特殊性,也正是在特定的学科领域之内,形式规范与学理规范才能得以实施。而超学科性则使学术规范具有特定的普适性与开放性",学理规范是指学术最高目标最高境界的"有思想的学术与有学术的思想",学理规范强调"要有独创性,提出真问题,进行较为充分而系统的论证。厘清源流,规范方法论,才能保证学术研究沿着正确的轨道前行"。职前英语教师在进行研究(毕业学术论文写作)中明白学术规范的内涵,学习在研究实践中遵守学术道德,尊重他人研究成果,严格遵守形式要求,符合学科要求理念。

要创新职前英语教师科研实践能力的衡量评价机制、完善评价指标体

系，去除职前英语教师科研者急功近利的学术研究取向，重视研究过程及研究实践活动评价，为职前英语教师科研者研究行为提供有力的研究支持环境，促进职前英语教师科研者的内在研究兴趣，不为研究任务而参与研究研究，不是仅仅以学位论文过关为目的而进行研究，而是内在的研究热情驱动职前英语教师科研实践行动，是英语教育责任和使命感驱动其研究动力。

有了科研责任意识、目标意识和学术规范意识，职前英语教师在科研实践中还需要保证科研行动过程的有效顺利进行。因此，职前英语教师需要用心科研，如平常心、好奇心、自信心、教育责任心、宽容心、耐心、学习心、主动心、奉献心在科研实践中是不可或缺的。如平常心是在科研实践中不急功近利，不急于求成，而是将英语教育科研作为教育生活中的必要组成部分；好奇心是科研的驱动力；教育责任心是科研的目标性体现；宽容心是在科研实践中与他者互动，互相交流合作，与他人和谐相处，互相促进研究进程，不断完善科研成果；耐心是在科研实践中的坚持力，持之以恒的精神，耐得住寂寞勇于探索，遇到问题和困难时不退缩、不言弃的态度；学习心是在科研实践中体现虚心求教、踏实探索的学习精神；主动心是科研者在科研实践中充分发挥自身的能动性，发挥主动求索的精神，不断将研究推向深入；奉献心是将研究成果共享给更多的研究者、教育者和学习者，使自己的科研成果不断得到检验和应用，为社会和教育发展做出有益的科研贡献。

实事求是、求真务实的科研精神源于深厚的科研情怀。

> 我想在这里认个错误，数据里有一道题我在分析时自作主张地做了变动，将完全同意、完全不同意数据进行了颠倒对换，因为我觉得原数据反映不出问题，小小地改动一下也没什么关系。可是在近两次面谈时，我愈发认识到这种做法是不可取的，是在弄虚作假，不符合研究实事求是的精神。今天还有一些隐隐的担心，这次如果我真的这样做了，估计还会有下次。所以我决定承认错误，将原数据收回，请原谅。
>
> 写作有困难，但我还是期待柳暗花明又一村的到来。（S 老师，2019 年 5 月 15 日）

S 老师曾经在分析数据,将一个数据做了"变动",以期许获得自己想要的分析结果。但是在接受指导时,她认识到这件事情的严重性,于是她勇敢地面对问题,承认错误,实事求是,踏踏实实做人、实事求是做事。主动更正,改正错误,防患于未然。实事求是的力量带给 S 老师真实的成长,体现纯真的科研情怀。求真是研究者的使命,也是研究者学术精神的重要因素所在。

  S 老师(当时用的是真实的名字),你的研究日志反映出当前你的真实情况。你认为当前你遇到了几个棘手的问题:论文写作、教资面试、朋友关系。可能多数同学会遇到同样正常的问题。也可能 S 老师是完美主义者,把遇到的问题看得过于重了。当前其实是自己的成绩更多,就论文而言,自己积极的研究态度、主动克服困难进行研究设计,研读文献,进行问卷设计并尝试着对数据进行分析等都是自己的成就,在看到自己努力的成果时,你值得自己真切体会到满足感、幸福感和喜悦感。

  S 老师在日志中主动承认(有意颠倒数据)错误的勇气令人称赞,这是一种美德。不逃避问题的勇气可以战胜恐惧,减除疲劳,消除烦恼,带来愉悦。正像罗素所言,"如果你能在最坏的可能性面前不做任何逃避,就会发现你的忧虑全都没了,取而代之的是愉快的心情"。

  所以,学会爱自己,爱自己生命中的一切。(I 老师,2019 年 4 月 30 日)

科研情怀是一种爱,热爱教育、热爱科研,在这样的行动中感受至真、至纯的美丽心灵。科研情怀孕育立德树人的能量。

一名教师走上专业研究的道路,他就会更深刻认识自己、认识他人、认识教育教学。他会更深入地发现自己的责任感和使命感,会爱上科研,爱上教育,教育教学与教育科研共为一体的深刻感受,没有研究就没有更好的教育,没有教育也无法做好研究。

10.2　科研实践幸福力

我发现了一些可以将积极心理学应用于英语教学中的内容，比如可以通过提高小学生的自我效能感来提升小学生的幸福感。比如在英语教学听、说、读、写四个方面，教师可以帮助小学生发现其自身在某个方面的优势，并对其表扬鼓励，以此来促进小学生学习英语的动机。还有，我认为幸福课之所以称为幸福课，一个关键是给学生输入一种享受当下的意识。（S 老师，2019 年 3 月 12 日）

主动研究能力在培养研究性学习实践中提升。研究性学习及主动研究能力培养活动中教师的作用在于引导、鼓励、启发。正如陈建翔在《新教育：为学习服务》中第 52 页所言："教师的指导不必将学生的研究引向已有的结论，而是提供信息、启发思路、补充知识、介绍方法和线索，引导学生质疑、探究和创新。"研究导师是职前英语教师科研者引领人，把握研究方向，提供研究支持，有效地培养职前英语教师科研者的主动探索研究能力，如乐于研究的意识行为、乐于分享研究成果。

10.2.1　乐研意识

明儒王心斋先生在《乐学歌》中说："乐是乐此学，学是学此乐，不乐不是学，不学不是乐。"好研者，不如乐研者。一个研究型教师，应该是一个积极进取、乐于研究的学者。职前英语教师研究者是在研究实践的学习阶段，大多数时间都在学校里度过，学习研究是职前英语教师必要的学习内容，如何将所学、所见习和实习的小学英语教育体验为英语教育研究服务，使她们感到乐在其中，是培养其乐研行动途径。以教促研，以研促教，教研结合，教书育人，乐于研究。职前英语教师在研究中感受到扩大知识容量，提高理论素养，增强教育使命感。知之者不如好知者，好之者不如乐之者。职前英语教师要保持研究的激情和热情,在保持学、教、研互相结合的研究中体验乐研行动的力量。

10.2.2 乐研行动

基于英语教育教学的日志撰写,也可以分开写成研究笔记或者教学笔记。教是研的基础,研是教的动力。教、研是不可分割的一个整体,离开教学谈教育研究是没有根据的研究,离开研究的教学是无法保证质量、缺乏创新的教学。教、研不分家,因此才有中小学英语教师归属的英语教研室、教研组等部门。职前英语教师撰写研究日志会发现乐在其中的意蕴。职前英语教师科研日志的撰写体现其思考力、思辨力,也是为研究积累的第一手宝贵的资料。特级教师袁卫星分享自己的研究成长经历:"比如我上语文课,备课前,一般都会采用知网查询系统将正式发表的课文相关内容(包括教材分析、教学设计、课堂实录)等悉数下载,然后结合自己的阅读经验和教学经验进行沉淀,在此基础上进行文本解读和教学设计。而在上课的时候,我也常常用智能手机或录音笔将自己的课录下来,课后整理,有时候还要调查学生感受,以便进行教学反思。我把这些都记录下来,时间长了,素材多了,也就有了所谓的'科研成果'。"如果职前英语教师对自己的研究实践进行记录,形成日志,日积月累,自然会发现研究中的乐趣和成就。

带着学习的态度进行科研实践行动,同时加强反思行动。无功利心态的科研实践行动是职前英语教师求知、做事、做人、成长的见证。如一位职前英语教师 L 老师的日志就充分说明这一点,"论文的写作已经进入了收尾阶段,回首整个过程,心里只会坚定一种信念:这是获取新知的阶段,这更是成长的时刻。在这个写作过程中有过连日挑灯夜战时的烦恼,也有过改了又写写了又改时的辛酸。但心里始终怀着学习的态度,自知这是一种收获新知的过程,所以这些负面的情绪都不足挂齿,对于这个过程我只能报以感恩,感谢在这过程中遇到的人,感谢在这过程中做过的事"。通过研究日志,不断发现新的自己。职前英语教师不断激励自己、坚定自己的信念、克服研究中的困难、感悟研究过程,痛并快乐着,在这个日志撰写过程中,促进职前英语教师科研者主动研究态度及其研究能力提升。"整理资料,需要对参考文献、调查问卷进行分析与整理,它考察了研究者都做了哪些事?研究者的

研究能力如何?其中调查问卷就是个庞大的工程,从设计与发放,到统计数据,再到结果讨论与分析,一步步都需要有条不紊地进行,让我对如何做调查问卷有了一定的学习。导师还放手让我们试着去指导其他成员的问卷,高级的教学不是教学生,而是要教学生学。在导师这真正上了一课!"这是已经毕业的职前英语教师科研者的研究日志,充分显示出日志对研究能力提升的独特作用。

充分挖掘身边的资源。U老师叙述中提到她"有一个略微有利的条件是在学校实习,并且自身任课三年级英语课",还"和身边的老师进行了一些沟通","多了解学生现状、学习情况等"。这些有利条件为她的问卷调查提供了"一些有利条件"。这样有利于对"问卷设计和构思方面的考虑",为设计问卷"做铺垫"。

具有乐研行动的职前英语教师会废寝忘食。

> 改表格的风云渐渐平息,但是答辩快到了。我记得那个星期,有一次我们小组6点半才讨论结束,从四楼下来,那天我一顿饭没吃,也不觉得饿,回到东校区后,把东西放寝室后就急忙忙赶到创业街买了饭,……买了挺多,因为觉得只有热乎乎的食物才能温暖被论文冰凉的心。第二天8点才从西校区回来,……仍然是一天没怎么吃饭,可能是有了昨天忘记吃饭的经验,所以抽空啃了两块西瓜补充一下糖分,晚上到创业街买了点吃的,睡觉时甚至还做了有关论文的梦。……答辩过了之后就是考试,考完最后一门,回来的路上好朋友恭喜我毕业,……总体回望,感觉大四论文期间过得还是很有意义的,除了论文的完成,我还在老师身上看到了一个老师应当有的素质:教书育人。

职前英语教师的科研实践意义已经超越了科研本身的意义,在科研实践的行动之路上,坚持行动,循序渐进,日积月累,职前英语教师已没有当初的"不知所措""迷惑不解"和恐惧,而是目标清晰、方向明确地脚踏实地,克服种种困难,勇往直前。由客体调控、他者调控和自我调控的互动逐渐过渡到以自我调控为主要的行动实践。在实践共同体、自主学习及合作学习中提升科研实力,同时更重要的是,在主动探索的科研实践之路上不断成熟起来,这是令人鼓舞的。在科研实践中职前英语教师彰显其社会责任感和育人使命感,令人欣慰。科研实践有助于提升职前英语教师职业的职业认同感。

这次见面有两位同学未能及时到场,觉得很遗憾。见面之后才知道面对面交流是非常有必要的。之前很迷茫,不确定自己的选题是否合适,不知道自己下一步该做什么。而与老师的谈话过后,就明确地知道自己的方向,下一步该做什么,收集什么资料,等等,收获满满,谢谢老师!(T老师,2018年10月13日)

2019年1月7号中午12点半,于7406进行了2019年的第一次面谈。各成员均手持问卷调查到齐。这次面谈时间很长,但收获与其是成正比的。我的问卷调查已经重写了两次,这次基本上又删了半数的题,说心里话倒没有觉得多可惜,不好的题现在不删难道是要留着过年吗?(D老师,2019年1月7日)

职前英语教师在导师的引领下研究的主动性、积极性还是很高的。T老师是从实习学校请假回来接受指导的,她克服路途遥远的困难带着论文中的问题与期待接受指导,觉得很值。他者调控在新手科研实践者的行动受到青睐。D老师记忆中同伴都按时到齐接受指导也反映出职前英语教师自身对科研的责任感。D老师感觉接受导师指导时间很长,但是"收获与其是呈正比的",印证了他者调控在职前英语教师科研实践中自始至终都是被需要的。只是研究的不同阶段有不同调控目标,如前期的选题指导,中间研究方法的选择及问卷设计的指导及后期的数据分析,等等,使职前英语教师有目标、有行动,乐在其中。

10.2.3 感受幸福

10.2.3.1 解决问题,"喜悦"幸福

调查问卷回收以后却不知道该如何处理,在摸索询问下找到了方法,并对每道题进行整理得出数据,感受到了解决问题的喜悦。认识到自己能够解决一些问题还会完成得挺好,感受到其实自己还不错。

研究的内容是积极心理学,在阅读相关文献有关书籍的基础上也在进行自我教育,并且感受到了学习积极心理学的快乐。自己的研究是关注人的幸福的,觉得很有意义。(S老师,2019年5月7日)

有了能力的提高,如发现问题、解决问题,S老师感到很"喜悦"。S老师找到了研究方法感到很喜悦。研究积极心理学带来了"自我教育"和"学习"的快乐,感觉自己的研究有益于人的幸福,是幸福的事情。喜悦研究中的幸福之意义。

10.2.3.2 做出正确选择,"真"开心

研究中,我为了和前人的调查结果保持一致,自作聪明地将两个数据调换,后经指导意识到错误并改正。陶行知先生说:"千教万教,教人学真;千学万学,学做真人。"此次事件让我愈发感受到"真"的重要,改动虽小,意义却大。没改正之前心里会有些不安,觉得这小小一处的改动让我的整篇论文都显得不真实,但是改正过了以后内心回归平静。我认为自己做出了正确的选择,开心。(S老师,2019年5月7日)

S老师在本次科研实践中不断感受到自身能力的提升及自我内在的成长。S老师将自己的研究主题和自己的个人成长紧密结合,感受科研实践带来幸福。S老师在自我调控和他者调控相结合的实践中体验到,幸福不仅仅

是获得了科研实践能力的提升,重要的是获得了自我求真的实事求是的科研实践体验,以及自我心灵的成长。按照人本主义理论,S 老师自我实现能力在此次科研实践之旅得到升华。

10.2.3.3 获得他人帮助"很幸福"

  回实习学校发问卷时,校长和老师的帮助让我觉得很温暖。因为实习的时间不是很长,实习了一个月就回大学了,中间有大概两个月没见面,但是再回去时依然能感觉到他们的热情。校长还问我是否需要别的帮助,指导老师也很热情地问我的论文进行得怎么样等。我很感谢他们!
  论文小组同学的帮助也让我觉得很幸福。之前老师要求我们寒假前必须把问卷发下去,但是我的问卷还没修改好,我实习的学校那时候还有几天时间就放假了。所以我特别担心如果不能在学校放假前修改好问卷,到时候再找小学发问卷会有点麻烦。S 同学实习的小学放假比较晚,她知道我的情况后,就告诉我如果我实习的小学放假早的话,我可以去她实习的学校发问卷,我记忆比较深,很感谢她!平常论文小组大家也会互相看论文,互相提意见,这是一个很温暖的集体。
  老师的帮助也让我觉得很感激。记得之前有一个下午,老师在给我们指导的时候,我注意到老师看论文的时候,眉头紧皱,一直在思索。老师中午的时候也没休息,看起来有些疲惫,当时也很心疼老师。老师的付出与关怀让我觉得很幸福。(T 老师,2019 年 5 月 6 日)

  T 老师在科研实践中的幸福感集中体现在感受他人的帮助。实习学校的校长和老师热心协助、论文小组同学真诚协助解决她的问卷发放问题,使其放心,导师的耐心指导、帮助与关怀助力 T 老师完成任务。在科研实践中的幸福体验有自己的努力,也有他者的帮助。

10.2.3.4 获得科研动力"特别幸福"

研究初期,确定研究主题时,在小学实习,那个时候能够和学生们一起相处,一起做游戏,并且还能为自己的研究所用是我认为特别幸福的事。在问卷数据分析阶段,我做了212份问卷,一个人短时间内通过手动分析有些困难,于是我的妈妈、弟弟还有两个朋友都利用他们的时间帮我分析数据,这件事情真的既无聊又严谨,但是他们付出时间来帮我一起做这件事情,我认为特别幸福。在论文三稿阶段,自身对于问卷问题的分析找不到突破口,通过老师的指导、同学的观点,我慢慢意识到自身的问题所在,感觉看到了一道光,那也是我认为内心特别幸福的时候。(U老师,2019年5月5日)

U老师在研究的过程中自始至终都有幸福感,从开始的选题阶段到中间的研究设计阶段再到论文修改阶段。U老师的科研幸福感源于她的研究选题既能与教育现实相结合,又能在实习期间为自己的研究获得观察资料和问卷数据。能将目标与行动结合,将小学英语教学研究与小学英语教学实践相结合,观察实践小学英语教学,为自己的研究积累第一手资料,将"研究主题"和"小学英语教学游戏"相结合为"研究所用"。这体现出学以致用、研有所用、用中研究的融合理念。U老师的幸福体验还来自当进行既无聊又严谨的数据分析时,获得妈妈、弟弟、朋友的帮助。获得社会支持力量的幸福是前进的动力和助推器。U老师获得导师指导、科研小组同学的协助,发现论文中的问题,这使她看到清晰的方向,心中充满希望,犹如看到了"一道光"沐浴着她内心幸福的时刻。

职前英语教师均能体验到科研实践中的幸福。她们科研中的幸福主要来自科研能力的提升。如在获得有意义的选题时感受到幸福,在实习中发现能为研究获得资料时感受到幸福,在问卷能如期发放时感受到幸福,在数据分析完成时感受到幸福,在发现问题时感到幸福,在纠正错误时感到幸福。幸福是在脚踏实地的行动中,靠努力奋斗出来的。每一种幸福体验都浸润着职前英语教师的刻苦、努力、奋斗。成长中的点点滴滴汇成了难以忘却的幸福。她们在体验幸福中自身的能力和力量也不断增强。

10.3 花儿朵朵开

  令人惊喜、出乎意料的是,职前英语教师在科研实践的过程中研究者角色及教育者的使命感不断得到升华,她们的情感、态度及价值观不断得到洗礼。对教育的爱、对教师的情、对研究的真自然流动于小学英语教育研究的实践活动中,犹如年轻的生命之花朵朵绽放,播撒芬芳。科研实践体验不仅能提升职前英语教师的科研素养和能力,同时也提升做事、做人、共处与生活能力和素养。科研实践是如此的令人兴奋,鼓舞人心。(I老师,2019年10月28日)

  笔者惊喜地发现,职前英语教师在科研实践中发生着积极的变化,研究者和教育使命感不断增强,她们的情感、态度和价值观不断得到洗礼。自然流动在字里行间和言行举止中对教育之爱、对师生之情、对研究之爱,犹如生命之花朵朵绽放、播撒芬芳、沐浴硕果累累。科研实践经历不但使职前英语教师提升了科研素养,也提升了她们做事、做人以及生活能力素养。令人鼓舞的科研实践经历将成为她们继续研究的丰富资源。

  职前英语教师在导师的引领下不断建构自己的研究者身份,由不知到模糊意识再到清晰觉知身份的变化和更新。直接参与和想象参与实践中建构身份,这些建构过程中,职前英语教师自然遵守共同的学术规范和要求,如研究态度要端正,研究过程要严谨,行文要符合科研规范。在实践共同体中,职前英语教师的科研实践体验促成了新身份的建构,提升新团体的归属感。

  实践共同体成员主要由三部分组成,职前英语教师本人、导师及其他人员,如研究对象组成的科研小组成员。主要互动方式首先为导师引领下职前英语教师的研究行为和心理互动,其他人员(主要是指科研实践共同体小组中的其他职前英语教师S-T-U-D-Y,其次是其他老师及其他职前英语教

师)在这个科研实践共同体中起到一定的辅助作用。不断加强共同体之间的科研互动,共同体中的成员建构拥有越来越多的共同性特征。

去除功利性的研究是职前英语教师科研实践魅力的自然呈现,她们没有为了获得科研分值做科研的心态,没有为发表论文做科研的心态,没有为做课题而进行科研的心态,也没有为获得外在奖励的科研心态,她们的科研动机纯真、纯粹、自然,在科研实践中获得成长是她们的期待。科研实践成长是一个漫长的过程,需要避免急功近利,急于求成。职前英语教师基于毕业论文的科研实践是奠定良好科研素养的关键时期,她们可以全心投入为改善教学现状的应用性科研,真正感受科研实践中这种体验,在有苦有乐、苦辣酸甜中获得科研成长。她们将研究与小学英语教育相结合进行调查研究,避免了像高校英语教师的科研存在"科研与教学的严重脱节。这种情况形成恶性循环:教学期间,忙于备课授课,不去图书馆,不上期刊网,不看学术论文;非教学期间,想做科研却又无从下手"(卢彩虹、陈明瑶,2013:145);也会避免一线中小学英语教师缺乏科研方法实践的苦恼。职前英语教师的科研实践具有"不唯考核而学术,不唯职称而研究"(卢彩虹、陈明瑶,2013:149)的学术态度。带着好奇、兴趣和责任的教学科研实践,乐趣自在其中。

职前英语教师在科研实践过程中体验并展现了她们的科研能力、知识创造及实践能力的构建。这个过程表现出了"老一代人对新一代人员表现的渴望与期待,以及充满希望的受训者自我形象的改变,包括他们认为适合新角色的东西"(Daston & Sibum,2003)。正如安德鲁·沃里克(2003)的研究发现,来自维多利亚州的剑桥大学本科生牢记着关于科学家的恰当角色的不同教训:成功是由严格的训练培养出来的。实践出真知。"纸上得来终觉浅,绝知此事要躬行。"

职前英语教师科研实践中的成长理念与实践的互动,喜悦与挣扎同行,收获与奉献共行。科研实践中的甜酸苦辣最终成为她们生命成长的营养。这印证了I老师在本研究中基于职前英语教师的科研寄语。

> 曾经相遇今日重逢,
> 爱和工作促缘续行,
> 教与学研共同互动,

人师铸就生生真情，
做人做事学问践行，
脚踏实地仰望星空，
英语教育研究乐成，
奋斗果实精彩言行。

(2019年2月24日即兴于郑州,致我所指导的毕业论文学生)

这段诗歌样式的寄语,I老师读给了自己指导的毕业论文学生,在班上读给了同届职前英语教师,即小学教育(英语方向)专业的学生,激励她们牢记初心,学、教、研行。

10.3.1 科研实践之花

论文写作工作结束了。虽然身体上轻松了,但心里还是挺舍不得的。舍不得它结束,舍不得结束与I老师相处的这段时光,舍不得告别小组成员在一起努力合作的日子,舍不得离开这里——我的大学。

天下没有不散的宴席,人总是要向前看的。我应该坚信向前走总比留在原地好。我很感谢我的导师I老师,I老师教给了我很多,无论是在写作上还是在做人上。我很喜欢I老师,我希望今后也能成为一个像I老师这样的人。

在此,学生S真诚地祝愿I老师身体健康,万事如意！（S老师,2019年5月29日）

S老师在科研实践过程中经历了深刻体验,她的认真负责的态度一直体现在行动中。尤其是在问卷设计中的纠结、痛苦,以及不抱怨,积极行动、克服困难、艰难前行的成长经历是难以复制的成长资源。不经风雨何以见彩虹。正如她所言:"写作不易但满有收获,痛但是也很快乐。"2020年3月20日,I老师和已经教授中学毕业班英语课的S老师在微信中语音交流,S老师除了教英语还教历史课,S老师遇到了历史课中的一个小困惑,与I老师交

流解决困惑之后,自然谈到我们共同见证的毕业论文写作经历,S 老师谈到了收获感和成就感,也谈到了科研态度的重要作用,经过基于毕业论文的科研实践助力其在生活上、研究上的积极成长动力,值得钦佩。

2020 年 3 月 22 日,I 老师和 5 位职前英语教师微信交流论文或科研经历时,I 老师希望她们用一句话总结自己的毕业论文科研经历,她们对写作论文经历印象印刻,如同埋下的科研种子从内心发出花开的声音。

走过的路,但凡留心都会有所收获。(D 老师)

老师的指导,每次和组员一起的讨论,还有自己的反复研究论文文献,都让自己对研究有了更多了解,更有经验,对,走过的路,每一步都算数。(Y 老师)

认识、探索、成长。(S 老师)

慢慢探索吧,借阅文献,和老师同学交流。(T 老师)

懂得事情的严谨性和多面性,还有注意细节。(U 老师)

时间流逝,记忆永存。迈出的每一步都是在播撒科研智慧、希望和力量。"走过的路,每一步都算数","但凡留心都会有收获",处处留心皆学问。无论是收集数据、阅读文献还是和老师同学交流,都是认识自我,探索未知、不断成长的精彩篇章。在科研实践中,她们养成了超越固定的思维模式及刻板印象,多视角看待事情、分析问题的习惯。她们认识到科研严谨性的重要性,也具备了科研严谨的治学态度,科研实践行动写就着她们对理想的追求,对小学英语教育的热爱,以及全力以赴、无怨无悔的奋斗精神。她们的科研实践成长犹如朵朵花开绽放智慧,沐浴桃李。

10.3.2 花儿朵朵开,"祝好!"

花开的模样还体现在职前英语教师科研实践中的关怀温暖言语互动

中。有口头的,也有书面的。书面关注有的出现在研究日志中,也有的出现在给教师的邮件中。比如在邮件中提交科研材料时,她们会对导师表示感谢和关心。

I 老师:
　　您好!
　　附件是我修改后的论文以及研究日志,请老师阅读指导。
　　谢谢老师!

　　　　　　　　　　　　　　　　　　　　　　学生:S
　　　　　　　　　　　　　　　　　　　2019 年 4 月 2 日

I 老师:
　　您好!我是 2019 届毕业生 Y,附件是论文档案袋的有关内容。
　　非常感谢老师一直以来的指导。

　　　　　　　　　　　　　　　　　　　　　您的学生:Y
　　　　　　　　　　　　　　　　　　　2019 年 6 月 5 日

尊敬的 I 老师:
　　您好!
　　这是本次的研究日志。
　　今天面谈时间很长,您辛苦了。
　　天气逐渐炎热,注意防暑防晒,及时补水。

　　　　　　　　　　　　　　　　　　　　　　学生:D
　　　　　　　　　　　　　　　　　　　2019 年 5 月 15 日

I 老师:
　　您好!
　　附件是我修改后的论文及研究日志,请老师阅读指导。
　　谢谢老师!

　　　　　　　　　　　　　　　　　　　　　　学生:S
　　　　　　　　　　　　　　　　　　　2019 年 4 月 2 日

邮件中这些例子说明职前英语老师主动与导师进行有礼貌的互动交流

行为。这在以往(专升本)职前英语教师毕业论文科研实践中是不曾出现的。研究者在2018年调查显示,8位职前英语教师共用邮件提交科研资料81次,邮件正文可以说是空白,"几乎100%"的职前英语教师在电子邮件中向老师"提交与论文相关阶段性资料(如研究选题、开题报告、论文初稿、论文修改稿等)时正文没有文字内容,邮件正文是空白的,无任何文字信息"。而在本研究中,几乎100%的职前英语教师在提交科研论文资料时呈现礼貌的语言沟通信息,并伴随她们的关爱。首先是礼貌的称呼,其次是清楚说明自己提交的内容,最后有关心和谢意。这也许是本研究中的(四年制本科)职前英语教师经常写研究日志的习惯,以及多次与老师面谈沟通带来的影响。这一发现很有价值。立德树人的价值和意义自在其中,就像花一样在养育过程中逐渐吐露芬芳。

笔者还发现,I老师经常在给职前英语教师回复科研论文指导时,习惯性地以"祝好!"落款,这一行为,使职前英语教师在潜移默化中表现在自己的行动中。笔者在2020年3月22日和她们进行微信群互动交流中得知她们特别喜欢这个落款方式。I老师说:"我的这个'祝好'的习惯性使用也是从我的研究生导师那儿学来的,我的导师在每次的邮件中总是出现'祝好'落款字样,我感到由衷的喜悦,温暖感和力量感油然而生,自然将这种良好的行为应用在自己的行为中。现在我的学生又从我这里学习沿用了这个习惯。教师不经意间的一个行为的确对学生有潜移默化的力量,润物无声的作用。"

老师,我还特别喜欢每次回邮件的时候,老师在最后边写的那句"祝好",感觉特酷。(D老师)

祝好(加笑脸)(S老师)

祝好(带笑脸)(U老师)

潜移默化的力量影响着人的成长。她们在给I老师回复邮件或者写研究日志的时候也会用上"祝好"。

今天 I 老师提到问卷时说了一句话,我觉得很有意思。"一步做一步的事情,错过了就不再做了。"我想,人生其实也是这样。有些事情错过了,就不必重来了。

祝好。(S 老师,2019 年 3 月 14 日)

I 老师对职前英语教师进行邮件指导后,在指导内容、指导建议、明确下阶段的任务、安抚情绪或者是鼓励加油后,也会有一个"祝好"字样。希望她们一切都好。不知不觉之中,在她们自己行为出现"祝好"落款字样的次数越来越多。

老师对学生的影响无处不在,像"祝好"不是老师有意识或者要求她们去学习使用的。而是她们自己觉得值得用。

尊敬的 I 老师:

您好。

这是本次研究日志。

祝好。

学生:D

2019 年 5 月 29 日

尊敬的 I 老师:

您好。

这是有关论文的各种附件及论文文本。

祝好。

学生:D

2019 年 6 月 5 日

"祝好"已经基本上成为我们科研实践共同体中共同的祝福话语,充满理解、关爱、温暖。这也是在学习研究(study)中获得的语言能量。我们本研究用"study"中的每个字母命名研究中的参与对象。导师用 I 来代表。I 的读音与"爱"同音,其寓意在有"I"有"爱","I"即"爱"。"study"是一个单词,用其中的每一个字母代表一个职前英语教师,说明她们是一个整体,有共同的愿景。"study"的意思是"学习",是"研究",也符合职前英语教师的科研特点,需要在不断学习中学会研究。"I study."是一个完整的句子,也是一个整体,是一个共同体,这寓意着你中有我、我中有你组成的科研实践共同体,同时各自也是独立的研究者,无论是导师,还是职前英语教师都在"I study"中研讨互动,研究者充满"我"的参与,为"我"的研究负责,带着爱和热情参与科研实践,充分发挥主动性。在做研究时,职前英语教师自始至终的"study"经历铸就了其"study"能力(包括学习力和研究力)。在凝聚着痛苦和欢乐的科研实践中她们真学、真干、真教、真成长。她们完成了她们的"study"任务,现在她们多数已经是一线英语教师,也有从事中学英语教学的,她们将科研实践中"study"成果已经应用在英语教育实践中,她们继续在"study"中提升自我,教书育人,立德树人,继续在"study"中育人"求真"、做"真人",用智慧行动孕育越来越多的祖国花朵幸福成长,灿烂绽放。S-T-U-D-Y,祝好!

参考文献

[1] 柴素芳.大学生幸福观教育论[M].北京:人民出版社,2013.

[2] 陈建翔,王松涛.新教育:为学习服务[M].北京:教育科学出版社,2002.

[3] 陈向明.质的研究方法与社会科学研究[M].北京:教育科学出版社,2000.

[4] 陈向明.在行动中学作质的研究[M].北京:教育科学出版社,2003.

[5] 席玉虎.小学英语教师科研入门[M].北京:首都师范大学出版社,2014.

[6] 布鲁贝克.高等教育哲学[M].王承绪,等译.杭州:浙江教育出版社,2002.

[7] 马克斯·范梅南.教学机智:教育智慧的意蕴[M].李树英,译.北京:教育科学出版社,2001.

[8] 马克斯·范梅南.生活体验研究:人文科学视野中的教育学[M].宋广文,等译.北京:教育科学出版社,2003.

[9] 利布里奇,图沃-玛沙奇,奇尔波.叙事研究:阅读、分析和诠释[M].王红艳,主译.重庆:重庆大学出版社,2008.

[10] 柳博米尔斯基.幸福有方法[M].周芳芳,译.北京:中国出版集团股份有限公司,2014.

[11] STRAUSS A,CORBIN J.质性研究概论[M].徐宗国,译.台北:巨流图书有限公司,2004.

[12] 陈桦,王海啸.大学英语教师科研观的调查与分析[J].外语与外语教学,2013,(3):25-29.

[13] 高洁人.人本主义心理学的教学理念与实践[J].教育科学,2000(1):48-49.

[14] 高雪松,陶坚,龚阳.课程改革中的教师能动性与教师身份认同:社会文化理论视野[J].外语与外语教学,2018(1):19-28,146.

[15] 高燕,徐锦芬.专业学习共同体对外语教师教学能力发展的影响研究[J].解放军外国语学院学报,2016(1):104-112.

[16] 高一虹,李春莉,吴红亮."研究"和"研究方法"对英语教师的意义:4例个案[J].现代外语,2000(1):89-98.

[17] 胡志雯,粮建中,蒋珍云.项目实践共同体中教师合作学习及其对专业发展的影响[J].外语界,2018(4):27-35.

[18] 黄慧,王海.对基于建构主义理论的我国外语教学研究的调查与思考[J].外语与外语教学,2007(6):21-24.

[19] 李辉.国际化外语教师教育改革路径及创新研究[J].中国教育学刊,2013(9):65-68

[20] 刘学惠.外语教师教育研究综述[J].外语教学与研究,2005(3):211-217.

[21] 刘熠.叙事视角下的外语教师职业认同研究综述[J].外语与外语教学,2012(1):11-15.

[22] 刘润清,戴曼纯.高校英语教师科研素质调查[J].外语与翻译,2004(2):34-41.

[23] 卢彩虹,陈明瑶.叙事视角下的高校英语教师科研发展[J].现代教育科学,2013(1):58-62.

[24] 孟春国,陈莉萍,郑新民.高校英语教师学术写作与发表的调查研究[J].外语与外语教学,2018(1):110-119,150.

[25] 亓明俊,王雪梅.学习共同体视域下的大学英语新手教师专业认同:内涵、模型与路径[J].外语界,2017(6):70-78.

[26] 钱晓霞,陈明瑶.教育叙事视域下的外语教师研究:回顾与反思[J].外语界,2014(1):49-56.

[27] 王崇义.加强毕业论文指导提升学生综合素质:关于本科生毕业论文若干问题的思考[J].外语教学,2004(6):73-76.

[28] 王鉴,杨鑫.近十年来我国教育叙事研究评析[J].当代教育与文化,2009(2):13-20.

[29] 汪晓莉,韩江洪.基于实证视角看中国高校外语教师科研现状及发展瓶颈[J].外语界,2011(3):44-51.

[30] 王艳.外语类高校青年英语教师教学学术能力发展探析:基于扎根理论的分析视角[J].山西师大学报(社会科学版),2018(1):91-100,112.

[31] 文秋芳,张虹.倾听来自高校青年英语教师的心声:一项质性研究[J].外语教学,2017(1):67-72.

[32] 文秋芳,孙旻.评述高校外语教学中思辨力培养存在的问题[J].外语教学理论与实践,2015(3):6-12,94.

[33] 吴毅.何以个案,为何叙述:对经典农村研究方法质疑的反思[J].探索与争鸣,2007(4):22-25.

[34] 夏纪梅.论教师研究范式的多样性、适当性和长效性[J].外语界,2009(1):16-22.

[35] 夏纪梅.外语教育的学科属性对教师专业发展的导向[J].当代外语研究,2012(11):43-45,78.

[36] 熊苏春.制度环境对教师成长的形塑:一位高中英语教师的成长叙事[J].教育学术月刊,2017(9):81-89.

[37] 徐冰鸥.叙事研究方法述要[J].教育理论与实践,2005(16):28-30.

[38] 徐锦芬,雷鹏飞.社会文化视角下的外语课堂研究[J].现代外语,2018(4):563-573.

[39] 徐锦芬,文灵玲.论英语教师教育的创新研究[J].外语教学,2013(1):52-55.

[40] 寻阳.职前外语教师科研参与状况及影响机制调查研究:以学科教学(英语)专业学位研究生为例[J].山东外语教学,2018(2):57-68.

[41] 寻阳,郑新民.中学英语教师身份认同及其对教师专业发展的影响[J].基础教育,2015(2):43-50.

[42] 严明.中国外语教师角色的教育文化诠释[J].上海师范大学学报(哲学社会科学版),2010(4):106-111.

[43] 詹先明."学术共同体"建设:学术规范、学术批评与学术创新[J].江苏高教,2009(3):13-16.

[44] 张卫中.毕业论文指导方法改革设想[J].江苏高教,2003(5):129-130.

[45]张宇峰.中美跨洋互动写作活动中职前英语教师的身份建构[J].现代外语,2018(2):268-278.

[46]张庆宗.漫谈外语教师如何做科研[J].中国外语,2010(4):105-108.

[47]张志江,方碧月.优秀职前英语教师职业认同建构的叙事探究[J].内蒙古师范大学学报(教育科学版),2016(1):82-85.

[48]郑金洲.教育研究方式与成果表达方式之二:教育叙事[J].人民教育,2004(18):36-39.

[49]郑金洲.教育研究方式与成果表达方式之三:教育案例[J].人民教育,2004(20):33-36.

[50]郑金洲,刘耀明.在研究中成长:新课程背景下的教师研究与专业发展[J].教育发展研究,2005(7B):43-47.

[51]郑金洲.教师研究的性质[J].上海教育科研,2010(10):4-7.

[52]郑新民,阮晓蕾.外语教师学习共同体中的论文写作实践探究:以如何提升研究问题质量为例[J].外语界,2018(4):18-26.

[53]郑新民,荆菁."双一流"学科建设目标下如何有效提升外语学位论文撰写质量:香港教育大学 Bob Adamson 教授访谈录[J].外语电化教育,2018(2):91-96.

[54]张凤娟,战菊.社会文化视角下的高校英语写作教师专业知识研究[J].中国外语教育,2017(4):48-54,88.

[55]张莲,孙有中.基于社会文化理论视角的英语专业写作课程改革实践[J].外语界,2014(5):2-10.

[56]张莲.外语教师教育研究方法:回顾与展望[J].外语教学理论与实践,2008(3):48-53.

[57]张云清,黄鹢飞,郑新民.我国高校外语教师科研行为发展及影响因素探究[J].中国外语,2017(6):101-109.

[58]郑卫荣."首要责任人"视角下的研究生导师德育工作探索[J].学位与研究生教育,2015(2):45-51.

[59]周燕,张洁.高校青年外语教师学术发展:基于个案的研究与反思[J].山东外语教学,2016(3):55-61.

[60]董沁.教育叙事研究:语文教师专业发展的有效途径[D].济南:山东师

范大学,2015.

[61] 古海波.高校外语教师科研情感叙事案例研究[D].苏州:苏州大学,2016.

[62] 金琳.学习共同体中教师研究者成长案例研究[D].苏州:苏州大学,2016.

[63] 魏淑华.教师职业认同与教师专业发展[D].曲阜:曲阜师范大学,2005.

[64] 吴琼.对一位初中英语女教师专业发展影响因素的叙事探究:基于个人实践知识的发展[D].武汉:华中师范大学,2017.

[65] 赵志勇.高校外语教师的教育研究意识与能力调查研究[D].长春:东北师范大学,2007.

[66] 郑勉.英语新教师教学生活的叙事研究:以高中教师为例[D].宁波:宁波大学,2017.

[67] BORG S. Teacher research in language teaching: a critical analysis[M]. Cambridge: Cambridge University Press, 2013.

[68] BEIJAARD D, MEIJER P C, VERLOOP N. Reconsidering research on teachers professional identity[J]. Teaching and Teacher Education, 2004 (20): 107-128.

[69] BORG S. Conditions for teacher research[J]. English Teaching Forum, 2006 (4): 22-27.

[70] GRAY C. Bridging the teacher/researcher divide: master's-level work in initial teacher education[J]. European Journal of Teacher Education, 2013, 36(1): 24-38.

[71] CRESWELL J. Educational research: planning, conducting, and evaluating quantitative and qualitative research[M]. 4th edition. Harlow: Pearson Education Limited, 2012.

[72] PHAN L H. Australian-trained Vietnamese teachers of English: culture and identity formation[J]. Language, Culture and Curriculum, 2007, 20 (1): 20-35.

附录 1

研究日志撰写要求

1. What is your research goal? What is the research goal at present?（你的研究目标是什么？当前具体的研究目标是什么？）

2. Did you achieve your research goals? If not, why?（你实现了你的研究目标吗？如果没有实现，为什么？）

3. Did you study with your research plan? If not, why?（你按研究计划进行研究了吗？如果没有，为什么？）

4. What are the achievements and shortcomings with your research at present?（你当前研究中取得哪些成绩和不足？）

5. What difficulties do you meet? How do you overcome the difficulties in the study?（你在研究中遇到了什么困难？你是如何克服研究中的困难的？）

6. What are your research feelings?（你的研究感受如何？）

附录 2

职前英语教师科研叙事问卷

1. 学校要求职前英语教师进行教育研究(如毕业论文写作或发表论文),我进行毕业论文写作或发表论文的过程中,我感到_____。我觉得进行研究是_____。

2. 我的研究兴趣经历了_____的发展过程,这是因为_____。我_____阅读文献(频率),我阅读文献是为了_____。我没有更频繁地阅读文献是因为_____。现在我_____(频率)做_____方面的研究。我对研究的态度可以这样来概括_____。我做研究主要是出于_____。对此我感到_____。我一般会和_____讨论科研相关的问题,这是因为_____。除此之外,我_____(频率)参加学校组织的科研活动,如_____。我觉得这些活动_____。

3. 我觉得做研究最困难之处在于_____。这是因为_____。如果_____的话,我的科研实践会有更大进步。

4. 对于学术研究的感受：

正向	1 好奇 5 充满激情	2 高兴 6 自豪	3 满意 7 成就感	4 热爱 8 其他
负向	9 迷茫 13 沮丧 17 伤心	10 惭愧 14 愤怒 18 其他	11 恐惧 15 焦虑	12 敬畏 16 失望
混合	19 爱恨交加	20 痛并快乐	21 喜忧参半	22 其他

请从上表中选择能表达你研究实际感受的词填入下面横线中。

1) 对于研究,我一开始感觉到_____;_____;_____。

2) 后来感到_____。

3) 现在我感到_____。

4) 对于未来的研究,我将会感到_____。

5. 如何提高职前英语教师的研究能力？（简答）

附录3

访谈提纲

1.请问你在(毕业论文)学术研究中和他人(同学、同事、导师、学生、领导等)交往中感到哪些积极和消极的影响,你是如何看待这些事情的?这些事情对你的研究产生了什么作用?

2.你在研究中的角色是如何定位的?你有几种角色,哪个角色是最重要的?

3.你在大学所学课程在你当前的研究中起到了什么作用?哪一门学科最有利于你的研究?

附录 4

学习、实习教学与研究体验经历叙事访谈提纲

请简要回答:

1. 哪些学习、实习教学经历给你留下最深刻的印象?结合具体例子说明。

2. 最成功或最遗憾的研究体验是什么?请用具体事例说明。

3. 什么人对你的研究影响最大?相关的事件是什么?

4. 你研究中最大的困难是什么?

5. 哪些研究经历给你留下最深刻的印象?请用具体事例进行说明。

6. 什么人或者事让你意识到研究的重要性?相关的事件是什么?

7. 研究小组给你带来什么影响?

8. 整个研究过程你发生了哪些方面的变化?

9. 你期待当前研究中获得哪些具体的帮助?

10. 请写出你本研究过程中幸福事件(至少三个),并说明原因。

后 记

本书经历了4年时间,经历了耐人寻味的研究生命之旅,经历了新冠疫情,见证了生老病死,经历了停课不停学,见证了线上网课教学,经历了众志成城,共克时艰,见证了疫情和线上教学期间可歌可泣的感人壮举。一切都是教材,真实生活就是生动的书本。教书育人,立德树人,教育即生活,生活即教育。作为一名教师教育者,我有责任引领职前英语教师在学、教、研中践行联合国教科文组织提出的21世纪教育的四大支柱理论,即学会求知(learning to know)、学会做事(learning to do)、学会共处(learning to live together)、学会做人(learning to be);有责任引领职前英语教师在学、教、研中学会爱(learning to love)、发现爱、传递爱,爱家爱国,爱己爱人,爱生命,爱生活;有责任引领职前英语教师在学、教、研中践行学为人师,行为世范(Learn, so as to instruct others; Act, to service as example to all.)的理念;有责任引领职前英语教师提升育己育人能力。在研究中我遵守研究伦理,认真收集数据,积极参与相关学术研讨会,购买相关书籍,思考、研讨、阅读、互动,结合研究目标落实研究行动。在经历刻骨铭心的生命历程中,用心、耐心、真心地与生命对话,与灵魂沟通,与专家学者交流,克服种种困难,完成了本书的撰写和出版工作。

我很荣幸《职前英语教师科研实践成长叙事研究》能够入选2020年度河南省高等学校哲学社会科学优秀著作资助项目。我怀着高度的责任感和使命感认真修改书稿,不忘初心,牢记使命,潜心教书育人,沉下心、扎下根做研究。在本书出版之际,我要感谢河南省教育厅对本书出版的支持和关心,我要感谢郑州师范学院、郑州师范学院科研处、郑州师范学院初等教育学院对本书出版的支持和关心。

我要感谢我本研究中的研究对象。在研究过程中经常(在上课和指导研究时)与研究对象互动,她们一直在我的生命中,每次我打开电脑写作,或者每次我在思考本研究时,她们自然真切生动的科研实景、丰富的学习研究

活动就会浮现在我的脑海,她们积极、热情、主动以及纠结、挣扎、喜悦、苦苦寻觅及惊喜发现的探究之旅历历在目。我们在研究中共同体验冷板凳,热心肠,热血沸腾,苦行僧,乐为中,研究苦乐参半中彰显教、学、研真义深远,妙不可言。研究之旅犹如生命之旅,难以复制,其独特性、有趣性、意义性耐人寻味。我在写作本书时,和我的研究对象一样,经历柳暗花明、灯火阑珊的美妙体验,以及种种激动人心的探究之旅。基于研究伦理原则,不能一一点名致谢本书中的研究对象,但依然由衷地表示感谢。

我要感谢在 2019 年 10 月参加"第四届质化研究发展传播论坛——跨学科视野下的质化方法"时各位学者基于质化研究的成果分享和理论观点的互动,参会学者分享的成果为本研究提供许多有益的借鉴和启发,为完成本研究增添了力量。我要感谢郭丽娜博士提出的宝贵意见。

我要感谢郑州大学出版社对本书出版的支持工作,特别感谢郑州大学出版社成振珂女士、侯晓莉女士,成振珂女士热情、耐心、细致地协调书稿进展工作,使本书出版有计划地顺利实施;侯晓莉女士对书稿进行细致、认真的编辑加工,使书稿的整体布局更加出色。她们敬业、负责、专业的工作令人敬佩,是她们的辛勤工作保证了本书的出版质量。

我要感谢我的家人一直对我教学、学习和研究工作的大力支持和帮助。

我要对关心本研究出版提供帮助的所有人一并致谢。

研究是我生命的重要组成部分。研究即生活,研究即学习,研究即教学,研究即教育。研究即好之、爱之、乐之、行之的生命之义。研究为教育服务,研究为成长服务。我坚信教师教育研究者越来越多的职前英语教师研究成果不断为教师教育注入新活力;坚信职前英语教师科研实践为新时代英语教师教育改革增添力量;坚信英语教师的初心和使命在研究中彰显立德树人的责任和担当;坚信研究为教师、为学生、为读者、为所有人增加力量,滋养生命幸福成长。

愿所有教育者在研究中用心聆听和欣赏智慧绽放、健康向上、生命成长的声音!

祝愿所有生命阳光向上,健康幸福!

刘全花

2021 年 4 月 8 日于郑州